教育部中等职业教育专业技能课立项教材

直播策划与运营实务

（第二版）

主　编　陈　芳　朱京京　饶秀丽

副主编　高　颖　蒙媛玲　邱美玲
　　　　曾春平

参　编　黄珊丹　牛宏光　付　友
　　　　银丁山　陈　倩　唐　瑜
　　　　刘颖斌

PPT课件

电子教案

课程标准

习题试卷

在线课程

中国人民大学出版社

·北京·

　　国家鼓励发展现代服务业和新兴先导型服务业，电子商务已成为带动产业转型升级和公共服务体系建设的新引擎。

　　为贯彻落实党的二十大精神，建设高质量职业教育教学体系，对接现代服务业，服务电商行业高质量发展，我们组织有丰富教学和实战经验的老师，并联合中山市盛隆电脑技术有限公司、中山市运蓝电器有限公司直播运营的企业人员，进行校企"双元"合作，着力培养高素质电子商务技能型人才。

　　本书通过走进直播、认识直播平台、学习直播营销策略、打造电商主播、开播前的准备工作、直播中的工作、直播后的复盘优化工作、直播的全方位配合八个项目，系统地介绍了直播入门知识与技能，帮助读者由浅入深提升从事直播工作的竞争力。

　　与同类教材相比，本书具有以下特色：

　　特色一：案例丰富，内容简明，具有较强的可读性和参考性。

　　特色二：由八个项目组成，围绕项目再分解任务，循序渐进，从易到难。

　　特色三：任务实施及同步训练设置合理，围绕项目中要掌握的知识点展开；考证园地的设置与任务匹配，学生通过练习能够更好地加深对知识点的理解。

　　特色四：内容的选择贴合新媒体时代发展，与时俱进且操作性强，适合职业学校电子商务专业教学使用。

　　特色五：在构思与编写过程中充分发挥了校企合作的作用，引入专业的电商公司、电商设计公司和电商客服公司共同开发，结合电商企业的用人需求和岗位技能要求进行内容设计。

　　特色六：本书在学银在线平台配套在线精品课程——"直播策划与运营实务"，涵盖微课讲解、任务实施、同步训练、企业拓展、互联网营销师考证真题等资源，可供读者在线学习。

　　本书是基于产教融合案例进行开发的项目式教材，由从事电子商务一线教学工作的专业教师与相关电子商务企业的行业精英合作编写。陈芳、朱京京、饶秀丽担

任主编，高颖、蒙媛玲、邱美玲、曾春平担任副主编，黄珊丹、牛宏光、付友、银丁山、陈倩、唐瑜、刘颖斌参与项目内容编写。

　　本书在编写过程中引用了很多专家学者的观点和资料，一些案例来自网上并经过加工（仅限教学使用），在此对原作者表示真挚的感谢。由于时间仓促，本书中难免会有差错和疏漏，恳请读者批评指正。

编者

CONTENTS 目录

项目一

走进直播

情境介绍

　　王新是某职业学校电子商务专业的学生，他本人性格活泼、外向，具有较强的学习能力。王新发现直播电商行业非常热门，他想学习直播知识。在新学期，他加入了学校的电商直播工作室。工作室的老师给他分配了一个任务，让他写一篇关于电商直播现状的调研报告。由于王新没有接触过相关课程，所以他需要从网络等渠道查询资料，来完成老师安排的任务。

学习目标

知识目标

1. 掌握直播和直播电商的含义。

2. 了解直播兴起的原因。

3. 了解直播平台和直播行业的发展趋势。

技能目标

1. 能区分直播和直播电商。

2. 能复述直播发展的历程。

3. 能区别不同类型的直播平台。

素养目标

1. 通过学习相关知识，学生能够对直播电商岗位有更加深刻的认知，对职业规划有明确的目标。

2. 培养学生的团队合作能力。

3. 培养学生良好的职业素养。

任务一 ▶ 认识直播和直播电商

王新为了完成直播调查报告，上网搜索了关于直播的含义、发展历程、发展现状、发展前景等资料，并对相关知识有了初步的了解。为了更好地学习直播知识，深入理解直播的含义、主要特点、优势等内容，王新为自己制定了学习单（见表1-1），用以梳理所学知识。

表1-1 学习单

主要学习内容	关键词
直播的含义	信息传播、网络平台
直播的主要特点	快速、互动
直播内容生产方式分类	直播、电子商务、新型商业模式
直播营销	直观展示、实时互动、社交属性、营销效果好

🎞 知识探究 ▮▮▮

随着互联网技术的发展，越来越多的人关注网络直播，尤以网络视频直播备受喜爱。接下来介绍直播的相关知识。

一、直播的含义

直播是利用网络平台，跟随一个事件的产生、发展，将事件内容进行编辑、制作，同时进行信息发布，并且将各种信息交互传播的一种形式。信息传播的方式包括文字、音频、视频等。

2016年被业界称为"直播元年"，各大品牌都开始打起"直播"牌，直播平台犹如雨后春笋般兴起。直播大致可以分为两类：一类是通过网络播放电视节目，如各类时政新闻、体育赛事和文艺演出的直播，这类直播是通过采集电视模拟信号再转化成数字信号输入电脑，实时上传到网站供人观看。另一类则是真正意义上的网络视频直播，它是基于在现场架设独立的信号采集设备，再通过网络上传到服务器，发布到网站供人观看。电影的展示时间是过去时，展现的内容是过去所发生的事件，属于单一时空；电视直播的展示时间既有现在时又有过去时；网络直播除具备电视的两种展示时间外，还具有如同步的文字直播、图片直播、赛事直播、手机直播和比分直播等各种直播频道和样式。随着社会的发展，直播的优势已经十分明显，其能够减少成本、加快信息的传播速度。

随着互联网技术的发展，更多的人关注网络直播，特别是网络视频直播。通过网络信号，人们在线收看体育赛事、新闻等，有了广阔且自由的信息选择空间。

二、直播的主要特点

（一）实时性和互动性

直播具有"现场＋同场＋互动"的特点，即主播在一个直播现场，与其他用户同场进行沟通，及时进行互动。直播的互动性远强于传统的移动直播电商和传统的社交网络电商，更容易直接获得用户的信任。直播是一种实时的和即时的交流方式，可以与受众进行实时互动和沟通，不受时间和空间限制。直播还可以实现信息的即时传递，以及实时反馈，这使得直播比传统媒体传递信息的效率更高。

（二）个性化和定制化

直播的创意性明显，每个直播作品都具有原创属性，每位主播也具有独特的风格，这是主播的 IP 标签，更是主播情感与精神的体现。直播可以通过其个性化和定制化的特点，提供更贴近用户需求的直播内容。直播可以定制内容，把想要的信息推送给观众，获得更好的效果。这种特点为品牌和企业提供了与目标消费者建立联系的机会，将营销功能最大化。

（三）创新性和营销性

直播可以通过更加新颖的内容和独创的形式吸引更多的观众，并提升品牌的知名度和关注度；直播可以打破传统的营销和推广方式，为品牌带来更多的曝光率和销售机会，因此具有更大的拓展空间和营销潜力。

（四）高度去中心化

直播不同于一般媒体"创造优质内容，再把优质内容分享给所有人"的思路，它追求的是让尽量多的用户分享不同的生活，在直播平台找到存在感。对特别精彩的内容，直播平台会给予流量方面的正向激励，但某个内容的流量达到一定阈值后，就会被撤掉，即平台不会把优质位置永远留给同一个内容，所以对新人而言，流量分配机制具有一定的公平性。直播平台的这一特点为商家提供了可以运营自身品牌的直播商业机会。

三、直播的优势

在电子商务领域，直播营销对传统电商直播的"人—货—场"模式进行了升级，目的是基于企业用户的全生命周期营销管理体系，构建新的直播营销模式体系，并与用户建立深度互动连接。

（一）更好地体现 4C 优势

在移动互联网时代，传统的 4P（产品、价格、渠道、促销）营销理论逐渐升级为 4C（消费者、成本、便利、沟通）营销理论，如图 1-1 所示。

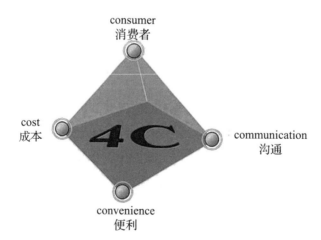

图 1-1　4C（消费者、成本、便利、沟通）营销理论

直播电商可以很好地体现 4C 营销理论的巨大优势，如以用户为中心，直播用户体验感更好；用户通过进入直播电商场景可以直接购买性价比更高的商品，从而省去中间商赚取的差价；厂家与其他用户之间的触达更便利，特别是一些具有高 IP 属性的视频主播，可与用户建立起高度的信任感，沟通效果更好。

（二）更易取得用户的信任

直播电商可以以有趣、有料、有用的营销内容进行产品营销，从而更好地获得广大用户对产品的信任。主播在网络平台上通过各种有趣的形式宣传产品，用户在直播间获得优惠券，在直播间下单之后享受送货上门服务。这种购物方式使商家与用户频繁、高效地直接进行信息互动，用户对视频主播以及产品的信任感更强。

（三）促使传统互联网企业更好地向移动互联网企业转型

随着移动互联网的普及，用户的行为习惯发生了很大变化。人们越来越倾向于使用移动设备随时随地获取信息和进行娱乐活动。直播正好满足了用户的这一需求，用户可以通过手机、平板电脑等移动设备轻松地观看直播内容，并进行互动。传统互联网企业如果不向移动互联网转型，就难以满足用户的新需求，从而面临用户流失的风险。

直播平台的移动化使得广告投放更加精准和有效。广告主可以根据直播内容的类型、主播的粉丝群体等进行定向投放，提高广告的曝光率和转化率。传统互联网企业可以通过直播平台推广和销售商品，实现流量变现。同时，移动直播的便捷性和互动性也为电商交易带来了更好的用户体验。移动直播平台可以推出付费会员服务，为用户提供更多的专属权益和优质内容。这不仅可以增加企业的收入，还可以提高用户的忠诚度。

移动互联网技术的不断发展为直播的普及提供了有力支持。高清视频传输、低延迟直播、智能推荐算法等技术的应用，使得移动直播的质量和体验不断提升。传统互联网企业可以借助这些技术优势，加快向移动互联网转型的步伐。直播的兴起促使传统互联网企业必须适应移动互联网时代的发展趋势，通过转型来满足用户需求，提升商业价值。只有这样，企业才能在激烈的市场竞争中立于不败之地。

四、直播内容生产方式分类

直播平台是各大电商实现其平台社区化和直播内容一体化的重要手段。通过这种手段，电商企业可以将有价值的产品信息传递给大量用户，从而实现潜在用户向订单用户的转化。所以，直播平台应当鼓励品牌主播或者品牌直播内容策划制作团队生产高质量的直播内容。直播内容以生产方式分类分为两类，一类是专业生产内容，另一类是用户原创内容。

（一）专业生产内容

专业生产内容（Professional Generated Content，PGC）是指由每一个不同领域的关键

意见领袖或者一个专业设计团队共同设计制作的内容。这种方式所生产的内容信息质量高，是对该领域深层次的市场分析和行业洞见，往往能向不同受众快速传播有价值的内容信息，满足不同受众对于相关高质量产品内容信息的不同需求。电商企业制作专业生产内容不仅仅是为了传播产品信息、提高产品销量，而且为了推广企业品牌形象。因此，此类内容整体质量相对较高。

（二）用户原创内容

用户原创内容（User Genernated Content，UGC）是指由普通用户自行制作的内容。由于在直播电商平台通过直播开展各种销售活动的成本相对较低，因此许多门店直播商家或者直播店主在网上选择自己入驻，而不是通过专业直播团队进行销售。从整体发展情况来看，这种网络营销传播方式生产的网络视频内容质量较低，对商品目标用户的整体视觉吸引力不够，商品的视频订单转化率和销售效率相对较低。目前，这部分直播视频内容在直播投放平台中仍然占据很大的直播投放比例。电商企业应该积极开发专业团队打造直播原创内容，提高视频订单转化率。

五、直播电商的含义

直播电商是一种结合了直播和电子商务的新型商业模式。它的主要运作方式是主播通过直播平台向观众展示商品，并进行实时讲解和演示。观众可以在观看直播的同时，通过链接或弹窗等方式直接购买商品。具体流程如下：

（1）商家与主播合作，提供商品和相关信息。

（2）主播进行直播，介绍商品的特点、优势、使用方法等。

（3）观众在直播过程中提出问题，主播进行解答。

（4）观众根据自己的需求和喜好，点击链接，下单购买商品。

（5）商家负责发货和售后服务。

六、直播电商的优势

直播电商的优势如下：

（1）展示更直观：通过视频直播，观众可以更直观地了解商品的外观、功能和使用效果，减少了购买决策的不确定性。

（2）实时互动性强：观众可以与主播进行实时互动，提出问题、获取建议，增强了购物的参与感和体验感。

（3）社交属性强：直播电商具有较强的社交属性，观众可以通过分享直播链接、评论等方式，与朋友、家人一起参与购物，增加了购物的乐趣。

（4）营销效果好：主播的推荐和演示可以有效提高商品的曝光度和销售量，同时，直播平台的推广和引流功能也为商家带来了更多的潜在客户。

七、后期的有效反馈

营销最终要落实在转化率上，实时反馈以及后期的反馈要跟上。通过数据反馈可以不断地修订方案，不断提高营销方案的可实施性。

▶ 任务实施 ▮▮

工作室老师给王新提供了 2023 年中国消费者在社交平台上观看网络直播的频率和类型分布的调查数据（见图 1-2），让他运用所学知识进行分析。

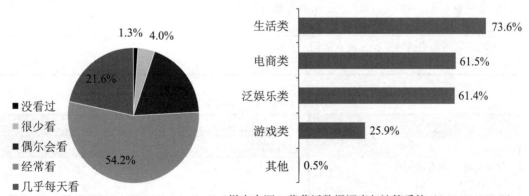

2023年中国消费者在社交平台上观看网络直播的频率　　2023年中国消费者观看网络直播的类型分布

样本来源：草莓派数据调查与计算系统（Strawberry Pie）
样本量：N=1676；调研时间：2023年5月

图 1-2　2023 年中国消费者观看网络直播的数据分析图

数据来源：艾媒数据中心．

第一步：王新仔细分析了图 1-2 中的数据，分析了直播对于我国消费者的购物决策产生了什么样的影响，从哪些方面产生了影响。分析结果如表 1-2 所示。

表 1-2 分析表 1

内容	分析
直播内容对用户的影响	减少了购物决策的时间，减少了购物选品的时间，丰富了购物品类的范围
传播情况对用户的影响	传播范围更广，用户下单量更大
互动性对用户的影响	帮助用户全方位地了解产品

第二步：王新对下单决策、下单量进行了分析，如表 1-3 所示。

表 1-3 分析表 2

内容	分析
下单决策	下单决策受到影响，决策更加迅速
下单量	下单量显著增加

📖 同步训练 ▌▌

任务描述：请登录淘宝直播（网址：https://taolive.taobao.com/）进行调研和分析，并完成调查分析表（见表 1-4）和任务评价表（见表 1-5）。

表 1-4 调查分析表

项目	分析
"淘宝直播"的直播间种类有哪些？	
请挑选一个你最感兴趣的直播间，分析其直播内容及互动情况。	
总结该直播间的主播特点，分析直播间的在线人数、下单量。	

表 1-5 任务评价表

评价内容	分值	评价		
		自评	小组评价	教师评价
"淘宝直播"的直播间种类有哪些？	15			
请挑选一个你最感兴趣的直播间，分析其直播内容及互动情况。	45			
总结该直播间的主播特点，分析直播间的在线人数、下单量。	40			
合计	100			

任务二 ● 了解直播的现状和发展趋势

任务导入

王新通过对电商平台进行仔细调查，了解了直播的相关知识，对电商直播有了初步的认识。为了完善直播电商调查报告的内容，王新为自己制定了学习单（见表1-6），用以梳理直播兴起的原因、发展现状，直播平台的发展及直播电商的发展趋势等方面的知识。

表1-6 学习单

主要学习内容	关键词
直播的发展基础	通信技术的发展
直播电商行业的发展	行业化
直播平台的发展	电商平台
直播电商的发展趋势	规范化、垂直化、多样化等

知识探究

在移动互联网时代，在线直播行业迎来高速发展。未来，在线直播结合新技术有望再次迎来突破。

一、直播的发展基础

（一）移动通信技术的升级

20世纪80年代以来，移动通信技术先后经历了1G、2G、3G、4G、5G。特别是4G之后，移动通信传播技术的发展使得网络直播这种新型的传播技术手段得以大规模推广使用。我国移动通信互联网平台用户、直播平台用户和传统电商直播用户出现了爆发式的高增长。5G技术的应用，为电商行业带来了新的发展机遇。5G作为新一代移动通信核心技术，使得互联网设备更加趋于移动化、IT化、智能化、灵活化等，这一切都为手机用户在电商方面享受极致化的服务体验奠定了基础。

（二）流量资费水平大幅度下降

2G、3G 网络时代的流量资费比较贵，而且网速比较慢，导致移动设备的音视频、直播等各类需要大流量的应用难以得到快速发展，以网络图文、视频为主的微博、微信等大型社交网络媒体应用平台难以取得快速增长和发展。随着 4G 技术的普及，流量资费大幅下降，网络传输速度也得到了很大提升。近年来，随着 5G 技术大规模投入使用，移动设备的流量资费水平更是大幅度下降。2018 年 3 月至 2020 年 12 月我国移动数据流量平均资费和用户月均移动数据使用量情况，如图 1-3 所示。

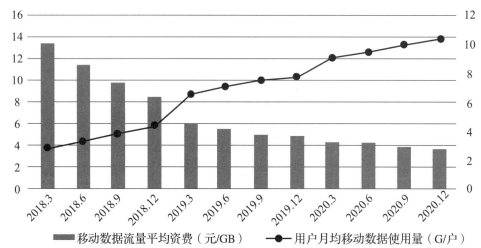

图 1-3 **2018 年 3 月至 2020 年 12 月我国移动数据流量平均资费和用户月均移动数据使用量情况**
图片来源：工业和信息化部.

2018—2023 年移动互联网接入流量同比增速情况，如图 1-4 所示。

图 1-4 **2018—2023 年移动互联网接入流量同比增速情况**
图片来源：工业和信息化部.

（三）手机用户数量快速增长

截至 2024 年 12 月，我国网民规模突破 11 亿人，达 11.08 亿人，较 2023 年 12 月增长 1 608 万人，互联网普及率达 78.6%，较 2023 年 12 月提升 1.1 个百分点（见图 1-5）。

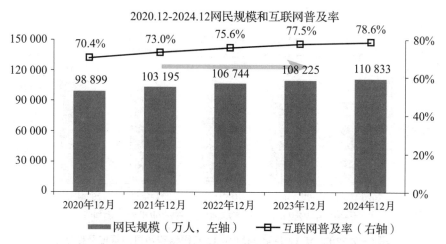

图 1-5　2020 年 12 月至 2024 年 12 月网民规模和互联网普及率

图片来源：中国互联网络信息中心.

截至 2024 年 12 月，我国手机网民规模达 11.05 亿人，较 2023 年 12 月增长 1 403 万人，网民中使用手机上网的比例达 99.7%（见图 1-6）。

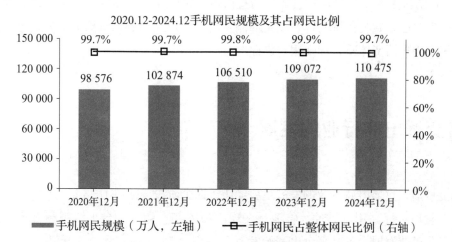

图 1-6　2020 年 12 月至 2024 年 12 月手机网民规模及其占网民比例

图片来源：中国互联网络信息中心.

随着移动用户数量和网站使用量快速从 PC 端迁移到移动手机端，用户的需求越来越多样化。从某种程度上说，每一个品牌卖家都必须能够理解用户需求和产品，对如何满足用户需求要有独到的专业见解，这样才能生产出优质的产品内容，以有效迎合新时代零售市场的变化。在这一过程中，逐渐出现了以主播、内容创作者为核心的直播内容产品生产者。

（四）网络购物用户规模庞大

截至 2024 年 12 月，我国网络购物用户规模达 9.74 亿人，较 2023 年 12 月增长 5 947 万人，占网民整体的 87.9%（见图 1-7）。

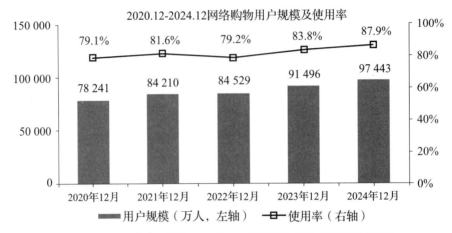

图 1-7　2020 年 12 月至 2024 年 12 月网络购物用户规模及使用率

图片来源：中国互联网络信息中心.

碎片化、精细化的短时间视频直播内容与即时直播互动的视频直播内容交叉融合，共享海量用户直播流量，实现直播优势互补。例如，快手推出了独立在线游戏视频直播平台 App，不断创新探索"短视频+直播"的直播运营管理体系。淘宝、京东、拼多多等各大电商直播平台已开始将传统实体、线上商品交易与用户互动购物直播消费方式进行深度融合，以提升用户消费体验，加强用户黏性。

二、直播电商行业的发展

截至目前，直播电商行业的发展主要经历了四个阶段（见图 1-8）：

第一阶段：提高用户黏性，将流量变现。2016 年，淘宝平台上线视频直播，直播电商视频行业迅速发展，各个平台也开始发力。

第二阶段：行业开始分化，走向精细化。2017 年，随着快手、抖音等应用相继上线，多个直播电商平台通过内容、流量、玩法不断实现优化转型升级。

第三阶段：直播电商开始向丰富内容方面发展。2018 年，淘宝、快手、京东、抖音相继推出一系列直播文化品牌服务平台模式，包括秒搜、直播排行榜、MCN 企业战略营销合作、企业品牌蓝 V 推广行动计划、淘宝购物车优化服务项目等。2019 年，淘宝等传统直播电商平台通过利用电商直播推动网络直播，全面实现直播爆发，拼多多、腾讯纷纷宣布加入电商直播平台营销大军。

第四阶段：行业不同模式开始分化。2020 年是直播电商的井喷之年，这主要是因为疫情形势下线下零售方式经营受困，叠加用户的好奇心，带来了媒体端的红利。未来，直播电商将结束电商行业群雄逐鹿的局面，不同模式之间也将最终实现分化。2020 年直播电商整体规模突破万亿元，2021 年直播电商规模继续扩大，保持高速增长态势。截至 2023 年 12 月，电商直播用户规模为 5.97 亿人，较 2022 年 12 月增长 8 267 万人，占网民整体的 54.7%。目前，直播电商行业已向着更大的直播电商平台规模、更专业的直播平台运营分工、与传统电商直播平台进一步深度融合三大趋势快速发展。

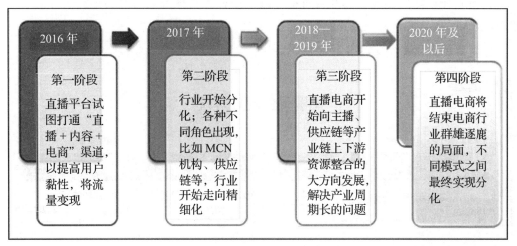

图 1-8　直播电商行业的发展阶段

三、直播平台的发展

（一）直播平台的发展阶段

1. 初探期

2016 年是直播电商元年，这一年全国网络视频直播服务平台约有 200 家，网民用户规模约 3.25 亿人，占全国网民用户总数的 45.8%。蘑菇街、淘宝、京东等主流电商平台纷纷上线直播功能，不少名人开始直播带货。

2. 加速期

2018 年，快手、抖音等短视频平台入局，通过直播变现来加速商业化布局。从跳转第三方购物平台模式到自建商品平台模式，短视频及社交平台依靠强大的先天流量优势，为直播电商摁下了加速键。

3. 爆发期

2019 年，淘宝平台推出淘宝直播 App、网易考拉上线直播功能，平台加码、政府政策支持、头部主播凸显，推动电商直播进入爆发式发展阶段。直播电商整体市场规模达到 4 338 亿元，"直播 +"成为电商新常态，直播电商的"人货场"范围快速扩大，直播成为电商的"标配"。

2020 年年初，"宅经济"为直播营销渗透率的提升持续"添砖加瓦"，多家平台顺势推出直播服务，如拼多多平台开启直播、微信小程序直播开启公测、小红书开启直播功能等。

直播平台的发展阶段如图 1-9 所示。

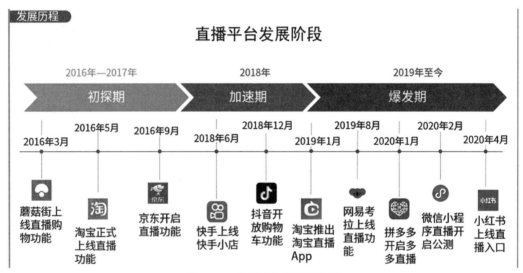

图 1-9　直播平台的发展阶段

图片来源：36 氪研究院，公开资料整理．

（二）直播平台的分类

直播平台大体可以分为两类：电商平台和内容平台。电商平台又可以分为以下几类：综合类电商，如淘宝网、拼多多、京东等；垂直类电商，如蘑菇街、玩物等；海淘类电商，如网易考拉、洋码头等。内容平台范围更加宽泛，可分为种草类电商：小红书、知乎、B 站等；社交类电商：微信、微博等；短视频类电商：抖音、快手、西瓜视频等；电竞类电商：斗鱼、虎牙等；泛娱乐类电商：花椒直播、六间房、一直播等。直播平台充分发挥"直播 +"的模式，将直播渗透到各个细分领域，比如互动教育直播、商务直播、财经直播、电商直播等。2022 年中国直播行业图谱，如图 1-10 所示。

注：本图谱仅标注报告出版时的行业典型案例，持续更新中。

图 1 - 10   2022 年中国直播行业图谱

图片来源：艾媒咨询.

（三）直播电商平台的发展策略

1. 制作专业的直播内容

目前专业的大型电商品牌直播促销活动主要集中在新品促销活动旺季或者品牌新品正式发布季，其他时间段在电商平台直播的活动内容大多以普通用户自行制作的内容为主。一般来说，电商直播内容最好由专业团队制作，这样的内容才有可能产生更高的商业价值和市场吸引力。电商直播平台可以打造自己的 IP 栏目，以求让栏目、房间号、嘉宾都固定，培养用户观看固定栏目的习惯，一旦吸引了足够多的用户，就可以将商品信息植入，从而获得较好的转化。唯品会就曾正式上线"原创导购视频＋互动导购直播"模式的导购直播固定视频栏目《唯品美美搭》，由固定人员主持，每周一期，获得了不错的收视率。同时，电商平台也要推动小商家以专业团队的方式生产内容，只有这样才能提升整个平台的水平。

电商培训平台可以结合自身的行业特点开发专业、系统的培训课程，对网络商家进行网络直播视频内容生产、投放等专业培训，让普通网络商家也具备进行直播视频内容生产的专业能力。比如淘宝大学里就有天猫直播的相关课程，但是系统化的课程较少，主要是一些零散的技巧。电商平台可以充分利用直播培训，提升平台商家专业直播视频内容生产的整合能力，生产更多、更加专业化的直播内容，提升整个电商平台直播内容的生产质量。另外，电商平台应该加入内容审核机制，对参加电商直播培训的商家逐步开放权限，对商家的资质进行严格审查。通过这种审查机制，一方面可以提升平台整体直播内容的质量，另一方面也可以加强对电商直播的管控，方便评估培训效果。

2. 深入研究直播创意

单一的在线电商直播内容和活动形式，必然会使消费者厌倦，因此在内容、形式上要不断创新。商家可以尝试借鉴新媒体平台运营的一些创新玩法吸引观众。例如，在创意营销领域比较成功的"新世相"，总能创造一些营销事件博得大众关注，从而实现既定的商业目标；快手主打"以人为本，去中心化"，面向全国电商市场广大用户下沉，营造一个"去中心化"的电商社区运营氛围，打造全新的电商运营模式（见图1-11）。除了电商直播本身的策划之外，还可与平台资源进行整合与合作，最终实现平台流量的增加及销售转化。例如，天猫直播与天猫国际、聚划算、蚂蚁花呗等进行合作，京东直播与京东秒杀、小金库、京东白条等进行合作，共同策划直播活动，达到1+1＞2的效果。

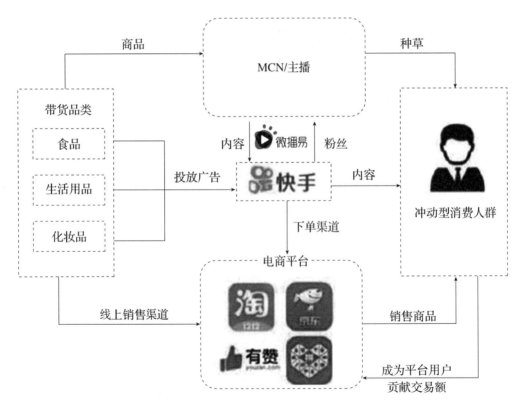

图1-11　快手"以人为本，去中心化"的社区直播链

3. 重视打造优质主播

某时尚主播的一场直播在线观看人数能达到41万人以上，点赞100余万次，直播结束后店铺的销售额能达到2 000万元，相当于某些小店铺一年的销售额。主播在电商直播

中的意见领袖的位置，直接决定了直播质量，因此电商直播平台必须注重培养专业的电商主播。电商直播平台可以成立自己的经纪公司，注意挖掘和培养一批专业主播，这样既可以单独为平台贡献优质的直播内容，也可以为商家提供相关的直播服务。电商直播平台培养主播一般有以下几个方向：一是培养其商品导购的专业性，二是将其打造成某一垂直领域的 KOL 或者网络红人。还有一种模式是促成商家与已有的第三方主播经纪公司的合作，丰富培养主播的渠道。

4. 发展社区，巩固用户

电商直播平台要想获得用户黏性，首先，要长时间积累口碑，这样才能获得良性发展。直播只是电商平台内容化的方式之一，商品本身的质量依然要放到首位，电商直播平台应做好品控工作，杜绝低质商品，这样才能获得用户的信任。在此基础上可以通过直播平台与用户进行深度互动，以提升用户的自我认知和平台的美誉度。其次，要打造差异化的内容社区。在直播结束后，一定要第一时间对直播内容进行重新剪辑，及时发布回放视频，形成二次传播，继续触达未观看直播的用户。针对某一场直播，可以将直播内容进行重新编辑，制作成各种专题短视频，吸引一部分用户观看。最后，主播可以在回放直播后直接开设直播问题回答功能，围绕本次直播活动的各种常见问题在直播间做出回答。主播在回答问题的同时，用户和商家也可以互动，这样可以延长直播的时间。用户在此次直播中停留的时间越长，用户的黏性也就越强。

5. 优化用户购物体验

用户心理体验是指一位用户在开始使用一款新产品或体验一项服务时主观的心理感受。用户在使用一款产品或体验一项服务前有一定的心理预期，实际使用的体验超出这个预期时，就能给用户带来惊喜。优质的购物直播一定能有效优化用户的购物体验，不仅可以使用户更加喜欢直播推广的产品，而且乐于将其推荐给亲朋好友，使整个电商视频直播购物平台的良好品牌形象得以广泛宣传，形成良好的品牌自传播效应。电商直播平台要利用好不断发展的技术，用高新技术赋能用户的购物体验。比如引入 AR、VR、图像处理等高新技术，在视觉感官上提升消费者在电商平台的购物体验。京东小米官方旗下自营旗舰店中的部分商品，如小米手机、手环、笔记本等购物页就特别加入了视频产品信息展示，用户可以 360° 全方位查看相关产品的每个细节，加深对相关产品的深入了解，以利于做出合理的产品购买决策。提升电商直播平台本身的流畅度，也可以优化用户的购物体验。电商 App 本身的使用体验直接影响用户对直播的评价，而直播本身的流畅度也要不断优化，不要出现卡顿或延迟等影响产品体验的问题。同时，简化菜单及核心功能的入口，缩短用户与常用功能的路径，让用户的需求在第一时间得到满足，这样才能给用户流畅的产品体验。

四、直播电商行业的发展趋势

（一）直播电商行业越来越规范化

2020 年直播电商迅速进入爆发期，短时期内大量商家的涌入使行业进入飞速发展阶段。在此期间，有消费者对电商直播新业态、新模式的积极响应和包容，有一些不法商家利用相关法律、规则与标准的暂时"缺席"乘虚而入，一些带货平台也存在不少问题，名人带货的商品出现质量问题的新闻屡见不鲜。2020 年上半年，伴随着行业的进一步成熟，各地相继出台了直播购物的运营、服务规范以及服务体系评价指南，直播电商行业开始向规范化迈进。国务院公布的《中华人民共和国消费者权益保护法实施条例》自 2014 年 7 月 1 日起施行，其中对直播间消费，直播平台的责任有了明确规定。随着监管部门的进一步介入，电商直播市场无疑会朝着更加规范化和职业化的方向发展。这种规范主要从直播人员言行、直播产品品质以及主体责任落实等方面来制定。

（二）行业细分直播领域更加垂直化

在整个直播电商行业大发展的背景下，传统电商转型升级直播带货，还有不少传统企业直接利用直播技术开始"电商化"运作，如吴裕泰等老字号纷纷通过开网店、运营粉丝社群等方式走上直播"带货"的道路。不过，当所有人都可以参与直播带货时，未来真正能盈利的直播方向到底是什么呢？从目前行业所呈现出的态势来看，垂直化的直播电商形式正在兴起，直播面临更加专业化的挑战。也就是说，商家只有深耕垂直化的直播电商才能有立足之地。"垂直化"是近年来备受关注的词语，在直播电商领域，垂直化的直播更能提前发现用户人群的需求特征，并且通过平台供应链转化这部分潜在需求。随着直播电商更加常态化，用户进入直播间购物也会更加理性，他们要看具体的商品是什么，自己是否真正需要，带货主播是否和商品契合等，然后才做出购买决定。因此，结合自身的优势，加快抢占垂直细分阵地，是电商直播目前也是未来必须直面的问题。

（三）新科技带来多样化直播

直播电商之所以能够在短时间内获得如此快速的发展，很重要的一点在于它提升了消费者的购物体验，带来了一种全新的购物模式。消费者在了解一款商品时，不再依赖于传统的图文详情页介绍，从中反复寻找自己所需的信息，而是在直播间中可以通过商家多维度、立体化的呈现方式去了解商品细节。再加上主播能实时解答用户心中的困惑，从而有效地满足了消费者在购物前充分了解商品信息的需求。5G 时代下，直播电商将会进一步放大这一优势，很多直播新科技也会带来更加多样化的直播场景。高速网络环境下，直播间可以从室内走向户外，深入到产品的原产地直播。比如直播销售生鲜水果，主播可以在水果种植区直播，让消费者直观感受现场采摘；直播销售地方特产美食，主播可以直播美食制作过程，让消费者进一步了解所购商品。随着虚拟现实技术的发展，线上购物与线下购物的体验壁垒正在逐步被打破。例如，部分直播基地已经率先尝试 MR/VR 技术，让消费者能进行沉浸式体验。未来，随着科技的进步，借助人工智能机器人 +MR/VR 技术 +5G 的组合，消费者可能会进入一个全新的"视界"。

（四）直播电商更能直接获取用户反馈

电子商务的市场竞争始终都是围绕着每位消费者的需求展开的，谁能准确、充分地了解每位消费者的实际需求，并且快速响应满足这种需求，谁就能获得更多的商业利益。许多企业设置"用户研究"部门，就是为了更好地对自己的目标用户进行"画像"，从而进行用户细分和需求信息的搜集汇总。直播电商平台具有高效的信息互动性，主播可以在直播间与消费者针对电商产品需求进行各种实时性的信息沟通，也可以在第一时间深入了解消费者的需求和偏好，解答消费者的疑问。主播与消费者进行各种深度信息互动之后逐渐建立相对稳定的合作关系，通过提供优质的直播内容、增加用户互动环节、及时进行直播数据分析、提供优质的服务，可大大增加用户黏性和留存时间。出于对主播的信任，消费者愿意表达真实的诉求，收到反馈的商家能及时对产品进行调整，以满足消费者的需求，这样商家就能做到适销对路，提升盈利水平。所以，直播是电商获取用户属性和需求的一个强有力的抓手。

（五）更加真实的商品信息

在传统电商时代，商品的主要展示方式是图文，虽然近年来有些平台开始使用短视频来展示商品特性，但对于商品信息的传播还是会有遗漏，这就有可能导致消费者在购买商品时犹豫不决，以至于流失订单。而直播打破了消费者对电商产品质量的诸多顾虑，改变了传统电商商家和消费者之间对产品基本信息掌握不对等的情况。电商平台的直播一旦开启，商品信息和主播的真实性言行就会完全暴露在消费者面前。电商直播的最大特性就是让商品信息实时传播，具有"所见即所得"的巨大优势，拉近了消费者和商品之间的信息距离，赋予广大消费者类似于现场购物的全新体验。同时，电商平台的主播也会通过一系列操作增强商品信息传播的真实性感知。比如，在服装类商品直播过程中，主播会在直播间标注自己的真实身高、体重、三围等身材数据，之后对衣服进行试穿，消费者依据主播的身材数据及试穿结果，就能对衣服的信息有更进一步的判断。对于直播平台来说，获得

消费者的信任，一方面会刺激消费者模糊的购买欲，从而使消费者形成清晰的消费需求，在电商平台完成购物行为；另一方面，获得消费者的信任能增加商品的复购率，促进消费者对商品的口碑传播。

（六）"直播＋"技术得以广泛应用

当前直播技术应用涵盖领域较为丰富，影响广泛且深远，正在逐渐成为拉动经济的新动能和基础设施。

直播行业的蓬勃发展，让各大头部电商看到商机，纷纷在自家平台上嵌入直播功能，为平台流量赋能，并不断探索营销策略。商品打折、清仓促销、购物满减、优惠券发放等营销策略都是为了吸引消费者。京东、天猫等平台在电商模式上不断创新，引入秒杀、团购、聚划算、预售、众筹、花呗、白条等方式，吸引更多消费者关注，最终实现商品售卖的目的。

▶ 任务实施

通过对电商直播相关资料的搜集与整理，王新对直播电商的发展现状有了更深层次的理解。为了更好地完成任务，王新决定结合身边的直播电商项目，对直播电商发展的四个阶段进行分析整理，丰富调查报告的内容。

第一步：王新对直播电商行业发展经历了哪几个阶段进行了分析，如表1-7所示。

表1-7 分析表1

阶段	分析
阶段一	提高用户黏性，将流量变现。
阶段二	行业开始分化，走向精细化。
阶段三	直播电商开始向丰富内容方面发展。
阶段四	行业不同模式开始分化。

第二步：王新对处于不同阶段的直播平台的表现形式、下单量等进行了分析，如表1-8所示。

表1-8 分析表2

项目	分析
表现形式	第一阶段，开启线上视频直播；第二阶段，内容、规则不断完善丰富；第三阶段，平台丰富、优化服务项目；第四阶段，行业不同模式开始分化。
下单量	下单量不断增加。

📖 **同步训练** ▐▐

任务描述：为了更好地完成任务，请你对直播电商行业进行分析并完成调查分析表（见表1-9）。

表1-9　调查分析表

项目	分析
直播兴起的原因	
直播平台的发展现状	
直播电商行业的发展趋势	

任务评价表，见表1-10。

表1-10　任务评价表

评价内容	分值	评价		
		自评	小组评价	教师评价
直播兴起的原因	15			
直播平台的发展现状	45			
直播电商行业的发展趋势	40			
合计	100			

🎬 **项目小结** ▐▐

本项目从直播电商的兴起、直播电商的现状、直播电商的分类、直播电商的发展、直播电商行业的发展趋势等方面，详细解读有关直播电商的背景知识。学生在不断积累直播电商知识的过程中，应合理运用所学知识提高技能，为更好地理解直播电商后续项目的内容打下基础。

📝 **考证园地** ▐▐

一、填空题

1. 直播内容分为：_____、_____两类。

2. 单一的在线电商直播内容和活动形式，必然会使消费者厌倦，因此在_____、玩法上要不断创新。

3. 直播电商行业已向着_____、_____、_____三大趋势快速发展。

4.在传统电商时代，商品的主要展示方式是_____。

二、简答题

1.直播兴起的原因是什么？

2.直播电商行业各个发展阶段的特点是什么？

3.直播的优势有哪些？

4.简述直播电商的发展趋势。

5.直播平台的发展策略有哪些？

三、案例分析

案例 1

小仙炖直播突围：创始人亲自下场很给力

2019 年"双十一"，鲜炖燕窝品牌小仙炖在天猫平台销售额突破亿元大关，成为首个进入天猫亿元俱乐部的中国传统滋补品牌，同时成为天猫、京东两大平台燕窝单品销量冠军，全网销售额达到 1.3 亿元，同比 2018 年"双十一"增长 302%。从 11 月 4 日开始，创始人林小仙每晚 8:00 至 11:30 都在淘宝直播与粉丝面对面沟通，每晚观看量均达到 1 万多人次，互动节奏紧凑，热度居高不下。小仙炖旗舰店在淘宝直播"双十一"品质冲榜日的热度排行榜中一度冲到第 7 位，超过雅诗兰黛、雪花秀等美妆大牌。直播期间，小仙炖鲜炖燕窝每晚的销量都很亮眼，年卡销售量飙升，"创始人来了"的直播影响力出乎意料。可见，创始人亲自下场直播，也是一种特别的策略，它能够助力品牌触达目标用户群体，深化品牌形象。

案例 2

茶饮也要玩转数字创新

"天猫精灵，来杯咖啡。"

"为您点到一杯热美式，来自星巴克'专星送'……"

2019 年 9 月 16 日，星巴克和淘宝知名主编合作，首次参与淘宝直播。在直播中，主播一边介绍手中的星巴克杯子，一边和星巴克定制版天猫精灵互动，演示着语音点咖啡。在产品上线 5 秒倒计时结束后，3 000 件星巴克联名产品售罄。

而当天晚上直播间里的星巴克产品，成交了 9 万多杯星冰乐双杯券，3.8 万多杯拿铁电子饮品券，3 万多杯橙柚派对双杯券，仅可以兑换的饮品加起来就近 16 万杯，相当于一家出杯量大的茶饮店 5 个月的销量。

此次天猫品牌日，星巴克一方面在天猫平台的活跃度和话题量直线上升，另一方面使线上线下用户联动加强，可谓一举多得。

案例 3

6 秒卖出 25.5 万张电影票

电影《南方车站的聚会》主创人员来到某主播淘宝直播间，通过淘宝直播进行了一场"线上路演"加"直播卖票"。而直播间买到的"电影票"，其实是一个优惠电影票资格，仅需 1 分钱，用户购买成功以后，还需要在票务平台再花 19.9 元购买自行选择场次的电影票，相当于花 20 元钱看场电影。

本次直播的数据让人十分惊喜，1 小时有 636 万人在线观看，25.5 万张电影票在 6 秒钟内被抢购一空。

可见电影的宣发路径正在向短视频、直播平台拓展。电影营销领域的不断跨界和升级尝试，也为电影业带来了新的业态活力。

案例 4

蒙牛京东超级品牌日　2 小时卖出超 10 万箱

2019 年 8 月 27 日，蒙牛京东超级品牌日正式开启。晚上八点，众网红们开启直播，同台 PK 带货。通过亲身体验、产品成分讲解、牛奶搭配指南等，各网红使出浑身解数帮助消费者"拔草"。在 2 小时的直播中，PURE MILK 牛奶一款产品带货超 10 万箱。京东曾宣布将至少投入 10 亿资源推出红人孵化计划，邀请知名 MCN 机构参与其中，最终孵化出不超过 5 名超级网红，成为京东平台独有的"京品推荐官"。

据了解，该项目启动后，京东已在站内、站外开始投入资源力推。京东 App 还为"京品推荐官"搭建了专属页面，该页面分为直播会场和短视频板块。

京东此次推出"京品推荐官"活动，主要是为吸纳头部超级网红，聚合平台内的粉丝数量。

资料来源：轶名.阿里八卦直播带货经典案例——直播带货还能走多远.搜狐网.

思考：以上各个案例中的直播平台分别运用了什么直播策略？

🖥 **素养园地** ▮▮

2023 直播电商产业市场规模透视中国直播电商产业全景

一、基本概念：直播电商进入全民化发展

直播电商是一种新型的电子商务形式，它利用直播作为主要渠道来进行营销，为用户提供更加丰富、直观、实时的购物体验，具有高度互动性、专业性和高转化率等优势，是数字化时代下电子商务的新产物。

我国直播电商的发展，可以追溯到 2016 年。这一年，电商投资者纷纷看好直播电商的前景，开始积极参与，快手、蘑菇街、淘宝、京东相继推出直播功能，奠定了"直播 + 电商"模式的基础。

2017年开始，直播电商行业继续探索创新，淘宝推出了"超级IP入淘计划"，"双十一"活动引爆了直播带货概念，抖音和快手上线了店铺，主播类型和带货商品种类更加多元，中国直播电商市场交易规模达到209.3亿元。

2019年至今，中国直播电商产业进入了爆发期，明星纷纷加入直播带货，地方政府和各种机构参与其中，直播电商也进入了全民时代。

二、市场规模：门槛较低且增量巨大

近年来，线上消费需求不断被释放。仅2023年上半年，全国的在线零售额就达到7.16万亿元，同比增长13.1%。

直播电商是在线零售的重要增长极。截至2022年12月，中国网络购物用户规模达8.45亿人，网络直播用户规模达7.51亿人，直播付费成为一种新的消费模式开始出现。

在为直播付费的用户中（除电商购物外），消费额在1 000元以下的用户占比高达94.2%，而消费额在1 000 ~ 5 000元范围内的付费用户占比为3.4%，消费额在5 000 ~ 10 000元的付费用户占比为1.7%，消费额在10 000元以上的付费用户占比为0.7%。由此可见，1 000元以下是直播付费用户的主要消费区间，也意味着消费门槛较低以及增量市场的巨大。

目前，我国的直播电商产业市场正处于高速增长阶段。2022年，直播电商产业市场规模达到3.5万亿元，同比增长48.21%，据艾瑞咨询的测算，2024年全年我国直播电商行业市场规模将达到5.8万亿元，2026年预计总规模可以达到8万亿元以上。

三、产业链图谱：各环节走向融合发展

上游：包括各种产品的制造商、供应商和经销商，如服装、日用品、美妆个护、食品等，这些上游企业提供直播电商所需的商品。

中游：包括主播、MCN机构、电商平台。主播在产业链中扮演着关键的角色，他们通过直播为产品进行推广和销售，MCN机构为主播提供支持和管理，电商平台提供了营销的渠道。

下游：年轻女性是直播电商产业的主力消费者，通过观看主播的直播节目，购买各种产品，形成了强大的消费需求市场。

其他服务商：除了上述核心参与者外，还有一些支持性服务商，如支付宝和微信提供支付解决方案，顺丰物流提供物流支持等。

（一）主播

知名主播：如罗永浩、董宇辉等。这些主播在直播电商领域有一定的影响力和粉丝基础。

收入梯度：主播的收入表现多样化，不足5 000元月收入的主播占总数的95.2%，月收入5 000元 ~ 10 000元的主播占2.6%，月收入10 000元 ~ 100 000元的主播占1.8%，

而月收入超过 10 万元的头部主播占 0.4%。这显示了主播收入分布的梯度性质，大多数主播的月收入相对不高。

成本支出：主播的支出成本主要包括平台成本、直播间成本和团队运营成本。这些成本是主播运营直播电商业务的必要开支，平台成本通常指平台抽成或分成，直播间成本涵盖设备、道具、场地等费用，而团队运营成本则涉及摄影、美工、助播、运营、场控、客服等人员的薪酬。

主播规模：2023 年上半年，电商平台上活跃的主播数量超过 270 万人，直播销售的商品数量超过 7 000 万个，累计直播场次数超过 1.1 亿场，累计直播销售额高达 1.27 万亿元。

（二）MCN

知名机构：我国的 MCN 机构众多，这些机构在内容创作、品牌推广等领域具有一定的影响力。

组织架构：MCN 机构的组织架构通常围绕商业增长和内容运营展开。机构可能设立独立的部门，包括整合营销、中台服务、品牌研发等，以更好地满足客户需求。随着行业竞争的加剧和政策的引导，MCN 机构的组织构架开始向规范化、标准化、专业化的方向转型。

机构趋势：目前，MCN 机构存在一定的两极分化现象。一方面，新兴的中小型 MCN 机构不断涌现，但也有机构发展乏力；另一方面，成长期的机构继续扩张，而成熟的机构正在进行业务拆分或调整。2022 年，我国 MCN 机构数量约为 4 万家，同比增长 17.65%，总体来看，MCN 行业还在逐步扩张。

（三）电商平台

平台类型：直播电商平台包括抖音、快手、淘宝直播等，这些平台为品牌和主播提供了多样的直播电商渠道。

直播电商平台的快速崛起和电商业务的蓬勃发展，为品牌商家、主播、MCN 机构和消费者带来了更多的机会和选择。

四、重点企业：竞争的多元化和白热化

2023 年，品牌自播、店铺崛起、虚拟主播成为直播电商产业新的热门话题。抖音电商下海、快手开放淘宝联盟、京东联盟外链、拼多多开启虚拟直播带货、东方甄选开启双语直播带货新模式等，竞争进入多元化和白热化。

在融资方面，2023 年中国直播电商行业正迎来升温，热度星选、万米文化、花儿朵朵、白兔视频等多个项目成功获得千万元级别的融资。此外，2023 上半年，抖音和美腕 2 家直播电商"独角兽"，估值共 1.4 万亿元，较去年均有所上涨。直播电商上市公司方面，芒果超媒、ST 大集、蓝色光标、狮头股份、遥望科技等企业也开始积极布局新的直播业态。

从地域上看，我国从事直播电商相关业务的企业主要分布在北京、上海、浙江、广州等城市，随着直播电商行业的持续发展，相关企业已经开始向中西部地区布局。

素养点拨：

党的二十大报告全面总结过去五年的工作和新时代十年的伟大变革，科学谋划了未来五年乃至更长时期党和国家事业发展的目标任务和大政方针，是我们续写新篇章的政治宣言和行动指南。我们要深刻体会报告中的一字一句所蕴含的精神实质要义，从中汲取真理的力量，明确前进的方向，认真贯彻落实好党的二十大精神、服务好国家的战略方针，以创新为动力，不断满足人民对更加美好生活的期待，加快建设网络强国、数字中国，贯彻党的二十大精神，以数字赋能电商高质量发展。

认识直播平台

项目二

情境介绍

学校的新媒体工作室新增了直播实训项目，工作室的老师给王新布置一个新任务，让他为工作室的直播平台开通直播权限。因为王新还没有接触过相关操作，所以他需要从直播平台的分类和权限开通的流程开始学习。

学习目标

知识目标

1. 了解直播平台的概念。

2. 了解直播平台的分类。

3. 了解各类直播平台的直播规则及相关注意事项。

4. 掌握不同直播平台权限的开通流程。

5. 初步了解直播平台推流软件的界面。

技能目标

1. 能独立完成各直播平台直播权限的开通。

2. 掌握直播平台直播规则的综合运用。

3. 学会使用直播平台推流软件。

素养目标

1. 树立诚实守信的价值观。

2. 培养遵纪守法的职业素养。

3. 培养学生的守法守规意识，在直播活动中能严格遵守相关法律法规和平台规则，不触碰行业红线。

任务一 ▶ 认识直播平台

 **任务导入**

工作室老师给王新布置的任务是在电商销售平台开通直播权限。电商销售平台有哪些？如何在这些平台开通直播权限？不同平台之间开通直播权限的要求有何区别？为解开这些疑问，王新给自己制定了学习单（见表2-1），用以梳理所学知识。

表2-1 学习单

主要学习内容	关键词
了解直播平台	概念、常见类型、盈利模式、电商平台
掌握电商销售平台直播权限的开通方法	直播权限开通流程
了解电商销售平台的直播规则	直播间封面规则、直播标题规则、直播间禁播的违法违规内容、直播间不符合平台规定的服装、直播间不能发表的言论

知识探究

随着直播行业的迅速发展，各类传统电商平台开始拓展直播领域。通过直播，商家得到更为直接的产品信息传播途径，消费者也在其中获得更为逼真的卖场感受。直播让人、货、场三者合一，拉近了彼此的距离，无论是商家还是消费者，对直播的依赖度都在日益提升。

一、直播平台

（一）直播平台的概念

直播平台实质上是内容生产和消费的平台，直播平台最核心、最具价值的部分就是内容。直播平台承担的职能包括：找准内容场景定位，提供产品和技术服务，发掘和组织内容生产者，推广内容平台获取用户，运营服务好用户，发展商业模式形成循环。直播平台需要具备的资质分别是《网络文化经营许可证》《计算机软件著作权登记证书》《电信增值业务许可证》《营业执照》等证件。

（二）直播平台现状

截至 2023 年年底，我国网络直播用户数量达 8.16 亿人次，并保持着高速增长。国内外的直播平台数量众多，在用户体验、功能定位上存在差异。直播行业将会更加多元化和智能化，各大平台在内容、技术等方面的竞争将愈发激烈。

（三）国内直播平台

我国直播平台数量众多，竞争激烈，其中最为知名的有抖音、快手等。国内直播平台大致分为游戏类、娱乐类、购物类等，每个平台都有自己的用户群体和商业价值。

新浪微博直播主要实现社交互动，它允许用户通过手机推送直播视频。腾讯直播是由腾讯公司推出的直播平台，支持多种类型的直播内容，如新闻、体育、娱乐等。火爆全网的抖音、快手直播则是以短视频分享为主的社交平台，它们允许用户进行实时直播并与粉丝互动。YouTube 直播是全球领先的视频分享平台，提供包括个人直播、新闻直播、演唱会直播等多种直播服务。虎牙直播、YY 直播、战旗直播则是专注于游戏电竞领域的直播平台。这些平台各具特色，覆盖了游戏、娱乐、体育、教育、户外等多个领域，满足了不同用户的需求。

（四）海外直播平台

海外直播平台以 twitch、Facebook Live 等为代表，它们有极高的知名度和影响力。

以 twitch 为例，它是游戏直播领域的头部品牌，支持多人合作在线游戏，同时也能满足其他类型的直播需求，交互性强；Facebook Live 更偏重社交网络形态，适用于短时精华内容的发布、分享和交流。

二、直播平台的常见类型

（一）娱乐类

娱乐类直播主要包括娱乐直播和生活直播两类，其中娱乐直播指主要以舞蹈、唱歌等表演为主题的网络直播，生活直播指主播以日常生活为主题的网络直播，包括美食制作、

手工 DIY 等内容。目前，娱乐类直播平台可以实现"全民互动"，从这点来看，娱乐类直播的市场前景是十分广阔的。

（二）游戏类

知识力量催生了游戏直播行业，市场力量的参与则将该行业推向繁荣，电竞在全球的发展更是带来了大量资本涌入。国内现在的游戏类直播用户主要集中在虎牙等直播平台。可见，游戏类直播是巨头们争夺的焦点。

（三）购物类

购物类直播主要通过各类网络达人在"电商＋直播"平台上和粉丝进行互动社交，以达到出售商品的目的。购物类直播平台如抖音直播、淘宝直播、京东直播等，它们的用户虽然以女性为主，但男性比例也并非想象中那么低。购物类直播平台的盈利方式以商品销售为主，增值服务（虚拟道具购买）为辅，吸粉引流方式主要是网络达人入驻和明星入驻。

（四）专业类

专业类直播平台针对的用户人群与其他直播平台有很大不同，它们针对的是有信息知识获取需求的用户。这类直播可以将人们的注意力从原本枯燥的文字转移为人的动作和口语表述上，通过演讲、辩论等表现力十足的方式将专业信息呈现在大众面前，因此这类直播平台非常具有发展潜力。因为专业类直播平台的专业门槛较高，所以对解说内容及主播的解说能力有较高要求。专业类直播平台的盈利方式为付费收看、服务收费、广告收入等；吸粉方式主要是引进专业领域内的领袖入驻，为用户提供专业信息知识和技术服务。

三、直播平台的盈利模式

（一）打赏模式

打赏模式是最常见的直播类产品盈利模式。观众付费充值买礼物送给主播，平台将礼物转化成虚拟币，主播对虚拟币提现，由直播平台抽成。如果主播隶属于某个机构，则由机构和直播平台统一结算，主播获取的是工资和部分抽成。

（二）广告模式

直播平台负责在 App 中、直播室中或直播礼物中植入广告主的广告（包括 banner、直播广告图等），按展示、点击或购买情况与广告主结算费用。

（三）导购模式

一般电商类直播产品或竞拍类产品采用该盈利模式。主播红人有自己的店铺，或者有店铺需要主播进行营销推广。主播在直播时，推荐店铺商品，用户购买商品或参与竞拍。直播结束后，主播与直播平台按照既定比例分成。

（四）付费直播

付费直播有两种模式，一种模式是主播开通直播需要付费，由直播平台提供更高级的直播服务；另一种模式是观众看直播需要付费，由主播设置入场费用，直播平台和主播分成。另外，付费模式还可以分为按场次收费，方便主播选择适合自己的直播方式，合理增加自己的直播营收。

（五）会员增值服务

会员分为主播和观众两类，可分别在付费成为会员后收获专属特权，如对于会员主播，直播平台可以提供的一些特权，如尊贵勋章、升级提速、首页推荐等。

（六）付费教育

在线教育类产品利用直播平台售卖课程，学生付费学习，直播平台最终和主播分成。直播平台还可以售卖课程相关商品，如在教授音乐的直播课中，可以销售各种相关乐器，增加营收。

四、常用的电商直播平台

（一）淘宝直播

平台优势：作为行业内的老牌电商平台，淘宝拥有庞大的用户基础和丰富的商品资源，用户购物习惯成熟，对商品的信任度较高。淘宝直播可以直接将商品与直播相结合，为消

费者提供更直观的购物体验。商家既可以自己做直播，也可以找达人代播。对于一些知名品牌和大型商家来说，淘宝直播是重要的营销渠道。

适合品类：服装、美妆、母婴、食品、数码等品类都适合在淘宝直播上推广销售，尤其是一些需要详细展示和介绍的商品，如珠宝玉器、化妆品等，通过直播能够更好地展示其特点和使用方法。

（二）抖音直播

平台优势：抖音是短视频领域的头部平台，拥有海量的活跃用户和强大的流量优势。用户年轻化程度高，对新事物接受能力强，消费潜力大。抖音的算法推荐机制能够精准地将直播内容推送给感兴趣的用户，提高直播的曝光度和转化率。此外，抖音还与淘宝签订了合作协议，主播可以通过抖音直播为淘宝商品引流。

适合品类：家居用品、食品饮料、服装、美妆等品类适合在抖音直播上推广销售。同时，一些具有创意、新奇特点的商品也容易在抖音上获得关注和销售，例如一些小众品牌商品、创意礼品等。

（三）快手直播

平台优势：快手的用户群体庞大，具有很强的社交属性。主播与粉丝之间的互动性强，粉丝对主播的信任度高，形成了一种基于"老铁关系"的社交营销模式。快手直播的门槛相对较低，对于一些中小型商家和个人创业者来说，更容易开展直播带货。

适合品类：农产品、土特产、手工艺品、家居用品等品类在快手直播上比较有市场。这些商品价格相对较低，符合快手用户的消费能力和消费需求。

（四）京东直播

平台优势：京东作为知名的电商平台，以品质和服务著称，用户对京东的商品品质和售后服务有较高的信任度。京东直播依托京东的电商基因，为品牌商家提供了一个高效的互动营销和销售转化平台。京东直播在数码、家电、家居等品类上具有优势，能够为消费者提供专业的产品介绍和评测。

适合品类：京东直播适合数码产品、家电、家居用品、美妆、母婴等品类的直播推广，尤其是一些高价值、需要专业讲解的商品，如高端数码产品、大型家电等。

（五）拼多多直播

平台优势：拼多多以低价拼团的模式吸引了大量的用户，用户群体对价格敏感，追求性价比高的商品。拼多多直播通过与商家合作，推出了一系列的优惠活动和补贴政策，吸引消费者购买商品。此外，拼多多的直播还与社交分享相结合，用户可以通过分享直播链接邀请好友观看和购买商品，增加了直播的曝光度和商品销量。

适合品类：农产品、地方特产、小商品、家居用品等价格相对较低的商品在拼多多直播上比较受欢迎，这些商品符合拼多多用户的消费需求和消费能力。

（六）小红书直播

平台优势：小红书是一个以分享生活方式和购物经验为主的社交平台，用户中的年轻女性群体具有较高的消费能力和购买意愿。小红书直播的内容以美妆、时尚、生活方式等为主，能够为用户提供优质的购物参考和建议。小红书的直播流量主要来自平台自身的用户和达人的私域流量，粉丝黏性较高。

适合品类：美妆、护肤、服装、配饰、美食等与生活方式相关的品类在小红书直播上比较受欢迎，这些商品符合小红书用户的兴趣和需求。

▶ 任务实施 ▐▌

通过学习，王新对于直播平台已经有了更深的了解，为了巩固所学知识，老师给王新布置了一个任务：对比各类直播平台，并填写对比分析表（见表2-2）。

表2-2　各类直播平台的对比分析

直播平台种类	受众人群分析 （年龄、职业、收入等）	营利模式分析	请至少列出3个 该类别的直播平台
娱乐类	全年龄段，有更多课余时间，中低收入群体	虚拟礼物与打赏、广告与营销	抖音、快手、小红书
游戏类	18～35岁，学生、上班族，中低收入群体	虚拟礼物与打赏、广告与营销、赛事转播	虎牙、哔哩哔哩、斗鱼
购物类	18～50岁、学生、上班族、女性用户，中低收入人群	广告与品牌合作、佣金收入、线下活动与授权合作	淘宝、拼多多、京东
专业类	全年龄段，学生、职场人士、专业技术人员，中低收入群体	广告与品牌合作、付费内容与会员服务、商品销售与佣金收入	抖音、网易云课堂、腾讯课堂

🖥 同步训练 ▐▌

任务描述：请阅读以下案例材料，上网查阅相关资料，完成案例分析。

国内知名游戏直播平台斗鱼，从"千播大战"到独领风骚，到如今多位头部主播纷纷停播甚至传出涉案被拘的消息；从2019年7月在美股上市时最高估值超过45亿美元

（256亿元人民币），到2024年总市值2.65亿美元（19亿元人民币），5年时间蒸发超九成，曾经的直播头部平台已跌下神坛。

（1）根据该直播平台类型，分析它的受众人群和营利模式，并填写表2-3。

表2-3 分析斗鱼的受众人群和营利模式

直播平台类型	受众人群分析 （年龄、职业、收入等）	营利模式分析

（2）请自行查阅相关新闻，分析这个曾经的直播头部平台是如何一步步跌落神坛的。

任务评价

任务评价表，见表2-4。

表2-4 任务评价表

评价内容	分值	评价		
		自评	小组互评	教师评价
受众人群分析的准确度	30			
营利模式分析的准确度	30			
衰落原因分析的准确度	40			
合计	100			

任务二 ▶ 开通电商平台直播权限

一、电商平台概述

传统电商平台是指基于互联网技术的传统商业模式，在线上进行交易和销售的平台。其特点是：以平台店铺为依托，以卖场化的直播销售形式展现产品，产品直播销售量受店铺现有流量及头部主播影响较大。在传统电商平台中，淘宝直播占据主要市场。一些头部主播更是家喻户晓，成为直播领域的达人。传统电子商务平台包括淘宝、天猫、京东、拼多多等，提供了便捷的购物体验和丰富的商品选择，已经成为人们日常购物的重要渠道。随着直播电商经济的快速发展，传统的电商平台也纷纷开通了直播带货功能，以满足不同消费者的需求。

二、电商平台直播规则

电商平台直播规则是电商平台为了规范直播带货等直播相关商业活动而制定的一系列准则。这些规则涵盖了直播内容、商品信息、交易流程、售后服务等多个方面，目的是确保直播活动的公平、公正、合法，保护消费者权益，维护电商平台的正常秩序。常见的直播规则如下所述。

（一）直播间封面规则

1. 内容规范

真实性：封面内容必须真实反映直播的主题和商品。例如，如果是一场服装直播，封面就应该是与服装相关的图片，不能使用与服装毫无关联的美食图片来吸引用户眼球。避免使用虚假的促销信息，如封面上显示"1折起"，但实际上直播间内只有少量商品是这个折扣。

合法性：不能包含侵权、违法、色情、暴力等不良内容。比如，不能使用未经授权的明星照片作为封面，也不能出现带有赌博、毒品等违法暗示的图案或文字。

2. 尺寸和格式要求

如淘宝直播封面有特定的尺寸要求，一般建议图片尺寸为 750×750 像素，这样可以保证图片在各种设备的屏幕上都能清晰呈现。格式通常支持 JPG、PNG 等常见图片格式。应确保封面图片的清晰度，避免使用模糊或带有水印的图片，因为这会影响用户浏览。

3. 吸引力原则

封面应能够吸引用户点击进入直播间，可以使用明亮的色彩、清晰的主体和简洁的文字来突出重点。例如，在美妆直播封面中，可以展示一个漂亮的妆容，并且配上"爆款口红试色"等吸引人的文字。不过，文字不能过多，以免遮盖主体，一般文字占封面面积不超过 30%。

（二）直播标题规则

1. 准确性

标题要准确地表达直播的主要内容。如果是一场运动装备直播，标题可以是"运动达人带你挑选专业运动装备"，而不能设成"家居好物分享"这种容易让人产生误解的标题。并且标题不能夸大其词，如"全球唯一的高科技电子产品直播"，除非商品确实独一无二。

2. 简洁性

标题应简洁明了，长度适中。一般建议标题长度不超过 12 个字，这样便于用户快速浏览和理解。例如，"时尚女装直播来袭"就比"一场超级无敌棒的时尚女装直播"要简洁有效得多。

3. 关键词优化

合理使用关键词可以提高直播间的搜索曝光率。例如，在母婴产品直播中，标题中可以包含"婴儿奶粉、宝宝纸尿裤"等热门关键词。但要注意不能堆砌关键词，如"婴儿奶粉、婴儿辅食、婴儿玩具直播"，这种标题看起来很混乱，也不利于用户理解。

（三）直播间禁播的违法违规内容

1. 侵权内容

在直播过程中不能播放未经授权的影视、音乐、图书等作品。例如，在直播间播放一部版权受保护的电影，这属于侵权行为。因为这些作品的版权所有者拥有复制权、信息网络传播权等权利，未经许可使用会侵害他们的权益。也不能使用未经授权的商标。如果在直播间展示商品，使用了与其他品牌相似的商标来误导消费者，可能会涉及商标侵权。

2. 违禁物品相关内容

在直播过程中禁止直播销售和宣扬毒品、管制刀具等违禁物品。毒品严重危害社会健康和安全，管制刀具等具有一定危险性的物品受到法律严格管控，直播此类物品的交易过程或宣扬其所谓的"好处"是违法的。许多野生动物处于濒危状态，受到法律的严格保护。如犀牛角、象牙制品等相关交易展示都是违法的。涉及野生动物及其制品（非法猎捕、杀害、收购、运输、出售国家重点保护的珍贵、濒危野生动物及其制品）的内容是禁播内容。

3. 违法活动相关内容

禁止直播赌博活动。无论是线上还是线下形式的赌博，如展示牌局、骰子游戏等带有赌博性质的内容都是禁播内容。赌博在我国属违法犯罪行为，直播赌博可能会诱导观众参与，并且传播不良的社会风气。禁止传播色情低俗内容，包括展示色情图片、进行色情暗示的言语或动作、传播色情小说等。此类内容不仅违反法律法规，对社会风气和观众身心健康也会造成严重的伤害。

4. 恶意营销内容

直播过程中避免过度的刷屏式营销。不断发送重复的产品链接、促销信息，会干扰观众的正常观看体验。在直播中应该秉持公平竞争的原则，不能通过虚假陈述或恶意诋毁竞争对手来获取优势。

5. 极端和有害的价值观内容

不能宣扬极端的个人主义、拜金主义等有害的价值观。例如，在直播间宣扬"为了赚钱可以不择手段"这种观念是错误的，应该传播积极向上、符合社会主流价值观的内容，如努力奋斗、关爱他人等。

6. 负面情绪煽动内容

避免传播过度的焦虑、仇恨等负面情绪。如果在直播间不断抱怨社会、煽动对某一群体的仇恨，可能会引发观众之间的矛盾和社会不稳定因素。例如，发表带有地域歧视的言论是违法违规的。

7. 违反平台规定的内容

在直播过程中不能播放暴力血腥内容，避免展示真实的暴力场景，如打架斗殴、虐待动物等内容。

直播平台通常要求内容真实可靠，尤其是涉及商业、社会事件等方面的信息。直播时不能传播不实的新闻或谣言。例如，在没有任何事实依据的情况下，在直播间声称某知名品牌即将倒闭，可能会对品牌形象和市场秩序造成不良影响。直播时更不能进行虚假的产品宣传。例如，夸大保健品的功效，声称它能治愈各种疑难杂症。这种虚假宣传不仅欺骗消费者，也违反平台规定。

直播时要注意不能使用"极限词"和"过度承诺词"（见表2-5）。

表2-5　直播时不能使用的"极限词"和"过度承诺词"

禁用极限词	绝对化用语："最、第一、首个、最好、最大、最高、最低、最先进、最优秀、最时尚、最受欢迎、最先、最新、最优、独一无二、绝无仅有、无与伦比、顶级、极品、顶尖"等。	与数量相关的极限词：如"全网销量第一、全国销量冠军、销量最高"等，关于销量的表述如果没有真实的数据支持，就是不恰当的。"遥遥领先、远远超过"等比较性的极限词在没有客观数据对比时也不能随意使用。

续表

| | 效果类承诺词：
（1）"保证、确保、一定、肯定"等词用于效果承诺时要谨慎。
（2）"根治、治愈、永不复发"等用于医疗相关产品或服务的承诺词是受到严格监管的。
（3）"立竿见影、药到病除"等表示即时、高效效果的词汇在很多产品宣传中也不建议使用。 | 服务类承诺词
（1）"终身免费、永久免费"等服务承诺词需要明确具体的使用范围和条件。例如，声称某软件提供终身免费服务，但如果在用户协议中有很多隐藏条款，如后续会收取其他相关费用，这就属于虚假承诺。
（2）"无条件退款、无理由退货"等词在使用时需要有明确的规定和合理的限制。如果在直播间承诺无条件退款，但实际上设置了诸多不合理的障碍，如要求消费者承担高昂的退货运费，或者对退款时间、退款方式等没有明确说明，就会引起消费者的不满。 |
| 禁用过程承诺词 | | |

三、开通电商平台直播权限

（一）淘宝直播权限的开通流程

淘宝作为当前的直播主流平台，具有行业布局早、市场占有率高等特点。通过培育头部主播、更新直播玩法、丰富引流模式，在电商直播市场上占据了重要的份额。

当前，淘宝直播权限必须通过"淘宝主播"App 申请开通，用户可以在 PC 端和手机端进入下载界面。

1. PC 端申请途径

步骤一：登录淘宝直播网址（https://taolive.taobao.com），点击"一键入驻"（见图 2-1）或页面右上角的"立即直播"—"成为主播"。

图 2-1 "淘宝直播"网页界面（1）

步骤二：按照网页指引下载淘宝直播 PC 端直播工具，如图 2-2 所示。

图 2-2 "淘宝直播"网页界面（2）

2. 手机端申请途径

步骤一：在应用商店搜索"淘宝主播"App 进行下载，如图 2-3 所示。

图 2-3 "淘宝主播"App 下载界面

步骤二：使用淘宝账号或支付宝账号登录"淘宝主播"App，如图 2-4 所示。

图 2-4 "淘宝主播"App 登录界面

步骤三：进入"淘宝主播"App 界面后，点击上方"立即入驻，即可开启直播"按钮，如图 2–5 所示。

步骤四：进入"淘宝主播"App 实名认证界面，如图 2–6 所示。根据提示完成认证，同时点击界面下方的"同意以下协议"按钮，完成入驻。

图 2–5　"淘宝主播"App 界面　　　　图 2–6　"淘宝主播"App 实名认证界面

步骤五：点击首页下方红色按钮，进入直播间；点击下方"开始直播"按钮，开启直播，如图 2–7 所示。淘宝直播的模式可分为三种，分别是视频直播、手游直播和电脑直播。用户在客户端还可以进行发预告、开直播、播放直播讲解视频等操作。

图 2–7　"淘宝直播"界面

开通直播后，卖家若要查询直播的相关数据，可以在淘宝的卖家中心进行查询。首先点击"千牛卖家中心"，然后在"数据中心"模块点击"生意参谋"，如图2-8所示。

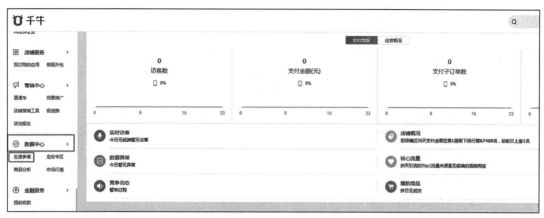

图2-8 "淘宝直播"后台数据查询界面

在"生意参谋"模块点击"直播"，在"直播间业绩表现"模块中可以看到开播场次、直播间访问人数、直播间新增粉丝数等数据，如图2-9所示。

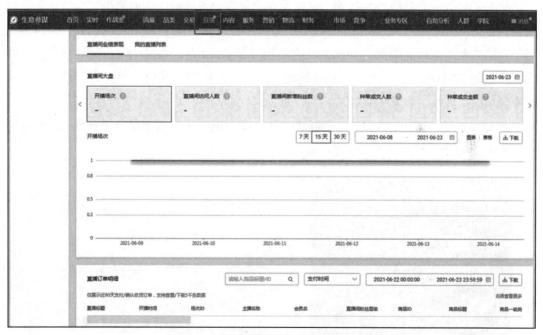

图2-9 "淘宝直播"业绩数据查询界面

在"本店商品成交"模块中，可看到种草成交金额、店铺种草成交占比、直播间店铺新客人数等数据，如图2-10所示。

图 2-10　"淘宝直播"成交商品数据查询界面

（二）京东平台直播权限的开通流程

京东平台以高质量服务为基础，对商家用户开放全域流量，为商家搭建引流场景，构建达人生态系统，帮助商家和达人精准匹配用户，培育主播多元化发展模式。2024 年 4 月，在京东超市采销直播间，40 分钟内整体订单量破 10 万。直播期间，"采销东哥 AI 数字人"讲解 13 款商品，整体订单量环比均增长 8 倍。相较于其他平台而言，京东的直播权限开通门槛较高，暂只针对京东达人开通。

步骤一：登录京东达人官网（https://dr.jd.com），进入京东创作服务平台登录界面（见图 2-11），使用已有的京东账号进行登录。

图 2-11　"京东创作服务平台"登录界面

步骤二：选择开通账号类型，如图 2-12 所示。

图 2 - 12 京东达人账号类型选择

个人达人：普通达人，需要通过身份证等信息认证，可拥有各渠道权限，CPS佣金、CPA京任务等权限。

企业账号：多人运营的企业账号，需要通过企业营业执照、机构确认函等认证，可拥有公域私域发文权限、CPS佣金权限、CPA京任务权限等。

商家账号：京东入驻的商家，通过店铺页面的达人登录即可自动关联店铺账号，无须注册，可拥有发文权限。

机构管理者：满足机构招募条件可申请；注册成功后可邀请达人绑定至该账号，该账号无发文权限，可查看并抽取旗下子账号佣金。

门店管理者：品牌或经过品牌授权的第三方企业可申请；注册成功后可邀请品牌导购/门店达人绑定至该账号，该账号无发文权限，可查看并抽取旗下子账号佣金。

步骤三：选择"个人"或其他类型进入实名认证界面，填写个人真实信息，认证完成后界面显示已实名，继续点击"下一步"，如图2-13所示。若选择企业账户，则需要填写机构名称、统一社会信用代码和机构确认函，并上传企业营业执照及确认函扫描件或照片。

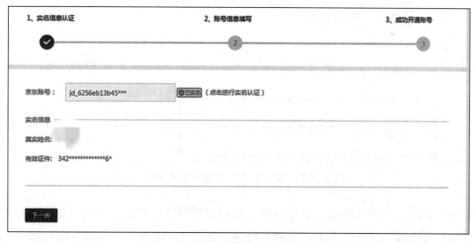

图 2 - 13 "京东达人"实名认证界面

步骤四：完善账号信息填写。发布者昵称需按规范要求设置，不得含有"旗舰店""专营店"等字样，不要带有"JD""频道名称"等官方性质的字样名称，不要涉及未授权的明星及公共品牌。填写前需仔细阅读《京东原创平台入驻协议》。填写完成后，点击"下一步"开通账号（如图2-14所示），京东官方将在1～2个工作日内审核完毕。

图 2-14 "京东达人"账号信息填写界面

步骤五：京东达人账号开通后，进入"创作中心"—"渠道申请"—"京东直播"，点击"申请"按钮，申请直播权限，如图 2-15 所示。

图 2-15 "京东达人"直播权限申请界面

步骤六：进入直播申请信息填写界面，按要求填写达人名称、申请理由，上传粉丝截图、自我介绍视频，完成后点击"申请"按钮，如图 2-16 所示。待官方审核通过后即可开启直播互动。

在京东平台开通直播后，可通过京东创作服务平台进行直播数据查询。通过左侧菜单栏找到"数据"，点击"直播数据"，即可看到店铺整体数据情况，如图 2-17 所示。

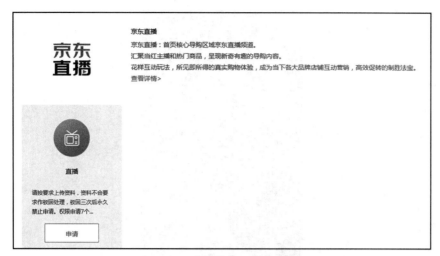

图 2 - 16 直播申请信息填写界面

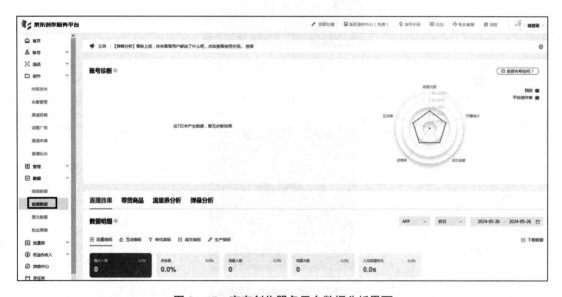

图 2 - 17 京东创作服务平台数据分析界面

（三）拼多多平台的直播权限开通流程

拼多多平台直播权限开通具有流程简单、门槛较低等特点，可分别从 PC 端及手机端进行权限开通。需要注意的是，用户在 PC 端开通直播权限必须提前在手机端完成实名认证。

1. 手机端申请途径

步骤一：打开拼多多 App，在首页下方点击"多多视频"，进入直播频道。

步骤二：进入直播频道后，点击右上角的相机图标，如图 2 - 18 所示。

图 2 - 18　拼多多直播频道界面

步骤三：在直播界面，按要求上传封面，如图 2 - 19 所示。点击"开始直播"按钮。

图 2 - 19　拼多多直播界面

步骤四：进行实名认证环节，点击"马上认证"按钮，按要求填写真实姓名、身份证号，并点击"下一步（人脸识别）"按钮，如图 2 - 20 所示。认证成功后即可回到上一步操作，点击"开始直播"按钮开启直播。

图 2 - 20　拼多多直播实名认证界面

2. PC 端申请途径

步骤一：登录多多直播官网（https://live.pinduoduo.com），选择登录身份，普通用户可以选择"我是达人"进行登录，如图 2 - 21 所示。

图 2 - 21　"多多直播"登录界面

步骤二：成功登录后，按要求上传直播封面，填写直播标题，然后点击"创建直播"按钮（见图 2 - 22）。在此之前用户必须在手机端进行实名认证，方可开启直播。

拼多多直播数据可在手机端直接查看，点击直播界面右上角的圆形小图标，进入直播记录展示界面，如图 2 - 23 所示。

图 2 - 22　拼多多创建直播界面

图 2 - 23　拼多多直播记录展示界面

　　点击需要查看的直播场次，进入数据分析界面。若单场成交金额大于 1 万元，可点击右上角的"生成战报"按钮，进行"直播详情"，查看详细数据，如图 2 - 24 所示。

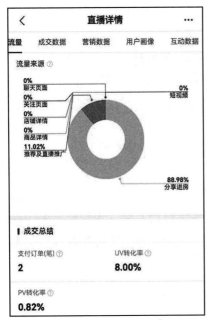 

图 2-24 直播详情界面

四、不符合平台规定的直播服装

（一）暴露服装

直播平台禁止主播穿着过于暴露的衣服，例如，领口过低的低胸装、超短裙、透视装等。这类服装可能包含色情、低俗的暗示，不符合社会道德规范和平台营造健康内容环境的要求。

（二）印有敏感图案或文字的服装

直播平台禁止主播穿着印有血腥、暴力图案的服装。例如，印有大面积的鲜血图案、伤口图案或者武器（如枪支）指向人体等图案的衣服。这类服装可能会引起观众的不适，尤其是对一些心理承受能力较弱的观众，如儿童和部分敏感人群。

（三）含有歧视性文字或图案的服装

直播平台禁止主播穿着印有歧视性文字或图案的服装。这类服装可能引发社会矛盾。

（四）带有侵权商标的服装

如果服装上的商标是未经授权的假冒知名品牌商标，属于侵权行为。例如，一些小作坊生产的带有品牌标志，但制作工艺粗糙的服装。这不仅违反了知识产权保护法规，也会对品牌造成了损害，同时直播平台也不希望出现这类可能涉及侵权纠纷的内容。

（五）禁止非法穿着现役制式服装

在我国，严禁非军警人员穿着现役制式军警服装进行直播。现役制式军警服装代表着国家武装力量和执法力量的形象和权威。根据相关法律法规，非法穿着现役制式军服、警服是违法的行为。

五、直播间不能销售的产品

（一）不能卖违禁物品

毒品相关：毒品是严格禁止的物品，任何涉及毒品的展示、售卖等行为都属于严重违法犯罪行为。

枪支弹药相关：枪支弹药非经许可持有和展示都属违反法律规定，会对社会安全造成巨大威胁。

野生动物制品（非法来源）：非法猎捕、杀害、收购、运输、出售国家重点保护的珍贵、濒危野生动物及其制品等行为都是违法的。

（二）不能卖可能涉及侵权的物品（未经授权）

如未经品牌方授权，在直播间销售大量假冒的名牌包、服装、电子产品等，将涉及知识产权侵权，平台一般会禁止这种可能引发侵权纠纷的行为。

（三）不能销售带有迷信、邪教色彩的物品

迷信物品的传播可能会误导观众，特别是一些易受影响的人群，如老年人和青少年。邪教是被严厉打击的对象，任何传播邪教思想和物品的行为都是违法行为，会对社会

稳定和人民的身心健康造成极大危害。

六、直播不能发表的言论

（一）基于种族、民族、性别、宗教等歧视性言论

不能发表带有种族歧视的词汇，比如不能因为肤色不同而贬低某个种族；不能对某个民族的风俗习惯进行恶意诋毁；不能宣扬性别歧视观念，如声称女性在工作能力上天生不如男性等；不能对特定宗教信仰进行侮辱和歪曲。

（二）人身攻击和侮辱性语言

不能对观众、嘉宾或者其他第三方进行恶意辱骂，不能使用带有侮辱性的词汇攻击他人的外貌、智商、家庭背景等。

（三）恶意刷量和作弊行为相关表述

不能在直播中讨论如何通过不正当手段（如使用机器刷粉丝、刷点赞、刷评论）来提升直播间的人气。这些行为破坏了平台的公平竞争环境。

（四）规避平台监管的内容

不能暗示或引导观众通过非正规渠道进行交易或互动，比如绕过平台的打赏系统，引导观众通过私下转账等方式进行金钱往来。也不能使用暗语来躲避平台对敏感内容的监测。

◉ 任务实施 ▮▮

通过学习，王新对电商销售平台直播权限开通的流程有了初步的了解，为了将理论学习和实践相结合，王新决定以拼多多平台为例，进行直播权限的开通申请。

第一步：下载拼多多App。

第二步：梳理开通流程，如表2-6所示。

表 2 - 6　流程表

项目	流程事项
软件安装	在应用商店下载软件
开通权限	上传封面，实名认证，阅读平台直播规则
开始直播	进入直播间开始直播

同步训练

任务描述：为了巩固电商销售平台的相关知识，请你对不同平台的直播规则及平台特点进行分析，并填写分析表（见表 2 - 7）。

表 2 - 7　直播平台分析表

项目	直播规则分析	平台特点分析
淘宝平台		
京东平台		
拼多多平台		

任务评价表，见表 2 - 8。

表 2 - 8　任务评价表

评价内容	分值	评价		
		自评	小组评价	教师评价
平台直播权限开通	40			
分析各平台优势、特点	30			
分析各平台直播规则异同	30			
合计	100			

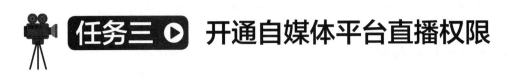

任务三 ▶ 开通自媒体平台直播权限

📷 任务导入 ▮▮

　　王新通过学习电商销售平台直播权限开通流程，对该类平台的直播权限开通方法有了一定的了解。接下来，王新为自己制定了学习单（见表 2-9），用以梳理在自媒体平台开通直播权限等相关知识。

表 2-9　学习单

主要学习内容	关键词
了解自媒体平台	呈现内容为主，直播带货为辅
自媒体平台直播权限开通流程	抖音直播权限开通流程
自媒体平台直播规则	抖音直播规则

🎞 知识探究 ▮▮

　　随着信息技术的不断发展，自媒体应运而生。自媒体平台以生产内容为主，包括短视频、游戏、美食等泛娱乐社交及相关专业领域的知识传播。

一、自媒体平台概述

　　自媒体平台对产品品牌、店铺流量等依赖性较低，主要通过生产内容与平台店铺或第三方电商平台店铺进行关联布局，具有以呈现内容为主、直播带货为辅的特点。

　　2019 年国内手机应用使用时长占比的统计数据显示，短视频、网络直播等应用占比近 30%，而这一数据在此后依旧呈上升趋势。其中，以抖音、快手、微信视频等自媒体 App 为主。抖音生活服务发布数据显示，其 2024 年交易额同比提升 81%。

二、自媒体平台直播规则与电商平台直播规则对比

（一）入驻与认证规则

1. 自媒体平台

相对来说入驻门槛较低，个人用户只要满足基本的账号要求（如账号无严重违规记录等），通过实名认证即可申请开通直播权限。对于企业或商家用户，需要提供相关的资质证明进行企业认证，以便开展商业直播活动。

2. 电商平台

商家入驻电商平台直播通常需有网络店铺，且店铺要满足一定的经营条件，如店铺信誉等级、商品数量等。主播认证方面，除了个人身份信息认证外，电商平台还对主播的直播营销人员有明确的认证要求，包括轮班主播、助播、嘉宾等都需要提供认证信息。

（二）内容规范规则

1. 自媒体平台

强调内容的趣味性和多样性，允许主播展示各种才艺、生活分享等，但严禁传播淫秽、色情、暴力、违法、政治敏感等违禁内容，也不能有虚假宣传、侵权行为等。例如，不能在直播中使用未经授权的音乐、视频、图片等受版权保护的作品；不能过分夸大商品的功效或进行虚假宣传。对标题和封面也有明确要求，标题不能包含广告、招揽、擦边、挑逗等内容，封面要清晰、真实，不能有刻意造假等行为。

2. 电商平台

更注重商品的展示和销售，直播内容需围绕商品进行详细介绍和推广。在着装方面，主播需着装整齐，不能穿过于低俗暴露的服装。在言论上，不能讨论与主旋律相悖的政治话题，不能播放带有色情、性暗示的音乐、影视等，也不能发表低俗涉黄言论等。在标题方面，不能出现"清仓、倒闭"等字样。

（三）商品推广规则

1. 自媒体平台

对于商品的推广有一定的限制，一些特殊商品如未开凿的原石、医疗器械、医美器材、药品相关产品等不能在直播中销售。单纯的硬广式直播推广可能效果不佳，自媒体平台更鼓励商家通过创作短视频内容吸引用户，进而引导用户进入直播间购买商品。

2. 电商平台

对商品的推广限制相对较少，但对于一些特殊商品有明确的限制推广规定。电商平台更注重商品的品质和性价比，主播需要对商品的特点、优势、使用方法等进行详细的介绍，以促进用户购买。

（四）违规处罚规则

1. 自媒体平台

根据违规行为的严重程度，采取警告、限流、封禁账号等处罚措施。对于一些轻微的违规行为，如标题不规范等，可能会给予警告并要求整改；对于严重的违规行为，如传播违法内容、侵犯他人知识产权等，可能会直接封禁账号。

2. 电商平台

违规处罚分为不同的等级，情节轻微的会警告并下线直播、删除直播内容、冻结直播权限 7 天；情节一般的冻结直播权限 30 天；情节严重的会清退账户且不允许再入驻。例如，淘宝还引入了风险保证金制度，主播出现违规行为达到一定次数时，需要缴纳风险保证金。

（五）互动与引流规则

1. 自媒体平台

用户互动性较强，主播可以通过点赞、评论、分享等方式与用户互动，也可以通过举办各种互动活动（如抽奖、问答等）来增加用户的参与度。但抖音平台禁止主播在直播中进行站外导流，不能引导用户添加微信、QQ 等其他平台的联系方式。

2. 电商平台

用户在直播间的互动主要围绕商品的咨询和购买，主播需要及时回答用户的问题，提供专业的建议。淘宝直播对站外导流的限制相对较宽松，但也不鼓励主播过度引导用户到其他平台。

三、自媒体平台直播权限开通流程

（一）抖音平台的直播权限开通流程

抖音是当前自媒体主流短视频平台，截至 2024 年 10 月底，抖音的月活跃用户数量为 7.86 亿人，同比增长 8%。显然，抖音已成为当前直播、短视频等自媒体用户的主战场。

步骤一：下载抖音 App 并登录，如图 2 - 25 所示。

图 2 - 25　抖音下载界面

步骤二：进入抖音 App，点击下方的"＋"按钮，在新的界面中选择"开直播"板块，点击"开始视频直播"按钮，如图 2 - 26 所示。

图 2 - 26　抖音"开始视频直播"界面

步骤三：进行实名认证。按要求输入真实姓名及身份证号，阅读《实名中台服务协议》《支付服务相关协议》《直播服务协议》，点击"确认并授权"，进行人脸识别认证。

步骤四：完成实名认证后，回到步骤二，点击"开始视频直播"，即可开始直播，如图 2 - 27 所示。

图 2 - 27　抖音直播界面

抖音直播数据可在每场直播结束后进行查看。进入直播结束界面，可查看观看粉丝、新增粉丝、点赞次数、观众人数等基本数据信息，点击"更多数据"，可查询详细数据分析，如图 2 - 28 所示。

图 2 - 28　抖音直播数据查看界面（1）

点击"对比过往直播"，可与此前开播的直播场次进行数据对比分析，该界面包括"数据总览"和"场次数据"两个模块，如图 2 - 29 所示。

图 2 - 29　抖音直播数据查看界面（2）

（二）快手平台的直播权限开通流程

快手是当前主流的短视频自媒体平台之一，在直播领域培植出一批明星主播。2023年第四季度，快手平均日活跃用户和平均月活跃用户达 3.825 亿人及 7.004 亿人，每位日活跃用户日均使用时长达 124.5 分钟。快手主播主攻下沉市场，聚焦三四线城市，满足人们不断改善生活品质的需求。快手直播权限的开通流程与抖音类似。

步骤一：下载快手 App，并登录，如图 2 - 30 所示。

图 2 - 30　快手 App 下载界面

步骤二：点击快手 App 界面正下方的图标，新的界面上方有视频、语音、聊天室、弹幕、游戏等不同类别的直播模式。以视频为例，点击"开始视频直播"按钮，如图 2 - 31 所示。

图 2 - 31　快手开直播界面

步骤三：进行实名认证，按要求输入真实姓名及身份证号，阅读相关协议后进行人脸识别认证，如图 2 - 32 所示。

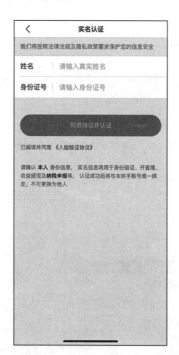

图 2 - 32　快手实名认证界面

步骤四：完成实名认证后，回到步骤二，点击"开始视频直播"按钮，即可开始直播，如图 2 - 33 所示。

快手用户可以在每场直播结束后查看直播数据。进入直播已结束界面，可查看观看人数、新增粉丝、得到点赞等基本数据信息，如图2-34所示。

图 2-33　快手直播界面

图 2-34　快手直播数据查看界面

（三）微信平台的直播权限开通流程

微信凭借自身在社交应用中独占鳌头的用户基数进入直播领域，不仅拥有用户基础，而且依托微信支付，实现了全流程快捷"无感"支付。可见，微信平台作为直播的后起之秀，优势十分明显。接下来，我们就来看看微信直播权限是如何开通的。

步骤一：打开微信，点击"我"—"视频号"，进入微信视频号界面，并在视频号界面点击"发起直播"，如图2-35所示。

图 2-35　"发起直播"按钮

步骤二：在直播前要先进行直播开播前的认证，认证包括实名信息认证和年龄认证，以保证开播人是微信所有人，并且年龄已满十八周岁，如图 2 – 36 所示。

图 2 – 36　视频号直播开播认证

步骤三：用户在开播前还需学习《微信视频号直播功能使用协议》《微信视频号直播行为规范》，完成学习后点击"同意并完成"就可以开播了，如图 2 – 37 所示。

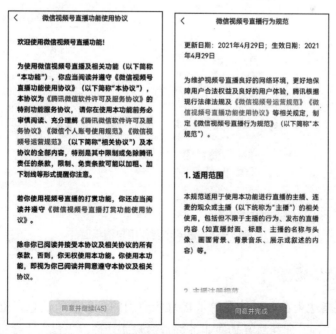

图 2 – 37　微信视频号直播功能使用协议等界面

四、开通自媒体平台带货权限

（一）带货权限

带货权限是指达人在自媒体平台获得的，经营达人商品橱窗、发布短视频添加商品、发布图文添加商品、直播间添加商品的权限。获得权限的达人，可以在自媒体平台推广销售绑定店铺的商品或带货推广其他自媒体平台店铺的商品。

（二）带货权限的开通（以抖音为例）

1. 进入权限申请页面

自媒体账号需要达人完成抖音平台的实名认证，才可以申请开通电商带货权限。达人粉丝数量不足 1 000 人时，仅能获得橱窗带货权限。粉丝数达到 1 000 人后的次日，可以进一步开通直播间和短视频带货权限。抖音平台提供的带货方式包括橱窗、直播、短视频和图文四种。

方法：打开自媒体平台 App，以抖音为例，选择"我"—右上角"三道杠"—"抖音创作者中心"，点击"电商带货"，进入权限申请界面后，点击"成为带货达人"（见图 2 - 38）。

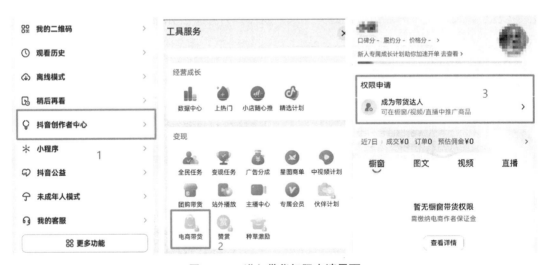

图 2 - 38　进入带货权限申请界面

2. 填写带货资质

带货资质是指达人在自媒体平台带货时所使用的身份资料信息，资质类型分为：个人、个体、企业三种，如在抖音其他业务进行过资质认证，当提交直播资质时，平台会要求与达人在其他业务的资质主体保持一致。

方法：在开通之前需要达人准备个人身份证，或个体营业执照，或企业营业执照，提交带货资质。满足开通带货权限条件的达人点击"立即加入抖音电商"进入填写带货资质开通入口页面（见图2-39）。

图2-39　进入带货资质开通入口界面

注意：（1）资质类型一旦选择并提交完毕，就不能修改，仅支持升级（个人资质升级到个体或企业资质，个体资质升级到企业资质），所以用户一定要谨慎选择。

（2）个人资质不支持对公结算。

（3）平台将在1～3个工作日内完成审核，审核通过后，需进行账户验证操作。若审核不通过，用户需修改资料后重新提交。

3. 开通收款账户

达人需绑定银行账户才能结算带货佣金，如未开通收款账户，将无法结算佣金。达人需要准备个人银行账户，或个体银行账户，或企业银行账户（与带货资质相匹配），作为收款账户。

方法：填写个人资质后，进入开通收款账户页面，填写账户信息，点击"提交"，预计15分钟后审核完成。

注意：达人此时必填聚合账户信息，选填微信账户信息。若微信账户未开通，达人仍可带货，但消费者在购买达人带货推广的商品时，无法使用微信支付订单。

4. 开通权限后缴纳保证金

保证金是指创作者向平台缴纳的用以担保其商品分享行为，以及保证平台规则和平台协议履行的款项。不同情况下保证金的应缴总额不同。

（1）保证金的种类。

基础保证金，指创作者开通商品分享功能时需缴纳的账号基础保证金。以抖音为例，基础保证金的缴纳标准为500元人民币。

浮动保证金，由平台根据创作者推广商品/服务在上一个自然月在线支付订单交易情况（支付GMV）设定。以抖音为例，每月1日平台根据创作者推广商品/服务在上一个自然月在线支付订单交易情况（支付GMV）计算浮动保证金应缴金额，每月2日按照表2-10所示标准调整对应的应缴保证金金额。

表2-10　保证金标准

在线支付订单成交金额（万元/月）	浮动保证金标准（元）
[0，5]	0
（5，10]	3 000
（10，50]	5 000
（50，+∞）	20 000

活动保证金，指创作者申请参加平台活动时，依据不同活动类型按照相关规则规定标准应缴纳的保证金。以抖音为例，创作者参与平台重点活动的，需缴纳相应的活动保证金，活动保证金缴纳标准由平台根据活动类型确定，分为5 000元、10 000元、20 000元三个缴纳标准，缴纳金额以创作者保证金账户、提报活动时相应页面的提示为准。

类目保证金，指创作者申请限制推广商品的推广资格后，需缴纳的保证金。符合准入要求的创作者向平台申请限制推广商品的推广资格的，经平台审核通过并明确通知后，创作者需按照商品类目要求缴纳类目保证金。以抖音为例，限制推广商品的类目如表2-11所示。

表2-11　未经平台允许创作者限制推广的商品类目

经营大类	一级类目名称
珠宝文玩	翡翠、和田玉、琥珀蜜蜡、其他玉石、黄金、彩宝、钻石、珍珠、陶瓷、紫砂、建盏、茶周边、木作、书画、钱币、收藏、特色手工艺

续表

经营大类	一级类目名称
二手闲置	二手百货、二手奢侈品、二手 3C 数码产品
本地生活	保险、本地生活服务、医疗及健康服务、教育培训
母婴宠物	孕妇装、孕产妇用品、营养、童装、婴儿装、亲子装、奶粉、辅食、营养品、零食
运动户外	运动、瑜伽、健身、球迷用品、户外、登山、野营、旅行用品
服饰内衣	内衣裤袜
智能家居	厨房、烹饪用具、五金、工具
食品健康	美容美体医疗器械
医疗器械	美容美体医疗器械

信用保证金，指创作者或其关联账号有严重违反平台规则规定的，依平台要求需缴纳的保证金。以抖音为例，信用保证金金额为 20 000 元。

（2）保证金的计算。应缴金额，指平台根据基础保证金、浮动保证金、活动保证金、类目保证金、信用保证金缴纳标准综合计算确定的创作者实际应缴纳的保证金金额。创作者保证金不重复缴纳，以基础保证金、浮动保证金、活动保证金、类目保证金、信用保证金五者中的最大缴纳金额为实际应缴金额。

示例：创作者前一个自然月内带货支付 GMV 为 15 万元，提报平台活动。创作者需缴纳基础保证金 500 元，浮动保证金 5 000 元，活动保证金 10 000 元，保证金实际应缴金额为 10 000 元。

● 任务实施

通过对自媒体平台直播权限开通流程的学习，王新对权限开通的流程有了新的认识。为了将理论学习和实践相结合，王新决定以抖音平台为例，进行直播权限的开通申请。

第一步：下载抖音 App。

第二步：梳理开通流程（见表 2 - 12）。

表 2 - 12　流程表

项目	流程事项
软件安装	应用商店下载
开通权限	实名认证，阅读平台直播规则
开始直播	进入直播间开始直播

任务描述：为了熟悉自媒体平台的直播权限开通流程，请你对不同自媒体平台的直播规则及平台特点进行分析。

平台及直播规则分析见表 2 - 13。

表 2 - 13　平台及直播规则分析

平台	平台特点分析	直播规则分析
抖音平台		
快手平台		
微信平台		

任务评价表，见表 2 - 14。

表 2 - 14　任务评价表

评价内容	分值	评价		
		自评	小组评价	教师评价
平台直播权限开通	40			
分析平台直播优势、特点	30			
分析各平台直播规则异同	30			
合计	100			

任务四 ▶ 学习直播软件

王新已经掌握了在电商平台和自媒体平台申请开通直播的方法，他决定学习不同平台的直播软件，以使直播间呈现更好的视觉效果。王新为自己制定了学习单（见表 2 - 15），用以梳理直播软件的相关知识。

表 2 - 15 学习单

主要学习内容	关键词
直播软件	稳定性、安全性、易用性、互动性、合规性、政策影响
电商平台直播软件——淘宝直播	功能、安装、使用
自媒体平台直播软件——抖音直播伴侣	功能、安装、使用

📖 知识探究 ▌▌

为了使直播间呈现出更好的视觉效果，提升直播质量，丰富直播内容，增强直播的专业性，适应不同的直播场景，许多直播平台推出了适应自身平台特点的直播软件。

一、直播软件

不同平台搭载不同的直播软件，各具特色与功能。不同平台选择直播软件时考虑其特色与用户需求，如抖音、快手等自媒体平台倾向于选择互动性强的直播软件。电商平台如淘宝直播，更注重直播软件与购物流程的整合，提供便捷的购物体验。教育平台更倾向于选择支持文档直播、稳定性高的软件，以满足在线教学需求。游戏直播平台更注重直播软件的互动性和流畅性，以提供更佳的游戏观看体验。

二、直播软件的基本要求

直播软件一般具有支持视频、音频、文档直播的功能，以满足不同场景的需求，部分直播软件还具有录制和回放功能，方便用户后续观看。为了保证更好的直播质量，给用户更好的体验感，对直播软件也提出了一些基本的要求。

（一）直播软件的稳定性与安全性

直播软件应能保证用户直播时画面稳定、流畅、不卡顿。直播的安全性同样重要，直播软件需采取多重安全措施保护企业信息和直播内容。

（二）直播软件的易用性与互动性

直播软件的界面应设计简洁、操作简单。直播软件应具有互动功能，如弹幕、评论等，提高用户参与度。

（三）直播软件的合规性

直播软件需符合相关政策法规，如智能电视机直播软件需满足严格的管控要求。政策变动可能影响直播软件的选择和使用，平台需密切关注政策动态。

三、常用的直播软件

（一）电商平台直播软件（以淘宝直播伴侣为例）

1. 淘宝直播 App 功能介绍

淘宝直播是阿里巴巴推出的直播平台，定位于"消费类直播"，用户可边看边买，涵盖的范畴包括母婴、美妆等，它具备以下功能：

（1）便捷开播功能：为主播提供简单的入驻流程和一键开播的便捷操作。无论是专业主播还是商家，都可以快速开启自己的直播，随时随地向用户展示商品。

（2）主播粉丝连麦互动：增强了主播与粉丝之间的互动性和参与感，粉丝可以直接与主播交流，提出问题、分享观点，让直播更加生动有趣，也有助于主播更好地了解粉丝需求，提升粉丝黏性。观众在观看直播时可以通过发送弹幕、点赞、评论等方式与主播和其他观众互动，营造出活跃的直播氛围。

（3）实时数据查看与分析：为主播提供详细的直播数据，包括观看人数、点赞数、评论数、商品点击量、转化率等，帮助主播实时了解直播效果，以便及时调整直播策略和内容，实现智能分析成长路径。

（4）官方直播资讯：用户可以及时了解到淘宝直播平台的官方消息、政策变化、活动通知等热点资讯，掌握平台的最新动态。

（5）活动报名：平台会推出各种活动，主播和商家可以通过 App 一键报名参与，获得更多的曝光机会和流量支持。

（6）主播学院：提供专业的培训和学习资源，帮助新手主播快速成长，提升直播技能和运营能力。

（7）官方推荐货品池：为主播提供丰富的商品选择，官方推荐的货品经过筛选，品质和口碑有一定保障，主播可以根据自己的直播风格和粉丝需求选择合适的商品进行推广。

（8）机构合作与基地走播服务：方便主播与各类机构合作，获取更多的资源和支持。同时，基地走播服务为主播提供了实地展示商品的机会，让观众更加直观地了解商品的生产过程和品质。

（9）订单管理方便：为商家主播提供便捷的订单管理功能，主播可以实时查看订单状态、处理订单、跟踪物流等，提高交易的效率和管理的便利性。

（10）短视频辅助：部分版本的 App 中增加短视频频道，主播和商家可以通过发布短视频来展示商品、分享生活、传授知识等，为直播预热或进行商品的补充展示，增加用户的关注度和停留时间。

2. 淘宝直播 App 的安装和使用

登录淘宝直播官网（https://taolive.taobao.com/），选择合适的版本进行下载安装（见图 2 - 40）。

图 2 - 40　安装淘宝直播 App

安装后，点击客户端软件，通过淘宝账号扫码登录，点击"我要开播"进入推流工作台（见图 2 - 41）。

点击推流工作台左上角的添加元素模块进行直播间基础视觉设置，包括图片、视频、摄像头、音频输入输出、窗口共享等设置（见图 2 - 42）。其中摄像头是用于采集外部摄像头图像，在摄像头设置中可调节基础设置、美颜设置、滤镜设置以及类型设置等（见图 2 - 43）。

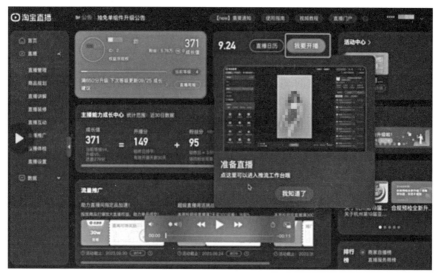

图 2-41 "我要开播"界面

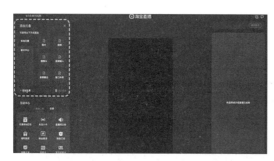

图 2-42 直播间基础视觉设置模块

图 2-43 摄像头设置

　　配置好直播间以后，点击"选择场次"（见图 2-44），选择对应的要开播的场次就可以快速开播了。

图 2-44 "选择场次"界面

在直播过程中，主播或助播可通过网页中控台进行直播实时监控，并使用相关工具（见图2-45）。

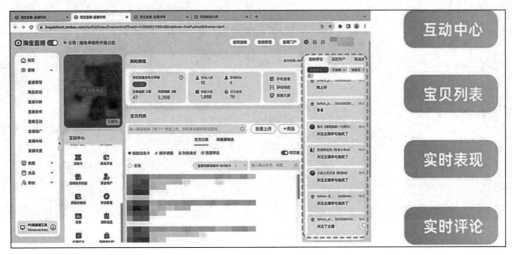

图2-45 网页中控台界面

（二）自媒体平台直播软件（以抖音直播伴侣为例）

1. 抖音直播伴侣功能介绍

抖音直播伴侣是一款专为抖音直播设计的辅助工具，支持实时高性能的视频/音频捕捉与混合，以及无限的场景模式，适用于电脑直播、手游直播，并具备丰富的滤镜和音频混合器功能。

抖音直播伴侣可以实现高性能的视频/音频捕捉与混合，支持无限的场景模式，实现无缝转换。抖音直播伴侣为视频源设计了一系列滤镜，如图片蒙版、色彩校正、色度/色彩键控等，以增强视觉效果；备有直观的音频混合器，包含针对单个源的过滤器，如噪声门限、噪声抑制以及增益，以便在直播过程中获得更好的声音效果。

2. 抖音直播伴侣的安装和使用

登录抖音直播伴侣官网（https://streamingtool.douyin.com/），选择合适的版本进行下载安装（见图2-46）。

打开软件，选择所要直播的平台（见图2-47），可以用注册抖音账号的手机号码及验证码直接登录，也可以通过手机中的抖音软件"扫一扫"功能进行扫码登录（见图2-48）。

（1）模块分布。

直播伴侣开播界面分为几个区域（见图2-49）。管理场景、添加素材、切换横竖屏区域；常用直播功能区域；开关播控制、性能占用情况、官方公告区域；直播榜单、弹幕窗口区域；直播画面采集预览区域。

图 2 - 46　抖音直播伴侣下载界面

图 2 - 47　选择直播平台

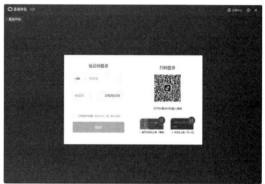

图 2 - 48　直播伴侣登录界面

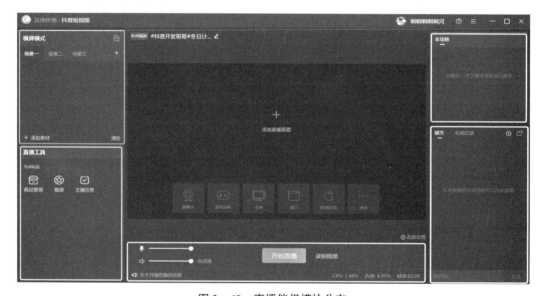

图 2 - 49　直播伴侣模块分布

（2）添加素材。

点击页面中的"添加素材"按钮可以选择添加各种类型的素材（见图 2－50），添加成功后可以在中央预览区域看到相关内容。用户可以拖动调整素材位置，可以拖动素材边框调整大小，右击素材会出现操作菜单，可以进行旋转、变换、设置、删除等操作。

图 2－50 "添加素材"界面

（3）管理素材。

横竖屏切换（见图 2－51 和图 2－52）：通过横竖屏切换来切换直播间类型，一旦选择横屏或竖屏直播后，开播过程中无法再次切换。

图 2－51 横屏模式

图 2－52 竖屏模式

1）场景管理。一个场景可以包含若干个素材，用户可以在多个场景中进行切换。右击场景名可以修改场景名或删除场景。点击"+"号可以添加新场景（见图 2 - 53）。当场景过多显示不全时，可以使用鼠标滚轮滚动浏览。

2）素材管理。在素材列表中，鼠标滑过会出现操作图标，分别为设置、删除、隐藏 / 显示，点击设置图标会弹出该素材的设置面板。素材类型不同，设置项也有所差异，点击删除图标可以删除该素材，点击隐藏 / 显示图标可以切换该素材是否显示，点击拖动图标可对素材进行排序，位于上方的素材会遮盖下方的素材（见图 2 - 54）。

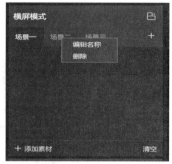

图 2 - 53　场景管理

图 2 - 54　拖动素材排序

3）开播。调整好素材和排列布局后，点击"开始直播"，即可开播，开播过程中可以点击"开始录制"来进行录制。

◎ 任务实施 ▋▋

通过对直播软件的学习，王新对直播软件有了新的认识。为了将理论知识和实践相结合，王新在抖音直播伴侣中进行"我的第一个直播间"的调试。

第一步：下载抖音直播伴侣 App。

第二步：根据流程（见表 2 - 16）设置抖音直播伴侣。

表 2 - 16　抖音直播伴侣设置流程

流程	内容
第一步：安装应用	在网页下载抖音直播伴侣 App。
第二步：配置"我的第一个直播间"	根据前面学习的知识，配置直播间的视频、图片、摄像头等项目。
第三步：开始直播	完成配置后开始直播。

同步训练

任务描述：为了熟悉直播软件的直播权限开通流程，请你对自媒体平台的直播软件和电商平台的直播软件进行比较和分析（见表 2 - 17）。

表 2 - 17　自媒体平台与电商平台的推流软件比较分析表

项目	内容
自媒体平台的直播软件分析	
电商平台的直播软件分析	
两者相比较	

任务评价表，见表 2 - 18。

表 2 - 18　任务评价表

评价内容	分值	评价		
		自评	小组评价	教师评价
自媒体平台的直播软件分析	45			
电商平台的直播软件分析	45			
两者相比较	10			
合计	100			

项目小结

本项目内容包括直播平台相关知识、平台类型的分析、平台规则的特点、直播权限的开通等。通过学习，能全面了解直播平台分类，了解电商销售平台与自媒体平台在直播权限开通过程中的异同。此外，通过讲解平台规则，帮助学生养成诚实守信、遵纪守法的意识，树立正确的价值观，提升职业素养。

考证园地

一、填空题

1.直播平台可分为＿＿＿＿＿＿＿＿、＿＿＿＿＿＿＿＿。

2.淘宝直播需下载＿＿＿＿＿＿＿后申请开通。

3.京东直播仅针对＿＿＿＿＿＿＿开通。

4.直播平台开通直播权限的过程都涉及＿＿＿＿环节。

5.抖音平台的直播引流建立在＿＿＿＿的基础上。

二、简答题

1. 绘制淘宝平台直播权限开通流程图。

2. 绘制抖音平台直播权限开通流程图。

3. 梳理自媒体平台直播权限开通的异同点。

4. 淘宝主播入驻的基本条件是什么？

5. 简述你对各直播平台直播规则的理解与看法。

三、案例分析

直播带货乱象期待数字化监管治理

"三、二、一，上链接！"直播带货近几年兴起。商务大数据监测结果显示，2023年前10个月，我国直播销售额超过2.2万亿元，同比增长58.9%，占网络零售额的18.1%。

但直播间虚假宣传、产品缺斤短两、以次充好、数据造假、责任主体难界定、消费者维权难等问题屡被曝光。专家建议，由执法部门、电商平台、直播带货经营者、消费者、媒体等多方力量形成协调的监管体系，用数字化监管手段推动直播带货行业的发展。

虚假宣传频现

直播带货让远在山区的农产品有了新销路，但也让不法分子嗅到了商机。2023年9月20日，四川凉山州公安局通报"赵灵儿"等网红团队打着"助农"旗号，在直播间通过"卖惨带货"的方式，低价销售外购的农副产品，涉案金额超2 000万元。

类似的虚假营销案例屡见不鲜，如医美直播带货广告存在虚假宣传现象；农产品直播间展出地里种出车厘子等违反常识的小视频；不少主播还在直播过程中宣称芝麻丸、蜂蜜等普通食品具有保健功效等。

北京阳光消费大数据研究院2023年4月发布的《直播带货消费维权舆情分析报告》显示，产品质量和虚假宣传是直播带货的主要问题，其中虚假宣传占37.82%。

中国政法大学知识产权研究中心特约研究员（以下简称"研究员"）分析认为，直播带货之所以产生如此多的虚假营销，主要受利益驱动，违法成本低，违法收益高。这也说明平台监管方面存在漏洞和盲区，平台应按照法律规定加大对直播内容的管理力度，依据合同及平台规则落实惩戒措施，而相关执法部门也应严格执法。

伪劣商品受舆情关注

好物变次品，代购名品变山寨高仿，直播间售假现象同样多发。中国消费者协会发布的《2023年"双11"消费维权舆情分析报告》显示，监测期间，有关"商品质量"的负面信息达87.01万条，占吐槽类信息的26.68%，直播间假冒伪劣等问题突出。

2020年12月，"交个朋友直播间"微信公众号针对直播间所售某品牌羊毛衫为假货发布声明称，售假原因系供货方涉嫌伪造文书和蓄意欺诈。另据媒体报道，有消费者2023年"双12"期间在直播间购买的翡翠由"A货"变"B货"，店家还出示了假珠宝鉴定书。

"直播带货过程中，不少主播的带货和发货是分离的，商家在利益驱动下的操作空间很大。也有直播团队自己选品，但经验不足或选品不严就会出现以次充好等问题。"研究员分析。

售后维权难

直播带货中，主播同时承担经营者、广告代言人等多个身份，还有一些品牌雇用MCN机构（内容创作者服务商）带货。由于直播间产品涉及多个利益相关方，这也导致售后维权成为难题。

中国消费者协会2020年发布的《直播电商购物消费者满意度在线调查报告》显示，37.3%的消费者在直播购物中遇到过问题，但碍于损失小、处理流程复杂等原因，仅有13.6%的人遇到问题后进行投诉。

该研究员说，直播行为具有实时性，加之一些产品真假难辨，消费者维权取证较难，降低了维权意愿。如果消费者发现主播在直播间售假，可与客服协商退货。如果无法自行协商，可以向消费者协会或者市场监管部门投诉。

他认为，界定主播的责任首先需要明确主播的法律性质。如果消费者直接向主播或者直播间经营者下单、向其付款且由其发货，则该主播或者直播间经营者属于销售者，直接与消费者成立买卖合同。如果主播或者直播间的经营者只是发布者，展示商品链接，为供货商或所属公司带货，则是消费者和供货商的买卖合同关系，由后者负责产品售后问题。"主播作为广告发布者或产品代言人，如果涉嫌虚假宣传，要承担连带责任。"

对于平台方的责任，《消费者权益保护法》规定，电子商务平台在特定条件下承担"替代责任"，如果平台不能提供经营者真实名称、地址和有效联系方式，消费者可以要求平台赔偿，平台赔偿后有权向经营者追偿。

直播数据造假

直播间观看量、粉丝数及销售额等数据造假问题也值得关注。中国消费者协会2020年发布的《"双11"消费维权舆情分析报告》显示，监测期内，共收集"直播带货"相关负面信息334 083条，主要集中在明星带货涉嫌刷单造假等问题。

"直播间数据造假违反《电子商务法》《反不正当竞争法》的有关规定。大主播直播中的虚假流量对于已经合作或者可能合作的供货商也是一种欺骗。数据造假对于平台上其他主播来说是一种不正当竞争行为。"该研究员称。

2019年12月，国家互联网信息办公室发布《网络信息内容生态治理规定》，指出网络信息内容服务使用者和生产者、平台不得开展流量造假。研究员认为，直播间的数据造假同样面临调查取证难等问题，尤其需要通过技术手段甄别。数据造假如果涉及买卖个人隐私信息，将触及刑事犯罪，消费者要及时报警处理。

"对于直播带货的种种乱象，完全可以依据现有法律法规进行规范，重要的是监管部门的执法力度和平台的自治情况。"该研究员认为，市场监管部门需要严格执法，建立技术监测机制，把监管环节前移，有效避免乱象出现。同时，平台也应该尽到管理责任，建立纠纷解决机制来维护消费者权益。消费者也应提高自身辨别能力，培养理性消费意识和法律意识，不被虚假宣传所误导，遇到问题时应积极维权，向平台或监管部门投诉举报。

我国 2023 年直播带货规模预计超过 2.2 亿场，行业发展欣欣向荣，同时也伴随虚假营销、产品缺斤短两、数据造假等乱象，影响行业发展。这需要执法部门、电商平台、直播带货经营者、消费者、媒体等多方力量形成协调的监管体系，用数字化的监管手段共同推动行业发展。

资料来源：刘欢.直播带货乱象期待数字化监管治理.新京报，2024-03-14.

思考：

1. 案例中主要提到了直播带货行业中存在的什么问题？

2. 作为一名直播从业人员，在直播带货中应当遵守的法律法规有哪些？

素养园地

农村电商：助农增收，让乡村生活更美好

电商不仅拉近了农民与市场的距离，让农村各类产品卖得更远、卖得更好，还带动了农村就地创业就业。近年来，大批"新农人"通过电商带动农产品外销、乡村致富，为农村电商发展注入了蓬勃活力。

未来，农村电商将迎来更大发展。日前，商务部等 9 部门联合印发的《县域商业三年行动计划（2023—2025 年）》明确，推动农村电商高质量发展，包括大力发展农村直播电商、培育土特产电商品牌、鼓励农村电商创业就业。

农村电商：为乡村振兴添活力

作为湖南省永州市江永县粗石江镇槐木村的"新农人"，宋春姣的生活因电商变得更美好——在多次参加惠农网开展的电商技能培训后，她熟练掌握了短视频拍摄和直播带货技能。2022 年，宋春姣注册成立了江永县果色添香电子商务有限公司。在其带领下，公司通过线上线下、直播带货、社群团购、平台供货、商超供货等渠道，年销售江永香柚、香芋、沃柑、夏橙等农产品约 150 万千克。

不仅如此，宋春姣还被县电商服务中心聘为"乡村振兴直播小站"站长，以"传、帮、带、扶"的模式培养了 8 位农村妇女开展直播带货，带动当地百余名妇女就业。宋春姣被授予"永州市劳动模范"光荣称号。

宋春姣不是特例。在大批"新农人"的赋能下，农村电商实现了快速发展。数据显示，2022 年全国农产品网络零售额达 5 313.8 亿元，同比增长 9.2%，比 2014 年增长了 4 倍多。截至 2022 年年底，全国农村网商（店）已达到 1 730.3 万家。今年以来农产品网络零售继续稳步上行，上半年全国农产品网络零售额超 2 700 亿元，同比增长 13.1%。

"农村电商在促进农产品产销对接、助推农村居民消费升级、提高农产品定价能力、调动农户生产积极性、帮助脱贫地区巩固脱贫攻坚成果、为农村地区创造就业机会、带动相关产业发展等方面发挥了巨大的作用。"中国数实融合 50 人论坛智库专家在接受国

际商报记者采访时表示，农村电商还带动了物流快递、生活服务、金融保险、在线教育等资源"上山下乡"，有效地改善和弥补了农村基础设施和服务短板，便利了农民的生产生活。

该专家还表示，在国家乡村振兴战略的大背景下，农村电商为农产品进城、农村产业发展、农民就业创业拓展了新的途径，助力传统企业转型升级，这也为全球消除贫困探索出了新路径。

同样为农村电商快速发展备感欣喜的还有惠农网首席执行官。"农村电商的发展促进了农村和城市资源要素双向流动，形成了农村电商的新兴业态，为乡村振兴注入了巨大活力。"他在接受国际商报记者采访时感慨道。

在发展农村直播电商、培育土特产电商品牌、推动农村电商创业就业方面，相关电商平台企业也一直在实践摸索，惠农网便是其中之一。自2016年起，惠农网就一直活跃在县域，提供产业公共服务体系建设、品牌培育、产销对接、供应链标准化、县域人才培训等服务，并积极开展产业帮扶，推进农村电商健康可持续发展。当前，惠农网已在全国21个省、100多个县深度落地电商进农村项目，它还被商务部评为电子商务示范企业。

在发展农村直播电商方面，惠农网首席执行官给记者举了"中国最美小城"江永的例子：惠农网立足于本地优势资源，大力培养数商全链条人才，培育网红主播，以直播小站的形式以点带面激活江永县电商氛围。目前，全县共建立15个"乡村振兴村级直播示范小站"。此外，通过"数商兴农"系列活动，帮助江永"乡"货出村进城，成为网红"香"货。

内蒙古莫旗是全国三大菇娘果种植基地之一。为助力当地菇娘果等土特产品牌建设与上行，惠农网通过品牌打造、包装升级等形式实现产品商品化和网货化；通过完善菇娘果仓储、分拣、配送等标准流程，补齐了菇娘果产业链"最初一千米"短板；通过建设涵盖菇娘果、大豆、玉米等多品类的数字化平台，大幅提升了多种农产品的产销匹配效率，提高了莫旗农产品的市场竞争力。近三年，当地菇娘果市场终端价格提升了40%，订单增长了220%。

此外，在带动农村电商创业就业方面，惠农网充分发挥农业B2B电商平台优势，创新农产品上行体系，已帮助近4 300万用户"触网"。2019年以来，平台用户年均增长83.9%。与此同时，惠农网面向"三农"领域的综合性电商人才孵化机构"惠农乡学堂"下乡入村开展系统性线上线下培训，帮助一大批农村人才通过电商创业就业。2019—2022年，惠农网在全国完成各类线下培训超4 000场，服务超26万人。

高质量发展：农村电商仍须加力

在专家看来，农村电商的高质量发展有待持续推进。星图金融研究院高级研究员在接受国际商报记者采访时分析，第一，要根据不同县域情况，在加大力度建设农村互联网与物流基础设施的同时强化宣传教育，让更多的人接受互联网，拥抱农村电商。第二，要加快完善相应的规则制度，为农村电商的发展提供公正、公平、有序的市场环境。第三，要在人才培养上下工夫，通过电商人才的培育带动整个行业的发展。第四，要通过着力打造农产品品牌，让优势特色农产品产地的生态价值、文化价值得到充分体现。

农村电商发展是多元的、立体的、系统化的工程，涉及产业布局、产业链开发、物流链打造、品牌运营、数字化人才体系建设培养等多个环节。当前，农村电商发展面临的主要挑战在于建设标准化、常态化的供应链体系。

"推动农村电商高质量发展，还需要政府、服务商和龙头企业的共同支持和孵化。"惠农网首席执行官认为，未来可从本土化、商品化、品牌化、数字化方向着力。具体而言，一是加强"本土化"的顶层设计，包括本土企业、人才的"电商化"和"本土化"电商平台的培育，以及不断完善"本土化"电子商务支撑体系。二是构建产销对接长效机制，引导龙头企业、合作社等新型经营主体带动农户形成生产标准统一、利益共享的"共同体"，实现农产品从种到销的全程标准化，完善贯穿生产、流通和销售全流程的数字化供应链。三是因地制宜培育优质品牌，并通过市场化运作走差异化发展道路，提升产品增值空间，变"流量"为"销量"。四是加快农业大数据建设，通过农业大数据为政府部门进行农业产业布局、市场对接、风险管控，为产业链进行农业生产、质量监测、品牌打造、加工配送等提供数据支撑和决策支持。

资料来源：魏桥 . 农村电商：助农增收，让乡村生活更美好 . 国际商报，2023-08-24.

素养点拨：

党的二十大报告提出，坚持高水平对外开放，加快构建以国内大循环为主体、国内国际双循环相互促进的新发展格局。电商经济已成为连接企业生产端和居民消费端、畅通国内国际双循环的重要力量。我们必须采取更多惠民生、暖民心举措，着力解决好人民群众急难愁盼问题，让群众有更多幸福感获得感。作为电商，我们必须要立足岗位，在助力"三农"、乡村振兴方面发挥更大的作用，以切切实实的作为践行为人民的服务宗旨，助农增收，为乡村振兴工作打开新局面。

项目三

学习直播营销策略

情境介绍

经过一段时间的学习，王新对直播工作室的工作做得越来越顺手。工作室的老师让他进一步了解直播营销的策略及如何使用这些策略，为后续直播工作的顺利开展做好准备。

学习目标

知识目标

1. 了解人群分析。

2. 理解消费者分析、痛点分析、卖点分析。

3. 了解高客单价、低客单价的优缺点。

4. 掌握后台营销工具的使用方法。

技能目标

1. 学会查找知识点并培养总结归纳的能力。

2. 能运用所学知识进行消费者、卖点、痛点分析。

3. 能正确设置优惠券和秒杀活动。

素养目标

1. 能正确认识直播营销，做文明营销人。

2. 培养学生的团队合作能力。

3. 培养学生正确的直播营销观念。

任务一 ▶ 学习直播营销的价值和推广策略

任务导入

根据工作室老师安排的任务，王新为自己制定了学习单（见表3-1），用以梳理直播营销的价值和推广策略等相关知识。

表 3 - 1 学习单

主要学习内容	关键词
直播营销的价值	品牌营销价值、产品销售价值
直播推广策略	社交平台推广、合作推广、平台内推广、电子邮件和短信推广、直播推广执行计划

知识探究

在互联网营销中，随着各种各样的信息工具和软件平台的兴起，营销推广在现代商业环境中具有重要作用。它可以增加曝光度、提高销售业绩、扩大市场份额等。直播也是如此，内容再好、主播再优秀，如果没有恰当的营销推广，营销效果将大打折扣。

一、直播营销

直播营销，是指在现场随着事件的发生、发展进程同时制作和播出节目的播出方式。直播营销以直播平台为载体，以企业获得品牌的提升或是销量的增长为目的。

由于直播本身就带有强烈的社交性质，因此社交是直播营销的重点。正因为直播建立在社交的前提之上，直播营销才能被许多企业视为主流营销模式。观众通过在直播中留言、发送弹幕的方式与企业进行直接对话，实现了与企业的社交；通过观看其他人的留言和弹幕，实现了与他人的社交。

二、直播营销的流程

（一）市场调研

直播营销开展的前提是企业了解用户需要什么，企业能够提供什么，同时还要避免同质化的竞争。因此，企业营销人员只有做好市场调研，才能做出针对用户的营销方案。

（二）项目自身优缺点分析

企业在做直播时，如果营销经费充足、人脉资源丰富，可以有效地实施想法；如果没有足够充足的资金和人脉储备，就需要充分发挥自身的优点来弥补。一个好的项目不是只靠人脉、财力的堆积就能达到预期的效果，只有充分发挥自身的优势，才能取得意想不到的效果。

（三）受众定位

营销能够产生结果才是一次有价值的营销，我们的受众是谁，他们能够接受什么产品，都需要做恰当的市场调研，只有找到合适的受众才是做好营销的关键。

（四）直播平台的选择

作为辅助电商销售的手段之一，直播在服装、化妆品、生活用品等产品的销售中均带来了意想不到的流量，创造了可观的效益。不同的直播平台的定位和受众都有所区别，因此选择适合的直播平台非常关键。

（五）良好的直播方案设计

做完上述工作之后，成功的关键就在于最后呈现给受众的方案。在直播过程中，过度的营销往往会引起用户的反感，所以在设计直播方案时，需要销售策划及广告策划的共同参与，商酌符合产品受众的直播方案。

三、直播营销的价值

（一）直播对品牌营销的价值

品牌是企业的无形资产，树立良好的品牌形象，才能招来合作方，消费者才愿意购买企业的产品。品牌营销，就是将品牌根植于消费者的心中，让消费者对品牌产生依赖，这些黏性消费者还会带动周围的人购买相关产品。直播对企业的品牌价值进行了塑造和维护，具体体现为以下几点。

1. 直播可以为企业培养、细挖一批品牌的忠实用户

随着经济的发展、人们生活水平的提高，消费者的购买行为不仅是为了满足物质需求，还为了满足心理需求。消费者在购物时常带有强烈的情感，而品牌就是抓住消费者情感的最佳工具。用户忠诚度是因质量、价格、服务等诸多因素的影响，使顾客对某一个企业的产品或服务产生感情。真正的用户忠诚度是一种行为，反映了用户在重复购买及参与活动时的意愿。根据统计，当企业挽留用户的比例增加 5% 时，获利可提升 25%～100%。忠诚的用户将是企业竞争优势的主要来源。使消费者对品牌变得"忠诚"，是直播为品牌营销创造的重要价值之一。

2. 直播提高了消费者对品牌相关产品的体验感

大多数企业在线上推销中，常通过"文字＋图片"的方式进行产品描述。虽然也有部分企业会穿插短视频介绍，但是这种方式其实和微博、微信等应用平台中的广告极为类似，甚至更加繁复，大多数消费者没有耐心完整浏览。其实，产品所有的使用方法、使用过程、使用细节以及注意事项都可以通过直播直观地展现在消费者的眼前，消费者还可以通过直播平台对产品进行提问。当直播中的产品在消费者的心中留下了良好的印象时，品牌的形象自然也会获得一定的提升。

3. 直播提高了品牌曝光率

品牌曝光率是品牌营销中最重要的部分，只有让品牌尽可能多地被消费者了解、熟悉，才能真正达到品牌营销的目的。直播平台聚集了互联网中的流量，把品牌放到直播平台这种"流量池"中，自然就会掀起传播的"涟漪"。企业必须不断地创新直播内容，向消费者展示最新颖、最有趣的品牌文化内涵，才能在"流量池"中不断地吸收流量。

（二）直播对产品销售的价值

1. 直播根据所定位消费者的需求提高产品销售量

消费者的需求是影响产品销售的主要因素，他们会根据自身的购买力、消费动机以及需求数量，决定是否购买产品及购买多少产品。产品的需求量大，销售量自然就会提高。直播的出现改变了以往企业费尽心思开发消费市场的局面，直播不仅可以轻松地为产品找到相应的市场，甚至可以让消费者主动进入产品的销售市场中。同时，直播的精细化能够帮助企业精确定位消费者群体。观众根据自己的兴趣选择直播内容时，企业在细分的直播平台中便能得到更准确的消费者定位。

2. 直播能够维护、拓展、创造销售渠道

企业的销售渠道主要分为成熟渠道、成长渠道、空白渠道，直播在这三种渠道中都能够发挥巨大的作用。企业通过直播使产品销量大幅提升。直播可以与不同的内容结合，只要内容能够满足消费者，就可能创造出巨大的流量，就等于为产品销售量的提升奠定了基础。

3. 直播可以提高产品的信誉度

产品质量是产品信誉形成的前提，而测评产品质量的是消费者。消费者在选择产品时，一般都会选择信誉度高的，有时候产品的信誉度比品牌的影响力更重要。消费者可以通过直播直接了解产品的来源，对于产品的信任度自然就会提升。

四、直播推广策略

（一）直播推广策略

1. 社交平台推广

（1）利用社交媒体账号。在微博、微信朋友圈、QQ空间等处发布直播预告。直播预告包括直播的时间、主题、嘉宾（如果有）、亮点等。直播预告可以配上吸引人的图片或短视频。例如，美妆直播可以放上主播试用一款彩妆产品的短视频片段。

在社交媒体定期分享直播中的精彩瞬间，吸引用户观看下一次直播。可以制作成精美的图片集或短视频，引导用户关注直播账号。

（2）创建话题与互动。在微博等平台发起与直播相关的话题。例如直播是关于科技新

品发布的，可以发起"科技新品大揭秘"之类的话题，鼓励用户参与讨论，提高话题热度，从而增加直播的曝光度。还可以举办一些小活动，如抽奖。用户转发直播预告并 @ 几位好友就有机会中奖，奖品可以是与直播内容相关的产品或优惠券等。

2. 合作推广

（1）与网红合作。寻找与直播内容相关的网红进行合作。例如健身类直播，可以找健身领域的知名网红帮忙宣传。他们可以在自己的直播中提及你的直播，或者在社交媒体上分享你的直播信息，借助他们的粉丝基础来吸引观众。还可以与网红进行联合直播。双方共同出镜，发挥各自的优势，互相引流。比如一位时尚网红和一位美妆博主一起直播，分享时尚穿搭和妆容。

（2）与品牌合作。如果你的直播有一定的商业价值，可以与相关品牌合作推广。品牌方可以在自己的官方渠道宣传你的直播，而你在直播中可以对品牌进行展示或推荐。例如，家居装饰类直播，可以与家居品牌合作，在直播中展示家居品牌的产品，并引导用户购买。

3. 平台内推广

（1）优化直播标题和封面。直播标题要简洁明了且有吸引力，能够准确传达直播的核心内容。封面图片要有视觉冲击力，能够在众多直播中脱颖而出。例如，美食直播的封面可以是色泽诱人的美食特写。

（2）利用平台推荐机制。了解直播平台的算法规则，通过提高直播的质量和用户互动来获得平台推荐。例如，保持直播内容的连贯性和趣味性，积极回复用户的弹幕和评论，鼓励用户点赞、分享等，提高直播的热度和权重。

在平台允许的情况下，合理安排直播时间。选择用户活跃度高的时间段进行直播，比如晚上 7 点到 10 点通常是网络用户比较活跃的时间。

4. 利用电子邮件和短信推广

（1）邮件营销。可以向用户定期发送直播预告邮件。邮件内容要设计精美，包含直播的详细信息和专属福利（如只有邮件用户能享受的折扣码）。同时，在邮件中要设置方便用户直接点击就可以进入直播页面的链接。

（2）短信推广。向用户发送简短但有吸引力的直播预告短信。短信中突出直播的亮点和观看价值，附上直播的观看链接，注意不要频繁发送，避免引起用户反感。

（二）制定直播推广策略的作用

制定直播推广策略是保证直播开播效果的重要前提，它不仅能提高直播的曝光度、吸引目标受众并增加观众参与度、提升品牌形象与用户忠诚度，还能有效评估和优化直播的效果。不同的直播推广策略的作用也有所不同，具体如下所述。

1. 多渠道预热策略的作用

利用主流社交平台（如微博、微信、抖音等）提前发布直播预告，包括直播主题、时间、嘉宾（若有）和亮点，吸引潜在观众关注。也可以在目标受众常出现的垂直领域论坛、社区、App 等处发布直播消息，精准触达对直播内容感兴趣的用户。

2. 合作与互推策略的作用

与相关领域的知名网红、KOL 合作，邀请他们帮忙宣传直播，借助其粉丝基础扩大直播影响力。与行业内有影响力的品牌、机构合作，互相推荐直播活动，实现资源共享、受众拓展。

3. 内容吸引策略的作用

精心设计直播标题和封面，使其在众多直播中脱颖而出，激发用户好奇心和点击欲望。提前透露部分直播精彩内容，如小片段、精彩观点或独家福利，激发观众的观看兴趣。

4. 互动引导策略的作用

直播前设置一些互动话题，在社交平台上引导用户参与讨论，增加用户黏性和对直播的期待值。建立直播专属的社群或社区，在其中与用户交流，收集反馈，提前营造活跃的氛围。

（三）制订直播推广执行计划

在制订直播推广执行计划时，我们往往会按照直播的时间顺序进行，包括直播前、直播中、直播后的推广执行计划。

1. 直播前的推广执行计划

直播前的推广执行计划，如表 3-2 所示。

表 3-2　直播前的推广执行计划

社交媒体推广	平台选择与账号准备	平台 1（如微博）：准备好官方微博账号，确保账号信息完善，头像、背景等符合直播主题。 平台 2（如微信公众号）：完成公众号文章排版样式设置，准备好相关素材。

续表

社交媒体推广	内容发布计划	形式一：在微博发布直播预告海报和文案，文案包括直播主题、时间、亮点、嘉宾（如有），并 @ 相关合作方和有影响力的账号。使用话题 # 直播主题关键词 #，引导用户参与讨论。 在微信公众号发布直播预告文章，详细介绍直播内容，插入精美的图片、视频（如有），设置直播预约按钮或引导关注公众号获取直播提醒。 在其他社交平台（如抖音、小红书等）根据平台特点发布相应形式的预告内容，如在抖音发布短视频，在小红书发布图文笔记。 形式二：在微博分享直播嘉宾或主播的准备花絮照片、短视频，增加用户期待度。发布话题相关内容，与用户互动，回答用户关于直播的问题。 在微信朋友圈发布直播预告信息，鼓励好友点赞、评论、转发，设置一定的奖励机制（如抽奖），奖品可以是与直播相关的小礼品或优惠券。 在抖音等平台发布新的短视频，透露更多直播细节，如展示部分直播道具或产品，引导用户关注直播账号。
	互动活动策划	（1）举办微博抽奖活动，用户转发直播预告微博并 @ 三位好友即可参与活动。 （2）在微信公众号发起投票活动，如让用户选择最期待在直播中看到的内容选项，参与投票的用户可获得直播专属优惠券。 （3）在抖音发起与直播主题相关的挑战活动，如时尚直播可以发起"时尚穿搭挑战"，用户参与挑战并带上指定话题、@ 直播账号，就有机会在直播中展示作品并获得奖励。
合作推广	网红合作	（1）合作网红名单：列出合作网红的姓名、平台、粉丝量等信息。 （2）合作方式：在直播前某天，与网红沟通直播内容和宣传方式。网红需在自己的社交媒体账号（包括但不限于直播平台、微博、抖音等）发布直播预告信息，文案由双方共同拟定，突出直播亮点和网红参与的部分（如果有）。 部分网红参与联合直播的准备工作，如拍摄联合预告短视频，展示双方的互动性和直播的趣味性。
	品牌合作	（1）合作品牌名单：列出合作品牌名称、行业等信息。 （2）合作方式与时间安排：与品牌方确定合作内容，如品牌方提供产品用于直播展示和抽奖，在品牌官方渠道（官网、官方微博、公众号等）宣传直播。品牌宣传内容包括直播时间、主题、品牌在直播中的呈现形式（如产品特写、品牌故事介绍等）。 在直播前某天，与品牌方核对宣传物料的准备情况，确保宣传信息的一致性和准确性。
平台内推广	直播标题和封面设计	（1）标题：设计一个吸引人、简洁明了且包含关键词的直播标题。 （2）封面设计：描述封面图片或视频的内容、风格，突出视觉冲击力和与主题的相关性。
	平台预告设置	（1）在直播平台提前发布直播预告，完善直播简介、标签等内容，确保直播信息准确无误且具有吸引力。 （2）根据平台规则，利用平台内的推广工具（如付费推广、推荐位申请等）提高直播预告的曝光率，设置合理的推广预算和投放时间。

2. 直播中的推广执行计划

直播中的推广执行计划，如表 3-3 所示。

表 3-3 直播中的推广执行计划

社交媒体同步更新	安排专人在直播过程中截取精彩的图片和短视频及时发布到微博、微信、抖音等社交平台，配文引导用户进入直播间观看直播。 实时关注用户在社交媒体上对直播的评论和反馈，将用户关心的问题及时反馈给直播主持人或主播，在直播中解答问题，增强与用户的互动。
平台内互动引导	主播在直播过程中积极引导观众点赞、评论、分享直播，设置一些互动环节，如提问、抽奖等，鼓励观众参与。 及时回复观众的弹幕评论，与观众建立良好的沟通，提高他们的参与感和留存率。

3. 直播后的推广执行计划

直播后的推广执行计划，如表 3-4 所示。

表 3-4 直播后的推广执行计划

社交媒体总结与回顾	在微博、微信、抖音等平台发布直播总结文案和精彩片段剪辑视频，感谢用户的观看和参与。文案内容包括直播中的重点内容回顾、嘉宾精彩言论、产品亮点展示等。 收集用户在直播后的反馈和评论，整理成有价值的内容在社交平台展示，同时回复用户的评论，保持与用户的互动。
合作方反馈与跟进	与合作的网红和品牌方沟通直播效果，分享直播数据（观看量、互动量、转化量等）和用户反馈，对合作过程进行总结和评估。 根据合作协议和后续计划，与网红和品牌方商讨下一次合作的可能性和改进方向，如优化宣传内容、调整合作形式等。
平台内巩固与分析	在直播平台发布直播回放视频，设置相关标签和推荐信息，方便未能及时观看直播的用户观看。同时，可以在回放视频中添加一些引导关注、互动和转化的元素（如关注按钮、购买链接等）。 对本次直播的数据进行详细分析，包括观看人数、观看时长、观看地域、互动情况（点赞、评论、分享、弹幕内容等）、转化数据（产品销售、线索收集等）。根据数据分析结果，总结经验教训，为下一次直播推广和内容优化提供参考依据。

▶ 任务实施 ▮▮

通过对直播营销价值、推广策略和推广执行计划的学习，王新掌握了直播营销策略的相关知识。现有以"乡村振兴"为主题的农产品公益直播专场，他将结合所学，完成该直播的直播推广执行计划（见表 3-5）。

表 3 - 5　直播推广执行计划

主题：_____	
一、计划目标	例如： 1. 在 [直播平台名称] 吸引 [X] 名观众观看直播。 2. 将直播间粉丝量提升 [X] 人。 3. 实现 [产品名称] 的销售额达到 [X] 元。
二、目标受众分析	例如： 1. 基本信息（年龄范围、性别、地域分布等）。 2. 兴趣爱好与行为特征（对直播主题相关领域有浓厚兴趣、经常参与线上购物、消费习惯为高频低价或低频高价等、活跃于相关社交平台、论坛等。

三、直播前推广

方式	效果
1. 社交媒体推广 2. 合作推广 3. 平台内推广	1. 与社交媒体平台合作，利用平台的推荐资源和广告位进行直播推广，提高直播的曝光量。 2. 与相关行业的企业、机构、门店等进行合作，在其线下场所张贴直播海报、摆放宣传资料等，扩大直播的宣传范围。 3. 在直播平台内发布详细的直播预告，包括直播标题、封面、简介等信息，利用平台的直播预告功能，让用户提前了解直播内容和时间。

四、直播中推广

方式	效果
1. 社交媒体同步更新 2. 平台内互动引导	1. 安排专人在直播过程中截取精彩的图片和短视频，及时发布到微博、微信、抖音等社交平台，配文引导用户进入直播间观看。 实时关注用户在社交媒体上对直播的评论和反馈，将用户关心的问题及时反馈给直播主持人或主播，在直播中进行解答，增强与用户的互动。 2. 主播在直播过程中积极引导观众点赞、评论、分享直播，设置一些互动环节，如提问、抽奖等，鼓励观众参与。

五、直播后推广

方式	效果
1. 社交媒体总结与回顾 2. 合作方反馈与跟进 3. 平台内巩固与分析	1. 收集用户在直播后的反馈和评论，整理成有价值的内容在社交平台展示，同时回复用户的评论，保持与用户的互动。 2. 根据合作协议和后续计划，与网红和品牌方商讨下一次合作的可能性和改进方向，如优化宣传内容、调整合作形式等。 3. 对本次直播的数据进行详细分析，包括观看人数、观看时长、观看地域、互动情况（点赞、评论、分享、弹幕内容等）、转化数据（产品销售、线索收集等）。根据数据分析结果，总结经验教训，为下一次直播推广和内容优化提供参考依据。

同步训练

任务描述：为了更好地掌握直播营销策略，请你为某国货美妆品牌制定直播推广执行计划（见表 3 - 6）。

表 3-6　某国货美妆品牌直播推广执行计划

时间	执行计划
直播前	
直播中	
直播后	

任务评价表，见表 3-7。

表 3-7　任务评价表

评价内容	分值	评价		
		自评	小组评价	教师评价
直播前的推广执行计划				
直播中的推广执行计划				
直播后的推广执行计划				

任务二 ● 人群分析

📂 任务导入 ‖

根据工作室老师安排的任务，王新为自己制定了学习单（见表 3-8），用以学习直播营销策略中的人群分析。

表 3-8　学习单

主要学习内容	关键词
消费者分析	性别、年龄、地域、职业、消费层级、生活圈子、爱好
痛点分析	含义、获取方法
卖点分析	含义、价格分析、服务分析、效率分析等

📖 知识探究 ‖

直播营销的目的是为了获取更多的订单、卖出更多的产品。商家需要深研营销策略，其中，分析产品适合的消费群体是重中之重。直播营销策略中的人群分析主要包括消费者分析、痛点分析和卖点分析。

一、消费者分析

消费者即买家，想要在直播间带货成功，首先需要做的是对自己的目标消费者有细致的了解。一般来说，男性喜爱数码产品，女性喜爱美妆产品；年轻人爱时尚，中老年人重保养。不同性别、不同年龄层都会影响直播间的带货量。

（一）性别

女性在购物时偏感性，所以卖给她们的商品要有闪光点，比如具备高颜值、趣味性等；男性在购物时偏理性，很多时候是按照需求进行消费的，所以向他们推荐商品时要讲逻辑、讲性价比。比如销售一件风衣，对于女性消费者来说，商家应该从女性穿起来要显得立落、修身、显瘦等方面进行推销；而对于男性消费者来说，商家应该从风衣的实用性和性价比等方面进行推销。

（二）年龄

对于学生来说，消费能力不高，但是喜欢新颖的小玩意儿；对于职场人士来说，大多有稳定的收入，消费水平比较高，更注重身体健康。如果直播间的商品有小风扇和经络按摩仪，那么学生可能对小风扇更感兴趣，而职场人士则更可能购买经络按摩仪。

（三）地域

由于地域不同，人们的生活习惯也不同，因此在选择商品时就会有差异。如有的地区的消费者喜欢口味清淡的食物，有的地区的消费者喜欢重口味的食物；有的地区的消费者喜欢吃海鲜，有的地区的消费者喜欢吃牛羊肉。主播要根据地域差异，挑选适合消费者偏好的商品。例如，卖小龙虾调料的直播间中，香辣味的小龙虾调料会更吸引湖南省、四川省的消费者，而广东省的消费者可能更喜欢蒜蓉味的小龙虾调料。

（四）职业

职业差异在某种程度上影响着个体的收入水平，也影响着消费者的消费层次和消费意向。比如蓝领工人倾向于购买结实耐穿的衣服；公司白领因职业需要，大多会购买职业装；运动员则较多购买运动装备。

（五）消费层级

消费层级对消费者的购物行为也有着一定程度的影响。

第一层级的消费者：追求商品的象征性和地位性，价格心理和实惠心理淡薄，求新、求特心理突出。高档消费是第一层级消费者的消费特点，高档别墅、名牌汽车、高档时装、名牌手表、名贵珠宝等通常是这个层级的消费标识。

第二层级的消费者：追求消费个性化，具有前卫的消费观念，高档名牌产品是其消费目标。这个层级的消费者注重商品的品牌、消费的品位；讲究吃得精细、穿得时尚，偏爱高品位商品。

第三层级的消费者：按照自己的心理倾向进行消费，偏向于品牌型消费、个性化消费，以及简单快捷的消费。这个层级的消费者看重生活质量，关注省事和高效的商品。

第四层级的消费者：属于谨慎型消费者，偏向经济实惠型消费，他们对商品价格比较敏感，追求物美价廉的商品。

（六）生活圈子

所谓"物以类聚，人以群分"，生活圈子对消费者群体购物行为影响很大。生活圈子在消费过程中所起的作用包括得到某种身份认同、寻找到相同爱好、分享自己的消费兴趣点、分享自己的购物心得体会、建立起消费信任。

以"95后"为例，他们购物时对测评网站、主播、大V等有较强依赖性。对"95后"的调研显示，他们在获取购物信息时，更加依赖朋友推荐和用户评价，85.36%的人需要借鉴他人意见才购买；58.51%的人通过测评网站、软件推荐来进行筛选；还有主播、大V推荐，买家评价，家人朋友推荐，自己喜欢的明星推荐所占比重都不小（见图3-1）。"95后"对产品口碑的重视，也在提醒各大品牌和零售商，口碑营销在社交媒体时代尤其重要。

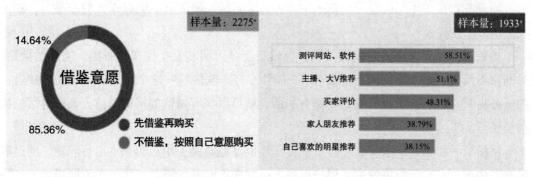

图 3 - 1 "95后"购物信息主要获取渠道

（七）爱好

爱好有助于消费者积极地认识商品，为未来购买活动做准备，激发购买动机；爱好能够使消费者较快地做出购买决策并付诸行动；爱好可以刺激消费者对某种商品重复购买或长期使用。例如，你喜欢打羽毛球，那么你一定会关注羽毛球、羽毛球球拍、羽毛球球衣、羽毛球球鞋，因为这些都是必备装备。所以商家在进行直播活动时，要注意从爱好角度吸引消费者，激发其购买欲。

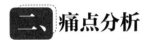 二、 痛点分析

（一）痛点的含义

痛点是指个体或组织尚未被满足而又非常期待的需求。从商业角度来说，痛点就是消费者最迫切的需求点，对于这个需求点，消费者有很高的意愿通过消费来实现。

（二）痛点的获取

1. 场景 + 产品

场景一：张先生想在 A 打车平台打个顺风车，半个小时应该可以到公司。下单 5 分钟后没人接单，时间不太充裕了，张先生将顺风车改为快车。20 秒之后有人接单了，张先生出门上班。

场景二：张先生年底发了奖金，他想"奢侈"一次，于是在 A 打车平台上选择了专车服务，20 秒之后有人接单了，张先生高兴地上车回家。

场景三：张先生想带妻子、孩子一起去郊区游玩。他拿出手机点开 A 打车平台，却没找到租车业务。

场景四：张女士在美容院做美容，忽然想起今天朋友会坐火车来看她，需要她接站。时间来不及了，张女士问同行的朋友："你用 A 打车软件吗？这个平台有司机代理接送人的业务吗？"朋友说："没有啊，要是有的话，就可以找有诚信的司机师傅天天按时帮忙接孩子了。"

从场景一和场景二来看，A 打车平台已经很好地解决了用户的基本出行问题，通过顺风车、快车、专车等模块解决了用户不同方面的痛点问题，满足了用户在不同场景下的用车需求。

场景三和场景四展示了用户出行方面的其他需求，A 打车平台在这些场景下尚未满足用户的需求，就成了痛点。产品存在的价值就是为了解决用户的痛点，当这些痛点被解决后，客户就会对这款产品产生依赖。同时，客户又会对这款产品提出更高的期待，这种期待又变成了用户新的痛点。可见，产品的迭代过程就是一个不断完善、不断优化的过程，也是不断解决用户新的痛点的过程。

利用不同的场景模拟来获取不同场景下用户的痛点，完善场景的过程就是解决用户痛点的过程。企业在研发产品前通常需要做大量的用户调研，在调研中收集不同场景，通过场景复盘找出消费者的需求痛点。

2. 场景 + 角色 + 产品

场景：齐女士准备将闲置的衣服、玩具、儿童图书处理掉，扔了可惜，留着又占地方。她想：如果能有一个机构接收这些物品并赠送给需要的孩子就好了。

通过这个场景可以发现，如果有一个机构或平台可以搭建起齐女士这样的爱心妈妈和需要这些旧玩具、旧图书的用户之间的桥梁，就可以很好地解决双方的痛点了。机构或平台如果要为爱心妈妈们赠送物品提供服务，就会产生一定的代收服务费用，雇用相应的代收人员，并提供上门取物服务。这项服务涉及不同角色，机构或平台通过这些角色可以收集不同场景，进而获取不同角色的痛点，通过分析痛点可以再来完善服务。

三、卖点分析

（一）卖点的含义

对于消费者而言，卖点是指企业所卖商品与同类商品相比，具有别出心裁或与众不同的特色。这些特色，一方面是商品本身所具备的，另一方面是营销策划人员创造出来的。不论它从何而来，只要能落实于营销的战略战术中，转化为消费者能够接受、认同的利益和效用，就能达到产品畅销、建立品牌的目的。

（二）卖点分析的内容

1. 价格

价格是影响消费者购买决策的重要因素，透明化或可比性较强的商品以价格作为卖点，会立刻获得消费者的青睐。

2. 服务

现场服务与售后服务也是消费购买商品时需要考虑的因素，如果能够在服务上提出可测量的服务标准，不仅能够吸引顾客，还能够形成好的口碑传播。

3. 效率

等待容易让人产生焦虑，人们都渴望快速得到自己想要的价值，尤其在"立等可取"的时代，效率低下必将被市场所遗弃。

4. 质量

谁都不想买回家的商品用几次就坏了，如果产品确实耐用，商家千万不要"吝啬"赞美和宣传，一定要把它作为卖点告知消费者。

5. 稀缺性

商家在推广自己的产品时，要利用消费者"物以稀为贵"的心理，突出自己所销售商品的稀缺性，以激发人们的购买欲望。

6. 便捷性

人们都喜欢便捷，如果你的产品具有这个特点，但竞争对手的产品没有，或者竞争对手没有以此作为宣传点，就可以考虑从这个角度思考自己产品的卖点。

7. 实力

实力是品质、服务、效率等因素的综合体现，如果能够将员工实力、产品技术、特殊资质、过往成绩等作为卖点对产品进行宣传，也能虏获消费者的芳心。

8. 附加值

在主营产品的基础上，能让顾客获得竞争对手不能给予的额外价值，消费者肯定愿意优先选择你的产品。

9. 选择

为什么顾客有货比三家的行为？因为人们总希望通过对比，找到最适合自己的商品和服务。商家可以将为消费者提供更多可以选择的商品和服务作为卖点，吸引特定人群的光顾。

10. 重塑认知

一般情况下，业内熟知的产品特点或生产流程并不会引起商家的重视，但消费者不知道这些信息。此时，如果将这些信息作为卖点进行宣传，就有可能赢得消费者的青睐。换句话说，大家都在做的事情，别人没有"喊"出来，你"喊"出来了，消费者就会关注你。

⊙ 任务实施 ▮▮

王新已经学习了分析直播消费人群的方法，他选择了一款产品——防蚊喷雾，准备根据自己所学的知识对消费者进行分析（见表 3-9）。

表 3-9　消费者分析表

项目	分析
性别	女性需求比男性需求大
年龄	有购买能力的成年人
地域	蚊子多的地方
职业	没有特别的职业要求
消费层级	基本都能消费得起
生活圈子	没有太大要求
爱好	没有太大要求

🖥 同步训练 ▮▮

任务描述：为了更好地掌握分析直播间消费者的方法，深入了解产品的卖点，请你选择一款坚果产品进行卖点分析，仔细填写卖点分析表（见表 3-10）。

表 3-10　卖点分析表

项目	分析
价格	
服务	
效率	
质量	
稀缺性	
便捷性	
实力	
附加值	
选择	
重塑认知	

任务评价表，见表 3 - 11。

表 3 - 11   任务评价表

评价内容	分值	评价		
		自评	小组评价	教师评价
产品选择	10			
卖点分析	90			
合计	100			

任务导入

学习了直播消费人群的分析方法之后，王新制定了学习单（见表 3 - 12），用以梳理如何分析产品等相关知识。

表 3 - 12   学习单

主要学习内容	关键词
高客单价产品分析	价位高、利润高
低客单价产品分析	价位低、利润低
产品分析步骤	市场分析、用户分析、产品自身分析、产品的 SWOT 分析

知识探究

每种产品的价格都是不一样的，不同的价格影响着消费者的下单速度。所以，对产品价格进行分析是非常有必要的。

一、产品分析的步骤和要点

（一）市场分析

1. 市场规模与趋势

研究产品所在市场的当前规模，包括销售额、销售量等数据。通过市场调研机构报告、行业统计数据来获取信息。分析市场发展趋势，比如技术发展方向、消费者需求变化、政策法规影响等。

2. 竞争态势

识别主要竞争对手，包括直接竞争对手和间接竞争对手。分析竞争对手的产品特点、价格策略、市场份额、品牌形象等。

（二）用户分析

1. 目标用户群体

确定产品的目标用户是谁，包括年龄、性别、职业、收入水平、地域等特征。

2. 分析用户的需求和痛点

确定用户的需求，挖掘出用户的痛点是用户分析的重要步骤，比如对于在线办公软件，用户的需求可能包括便捷的文档编辑、实时协作功能，痛点可能是网络不稳定时数据丢失、软件操作复杂等问题。

3. 用户购买行为与决策过程

了解用户购买产品的行为，包括购买渠道（线上电商平台、线下实体店等）、购买频率、购买时间等。分析用户的决策过程，影响决策的因素（如产品质量、价格、品牌声誉、售后服务等）。

（三）产品自身分析

1. 产品功能与特性

详细列出产品的功能，评估每个功能对用户的价值。分析产品的特性，如产品的设计风格、材质质量、易用性等。

2. 产品质量与性能

评估产品的质量水平，包括产品的可靠性、耐用性等。测试产品的性能指标，包括产品的结构性能、工艺性能等。

3. 产品价格与价值

分析产品的价格策略，是高端定价、中端定价比还是低端定价策略。评估产品价格与所提供价值的匹配度。

（四）产品的 SWOT 分析

1. 优势（Strengths）

总结产品在市场、用户、自身特性等方面的优势。

2. 劣势（Weaknesses）

找出产品存在的不足，如功能缺陷、品牌形象不佳、市场份额较低等问题。

3. 机会（Opportunities）

识别产品可能面临的发展机会，如新兴市场的出现、新技术的应用、合作伙伴关系等。

4. 威胁（Threats）

分析产品可能面临的威胁，如竞争对手推出新的竞争产品、市场需求下降、原材料价格上涨等。

二、高客单价产品分析和营销策略

客单价是指店铺每一个顾客平均购买商品的金额，即平均交易金额。高价产品由于定价高，因此通常也是高客单价产品。

（一）高客单价产品的优点

1. 利润高

高客单价产品的利润通常很可观。"三年不开张，开张吃三年"通常描述的就是这类产品。相对于低客单价产品而言，运营高客单价产品的工作量会少很多。同样的销售额，高客单价产品一单赚取的利润，低客单价产品可能需要卖出多单才能达到。

2. 购买人群精准

高客单价产品的购买人群非常精准。常见的高客单价产品有家装、珠宝首饰、乐器、汽车等，它们价格较高，购买人群多为高收入人群。

（二）高客单价产品的缺点

1. 流量低

高客单价产品的价格比较高，针对的多是高消费人群，虽然偶尔也有中低消费人群中的冲动消费者来购买，但人数不会很多，所以流量相对而言就比较少。

2. 转化率低

高客单价产品的高定价特点在某种程度上决定了该类产品看的人多、实际购买的人少，间接导致转化率下降。因此，对于该类产品而言，提高转化率是运营的重点。

（三）打造高客单价爆款产品

1. 定位

从高客单价产品的定位来看，商家的目标人群不能定位于普通客户，而应定位于高消费人群。在对产品和店铺进行定位时，要针对高消费人群的喜好而制定，设计效果要具有一定的"高级感"。

2. 标题

标题是客户找到商家和产品的基础，所以标题中的关键词要精准。

3. 视觉

在推广高客单价产品时，设计也是影响订单能否成交的重要因素。一般来说，客户会特别在意店铺或产品呈现的感觉和气氛，设计风格应简洁大气。

（四）高客单价产品的带货技巧

直播不能卖高客单价产品？那一定是因为你不太了解直播营销的魅力！如何开展奢侈品箱包等高客单价产品的直播推销呢？具体方法如下所述。

1. 设置悬念，并预告直播时间

在短视频中设置悬念引发用户的好奇心，并表示会在下一期短视频内容中讲解。例如，主播一般会有固定的直播时间，他们会通过短视频内容引导或者承诺免费送福利，吸引用户届时观看直播。

2. 抓痛点、挖需求

"抓痛点、挖需求"是客单转化的必杀技。以房产主播为例，主播会演绎"现实"故事，挖掘用户买房刚需或者分析房产市场行情，激发用户的投资热情。

3. 答疑解惑

在直播间和客户对话，解答用户的疑问。在解答用户疑问的时候，指出他们的消费或投资误区，从而加强用户的黏性和信任感。

4. 分享干货知识与行业内幕

客单价比较高的产品，比如房产、汽车或者高价玉石，行业信息的透明度很低。人们通常对这类信息不是很了解并抱有一定的好奇心，同时这些内容也与人们的生活息息相关，所以这类信息通常具有一定的流量潜质。对于客单价比较高的产品，分享干货知识与行业内幕就成为吸引客户的重要手段。例如，房产主播教用户看沙盘的技巧，玉石主播分享买玉石的注意事项。还有一些主播会分享行业内幕，比如站在用户的角度说一些内幕，营造一种真心为用户的感觉，赢得信任。

5. 擅长讲故事

讲故事能够赋予产品更丰富的意义，并能和用户培养感情。一开播就卖货可能适用于客单价较低的产品，但是对于房产、汽车、玉石或其他奢侈品等客单价较高的产品，主播一定要培养和用户的感情，加强用户黏性，这对后续成功成交很有必要。

6. 培养信任感

高客单价产品会影响消费者的决策方向以及决策周期，如果拥有高信任度，相对来说可以缩短消费者的购买决策周期。前期怎样积累消费者的信任呢？如果你本身就是行业大咖，相对来说就比较容易。例如，2024 年 3 月罗永浩在淘宝直播间上演了一场"卖云"盛宴，上千家企业现场下单购买阿里云产品。这个主播的说服力和信任指数就非常高。当然并不是所有人都有那么强的影响力，对于一般人而言需要靠日常积累，此外还要看卖的是什么商品，一定要体现专业性。

7. 玩转价格策略

在价格策略方面，房产和汽车等商品可发挥的余地相对较小，玉石类商品价格跨度大，有客单价几千元、上万元的，也有只卖 10 元、20 元的小吊坠，所以相对而言，价格策略的发挥空间也比较大。价格策略有如下几种：

（1）产品要设置多种价格。

1）市场价（暗示用户这款产品价值不低）。

2）曾经卖过的价格。

3）卖过的最低价格。

4）给出比卖过的最低价格还要低的价格。

（2）制造紧迫感。一般而言，主播在直播时会全程使用该策略。常见的销售口吻有："就这些货了，卖完就不再卖了""这款产品曾经上架 3 秒就被抢光了，用料已经涨价了，我不能再按照原来的价格卖了，亏太多了"。

三、低客单价产品分析和营销策略

低客单价产品就是单价较低的商品。

（一）低客单价产品分析

有直播电商数据显示，70% 以上的热销商品，价格在 40 元以下；超过 60 元的商品，占比仅为 10%。热销的单品，主要是食品饮料、美容护肤品、服饰箱包、床上用品等商品。

低客单价产品的价格不高、决策成本低，直播观众更容易冲动消费。例如，一箱售价为 50 元的牛奶，优惠 10 元，就会引发大批用户冲动购买。反之，如果一个品牌包售价为 1.5 万元，即便商家以六折的价格出售，大部分人也会望而却步。可见，人们更愿意去购买低客单价产品。

（二）提高低客单价产品营业额的方法

1. 用高性价比的低价爆款产品引流

提前准备高性价比的低价产品，利用第三方活动进行推广，让销量排名冲到行业前几名。虽然是低客单价产品，但是产品质量一定要过硬，不能售卖伪劣产品，最好是自己的独家产品。

2. 多品类关联带动，增加营业额

除了店铺现有的低客单价产品外，还可以找一些相似的产品。当然这不是盲目增加店铺品类，而是要针对自己店铺的特点，挑选适合店铺的产品，比如要挑选行业的热卖款，毕竟热卖款是经过市场检验的，同时要做好页面引导与关联，这样可以实现营业收入的增加。

（三）低客单价产品的运营误区

1. 盲目提升客单价

很多做低客单价产品的商家都在想如何能提升自己的客单价，以此来获得更高的营业额。但是销售低客单价产品的店铺产品的特点就是价格比较低，这类店铺即使将时间和精力全部投入在提升客单价上也不会有很大突破。

2. 店铺定位错误，盲目追求"小而美"

近年来，很多做低客单价产品的店铺纷纷追求"小而美"的经营理念。如果这类店铺既没有网红产品，也不具备很强的产品开发能力，那么盲目追求"小而美"就只能达到"小"，而不能达到"美"。

3. 直通车推爆款

低客单价产品不要奢望依靠直通车付费流量去推爆款，因为采用这种方式销售商品成交一单利润微薄，不够弥补开通直通车的费用，所以仅依靠直通车推爆款不可行。

▶ 任务实施 ▍▍

王新通过学习分析产品的方法，了解了高客单价产品和低客单价产品的不同。接下来，他计划选择一款高客单价产品——某品牌照相机进行分析。

第一步：分析该品牌照相机的优点（见表3-13）。

表3-13 某品牌照相机的优点分析

优点	分析
可靠性高	坚固、耐久性强
操作体验好	通用操作系统、人机工程设计合理、操作顺手
镜头群丰富	可适配专业级别的红圈和入门镜头
色彩好	2 620万有效像素、自动白平衡
配件丰富	配件很多，大到闪光灯，小到肩屏贴膜
高光可以拉回	增加了曝光补偿，让人的皮肤看起来白皙柔和

第二步：分析该品牌照相机的缺点（见表 3 – 14）。

表 3 – 14　某品牌照相机的缺点分析

缺点	分析
宽容度	暗部细节还原噪点比较明显
视频拍摄	有视频拍摄功能，不过暂时不支持 240P 升格拍摄

第三步：通过分析优缺点，挖掘直播中客户的痛点和需求。

■ 同步训练 ‖

任务描述：为了更好地理解不同价位产品的特点，请你对一款低客单价产品——女士发夹进行分析。

第一步：分析某款女士发夹质量及优缺点，并完成表 3 – 15。

表 3 – 15　某款女士发夹质量及优缺点分析

项目	分析
质量	
优点	
缺点	

第二步：做爆款引流活动。

第三步：选择关联产品。

任务评价表，见表 3 – 16。

表 3 – 16　任务评价表

评价内容	分值	评价		
		自评	小组评价	教师评价
质量及优缺点分析	60			
引流活动	20			
关联产品	20			
合计	100			

任务四 ▶ 常用的直播平台营销工具

 任务导入 ▐▐

掌握了分析直播产品的方法后，王新制定了学习单（见表 3 - 17），用以梳理如何使用后台营销工具等相关知识。

表 3 - 17 学习单

主要学习内容	关键词
商家优惠券	设置金额、优惠券张数
单品直降	设置秒杀时间

知识探究 ▐▐

卖家可以使用直播后台的营销推广工具促进产品的销售。营销工具有很多，我们应当采用不同的营销工具来辅助直播，优惠券、满减、单品直降、限时秒杀等营销工具能使直播达到更好的效果，掌握它们的设置方法尤为重要。

一、优惠券

优惠券是由商家创建的优惠资产，用于已领取券的用户下单时降低产品的价格，是一种常用的营销推广工具。优惠券可设置为"店铺券"和"指定商品券"。优惠形式可设置为"直减""满减""折扣"。在多个商品合并支付的场景下，活动商品范围没有交叉时，可使用多张优惠券。

（一）优惠券的三种类型

1. 加速商品转化类

通用优惠券（商品券/店铺券）：可以针对指定商品或全店商品生效。支持多渠道推广和多种营销场景的通用优惠券玩法，适用于日常营销、大促营销。

2. 内容互动营销类

涨粉券（商品券/店铺券）：仅官方抖音账号粉丝可领的优惠券。若用户是官方账号的粉丝，可在店铺的直播间、商品详情页等全场景看到粉丝券并领取，在下单时计入优惠折算。

达人专属券（商品券）：仅绑定达人抖音账号的粉丝可领的商家优惠券。达人专属券的样式与店铺券相同，适用于合作达人带货。

3. 人群精准营销类

新人礼金（商品券）：仅店铺新人可领取的优惠券。店铺老用户（已下单支付用户）不可见。支持店铺通用或适用于指定商品。

惊喜券（商品券）：针对拉新、复购、流失挽回、购物车成交四大营销目标，面向特定人群发放的定向专属优惠券。平台大数据算法为商家提供精准人群、货品、优惠面额建议。适用于指定商品。

复购券：仅店铺复购用户才可以领取的优惠券。通过对消费者展示老客户券标签，可有效促进老客户在商详页、订单页等领取复购，提升店铺复购率。支持店铺通用或适用于指定商品。

（二）优惠券的创建

以抖音小店为例，抖音平台优惠券分为店铺券和单品券，店铺券全店通用，单品券支持指定商品使用，有折扣、直减和满减三种"玩法"。在抖音平台创建的优惠券，支持店铺券和单品券，主要在直播时发放。

第一步：找到创建优惠券入口。

打开抖音小店后台，登录账户后点击"营销"—"优惠券"（见图3-2）。注意：登录的账号必须是店铺账号对应的抖音账号，否则没有"优惠券"模块。

第二步：填写抖音直播优惠券相关信息。

完成使用范围、优惠券名称、券领取时间、发放量、每人限领等内容的填写，若创建的优惠券为指定商品，那么需要"添加适用商品"。进入选择商品的页面，可以通过搜索标题方式找商品，并勾选添加。创建完优惠券的商品，可以设置商品卖点。商品卖点的文案应当简洁明了，让用户直观感受到优惠力度。

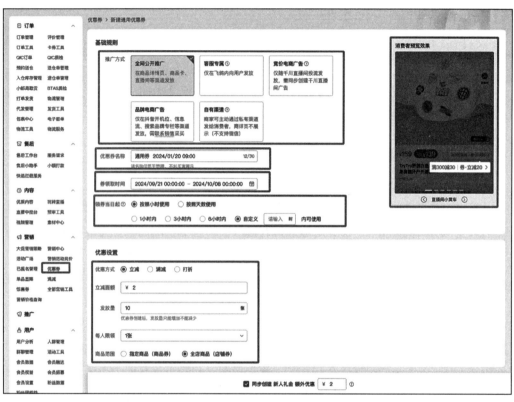

图 3 - 2 优惠券的创建

第三步：进入"百应"—"直播管理"—"直播间发券"或"直播中控台"添加已经创建好的优惠券（见图 3 - 3）。优惠券可以在线选择或通过优惠券 ID 添加，优惠券 ID 在抖店优惠券列表可以找到（见图 3 - 4），添加后可查看优惠券的领取量和发放量（见图 3 - 5）。

图 3 - 3 添加优惠券

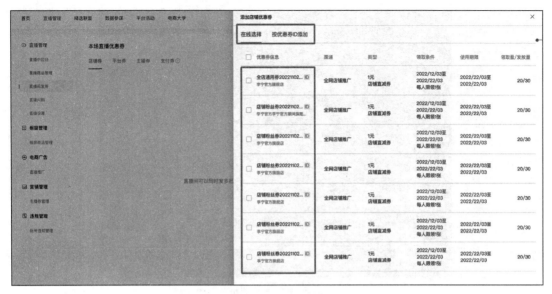

图 3-4　优惠券信息

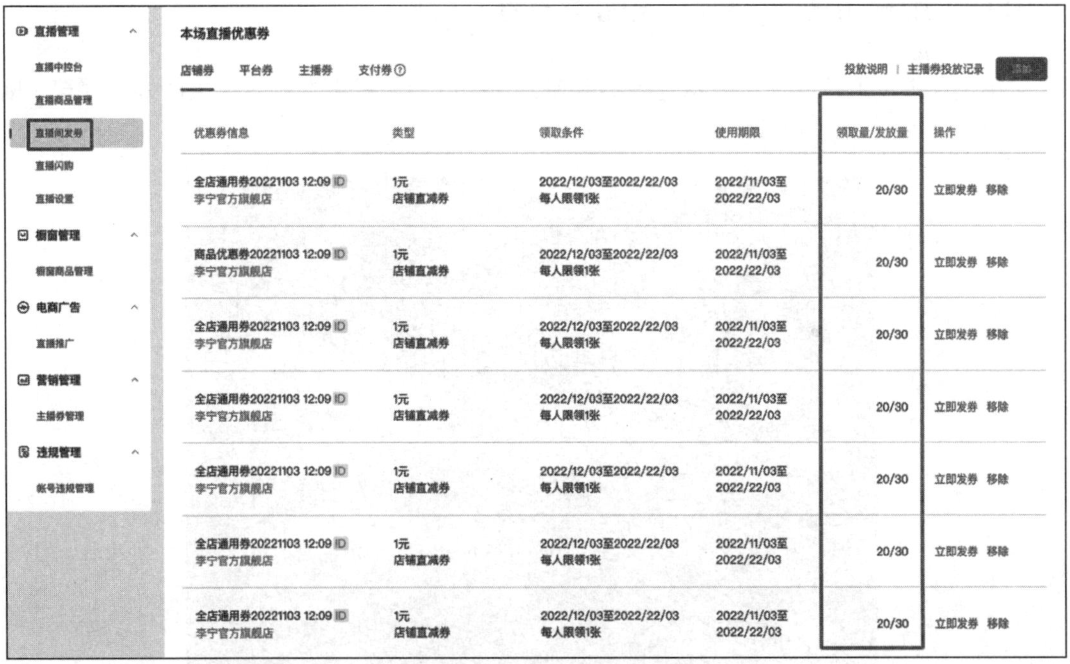

图 3-5　优惠券领取量 / 发放量

（三）看播端变化

当主播发放优惠券后，所有看播用户（包括中途进入直播间的用户）端口均会弹出领券图标，图标自动收至左上角（见图 3-6）。

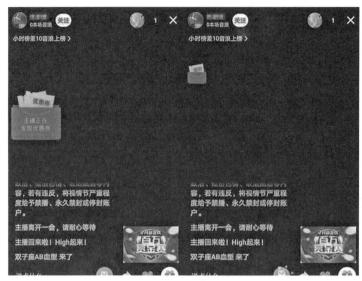

图 3 - 6　领券图标

（四）用户可主动领取 / 关闭优惠券

用户点击左上角图标，显示优惠券浮窗，用户可领取优惠券，也可关闭领券浮窗（见图 3 - 7）。

图 3 - 7　优惠券浮窗

（五）领取结果

领取成功：系统提示"恭喜你已取得优惠券"＋优惠券信息。

领取失败：在直播间居中位置弹出提示"好可惜，未抢到优惠券"。

（六）移动端优惠券设置方法

（1）设置路径：抖店 App 首页—"全部"—"营销推广"—"优惠券"—"一键创建"（见图 3-8）。

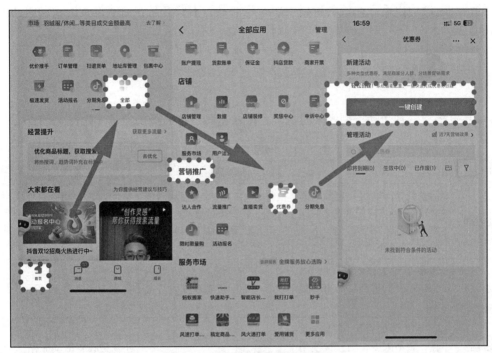

图 3-8 移动端优惠券设置路径

（2）选择需要配置的券类型（见图 3-9），按要求填写活动信息并提交。选择活动商品时最多支持添加 50 个商品，点击"立即创建「商品优惠券」"，显示"创建成功"，活动即生效。

图 3-9 设置券类型

二、单品直降

单品直降（原限时限量购）属于商家自主经营工具，是商品促销的利器。商家在自己设置的活动时间内以低于原价的价格售卖特定商品，消费者需在商家设置的活动时间内进行抢购。

（一）活动类型

单品直降有三种活动类型：限时抢购、限量抢购、普通降价促销（见表 3 - 18）。

图 3 - 18   单品直降的活动类型

项目	限时抢购	限量抢购	普通降价促销
活动时间	活动开始时间可设定成当前时间 +7 天内的任意一个时间点，为刺激用户转化，活动持续时间最长为 96 小时内。	活动开始时间可设定成当前时间 +7 天内的任意一个时间点，活动持续时间最长为 30 天。	活动开始时间可设定成当前时间 +30 天内的任意一个时间点，活动开始时间可设置为 365 天内。
活动价格	需小于等于该商品 15 天内创建过的同类型单品直降最低价。	需小于等于该商品 15 天内创建过的同类型单品直降最低价。	优惠力度至少 99 折。
活动库存	支持设置是否限制活动库存；若不限制，则直接使用商品库存。	必须设置库存数量，最大数量为 1 000。	不支持设置活动库存。

（二）创建方法

1. 抖店后台路径

进入抖店后台—"营销"—"单品直降"，点击右上角"立即新建"按钮，进入活动新建页面。

2. 填写方法（以限时抢购为例）

（1）填写基础规则（见图 3 - 10）。

活动名称：该名称仅用于对内管理，不对外展示。

活动开始时间：支持设置活动开始时间，可设定为当前时间 +7 天内的任意一个时间点，为营造更紧张刺激的活动氛围，活动持续时间最长为 96 小时内，时间精度可精确到分。

订单取消时间：代表用户提交订单后，如果持续未支付，订单自动取消的时间，系统默认设置更新为 30 分钟。

是否限制活动库存：新增配置能力，商家可不限制活动库存，直接生效商品库存。当

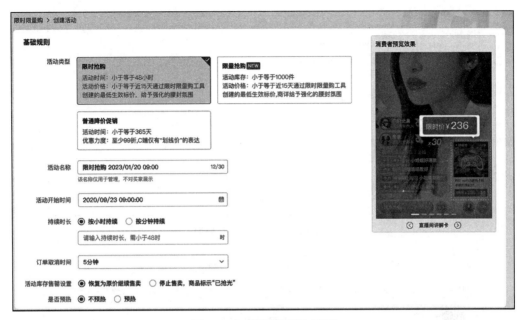

图 3 - 10 "基础规则"页面

选择限制活动库存时，当活动库存卖完将在用户侧展示"已抢光"。历史活动中设置了活动库存售罄为"恢复为原价继续售卖"，当活动库存卖完之后，将恢复原价继续售卖。

是否预热：不预热，用户端商详页在活动生效期间才展示活动价格。预热，如果选择了"预热"，还需设置预热持续时间。用户端商详页会展示"距离开抢"的活动倒计时，最长预热时间为 12 小时。

活动生效条件：选项为"活动期间均生效""仅直播期间生效"，使用渠道品的商家可以设置该条件。"仅直播期间生效"选项，仅支持设置达人专属渠道品，其他类型商品如主商品、自播渠道品、达人非专属渠道品均不适用该选项。

（2）优惠信息及商品选择。

优惠级别：选择 SKU 级优惠或商品级优惠，SKU 级优惠仅对单个子商品生效，商品级优惠对所有子商品生效（见图 3 - 11）。

选择商品：选择商品支持在线选择或 Excel 批量导入，若导入量较大，可选择"Excel超大批量导入"（最大支持 10 000 个商品导入）。批量导入需下载模板后填写对应字段。点击"添加商品"，在右侧侧边栏中勾选需要参加本次限时限量购活动的商品，并选择生效的渠道（可多选），勾选完成后点击"确定"按钮，即可完成商品选择。

设置价格 / 活动库存 / 限购数量：活动价格为一口价（见图 3 - 12），当前活动价格必须低于 15 天内最近选择商品创建的限时限量购最低价，否则无法创建。

3. 关注创建结果

创建完成后刷新页面，可查看活动创建结果（见图 3 - 13）。若出现"失败商品"的按钮，说明有商品创建失败；若活动状态显示"已失效"，说明全部商品创建失败。

图 3 - 11　"选择商品"界面

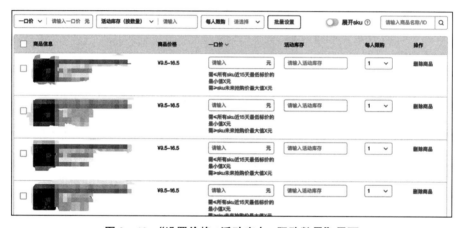

图 3 - 12　"设置价格 / 活动库存 / 限购数量"界面

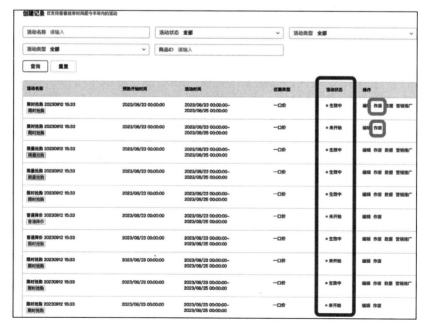

图 3 - 13　活动创建页面

三、满减

满减是为指定商品设置满额立减 / 满件立减 / 满件 N 折的优惠。以"凑单"、"立减"或"N 折"形式影响客户购买决策，可以有效提升转化率及客单价。当用户进入购物橱窗—店铺—商详页后，可直接看到对应活动信息，在引导下下单多个商品。用户还可以在单个商品下单中的各个环节看到活动信息，有效促进销售量的提升。

创建方法如下所述。

（一）入口

进入抖店后台—"营销中心"—"营销工具"—"满减"，点击右上角的"立即新建"按钮（见图 3 - 14），进入活动创建页面。

图 3 - 14 "满减"界面

（二）创建活动

进入创建活动后，填写基础规则（见图 3 - 15）。

活动名称：最多 10 个字，超出将标红提示。

活动时间：包含开始、结束时间，开始时间默认 00:00:00，结束时间默认 23:59:59。

优惠设置：可以设置阶梯"满 X 元优惠"，默认只有 1 个层级。点击"添加层级"，最多可添加 5 个层级，下一层级的满额要大于上一个层级的满额。可以设置阶梯"满 X 元优惠"，默认只有 1 个层级，点击"添加层级"，最多可添加 3 个层级，下一层级的满减

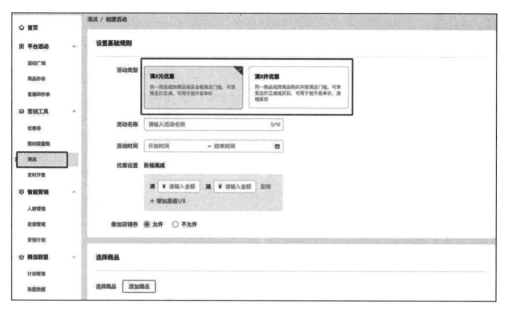

图 3-15 "设置基础规则"界面

要大于上一个层级的满减。

允许叠加店铺券：商家可自行选择是否允许用户叠加店铺券，默认选中"允许"。为保障平台营销体验的一致性，从 2023 年 3 月 10 日起不再支持新增活动选择满减活动和优惠券活动互斥功能。

选择商品：商家可添加参与活动的商品（店铺商品），上限为 100 件。

（三）编辑活动

活动未开始：可以编辑所有活动信息及参与商品，并且可添加商品或删除已添加的商品。

活动已处于进行中状态：仅可添加商品或删除已添加的商品。

若活动进行中想中途取消：点击"设为失效"即可；目前不支持删除活动。

四、限时秒杀

限时秒杀是网络商家在某一时间段内，大幅降低活动商品的价格，买家只要在这一时间段内成功拍得此商品，便可以以很低的价格买到原本价格很高的商品的一种营销活动。

（一）设置流程

登录抖音小店商家后台，点击左侧的"营销中心"—"营销工具"—"限时特卖"，然后点击"创建活动"（见图 3 - 16）。

图 3 - 16　限时秒杀设置流程（1）

创建活动信息填好后，点击"保存"（见图 3 - 17）。没有开抖音小店的主播可以联系商品的相应商家进行操作。

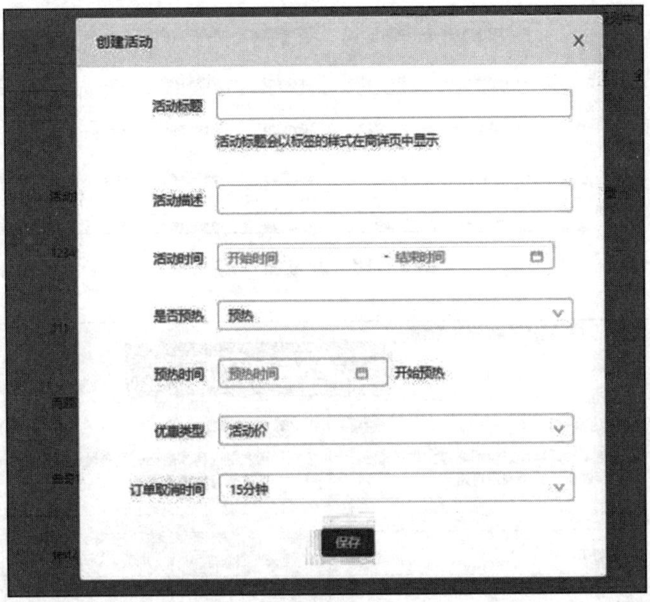

图 3 - 17　限时秒杀设置流程（2）

在创建活动时通过设置"预热"和"预热时间"，可在直播商品列表中显示"倒计时"，即为秒杀活动，建议预热时间与直播时间相关联，不要过于提前。

若在创建活动时没有设置"预热"，则为限时活动。

（二）看播端和主播端的样式

若抖音小店商品在创建"限时特卖"活动时，选择了"预热"，那么在看播端或主播端，被分享的商品在商品列表中会显示"秒杀，距开始时间××××"。

若抖音小店商品在创建"限时特卖"活动时，未选择"预热"，那么在看播端或主播端，被分享的商品在商品列表中会显示"限时，距结束时间××××"。

任务实施

为了更好地掌握直播间的后台营销工具，王新决定尝试设置直播间的优惠券活动。

第一步：点击"营销中心"—"营销工具"—"优惠券"，点击优惠券页面的"新建批次券"按钮（见图3-18），选择发放方式及发放类型（见图3-19和图3-20）。

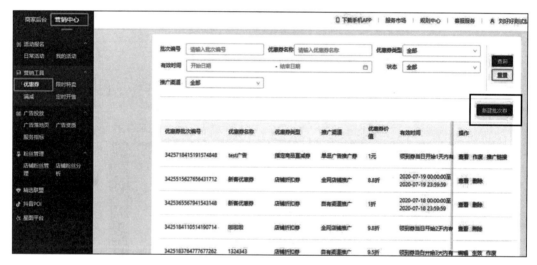

图3-18 新建批次券

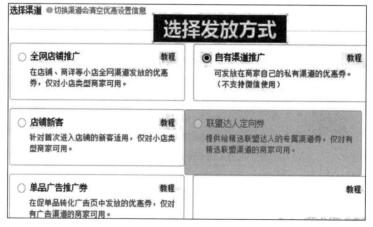

图3-19 选择发放方式

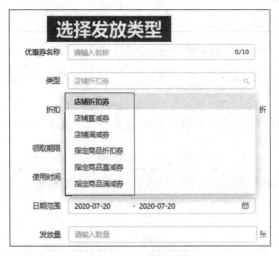

图 3 - 20　选择发放类型

第二步：设置折扣、领取期限和使用期限（见图 3 - 21 和图 3 - 22）。

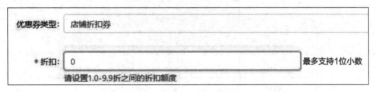

图 3 - 21　设置折扣

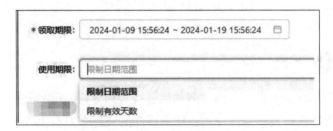

图 3 - 22　设置领取期限和使用期限

第三步：设置发放量（张）和每人限领（张）（见图 3 - 23）。

图 3 - 23　设置发放量（张）和每人限领（张）

第四步：点击"提交"，完成优惠券的创建。

同步训练

任务描述：请你为直播平台设置"单品直降"活动。

第一步：在抖音商家后台找到"营销中心"—"营销工具"—"单品直降"，然后点击"创建活动"。

第二步：设置"是否预热"，并填写时间设置表（见表3-19）。

表3-19 时间设置表

项目	设置时间
预热	
不预热	

任务评价表，见表3-20。

表3-20 任务评价表

评价内容	分值	评价		
		自评	小组评价	教师评价
在后台找到营销活动	20			
设置"限时特卖"活动	80			
合计	100			

项目小结

通过本项目的学习，学生应全面理解如何进行人群分析、产品分析，掌握后台营销工具的使用方法。直播前对人群进行分析，能对产品的目标客户有更深入的了解，更好地准备直播话术；对产品进行分析，能对产品有更加深入的了解，直播讲解过程中会更加有自信。直播中配合优惠券和限时抢购等活动，能激发直播间客户的购买欲望。

考证园地

一、填空题

1. 消费者分析主要分析_____。

2. 卖点是指_____。

3. 高客单价产品的优点是_____；缺点是_____。

4. 卖点分析方法有_____。

5. 低客单价产品的运营误区有_____。

二、简答题

1. 消费者分析中消费层级主要有哪些？

2. 高客单价产品的直播套路有哪些？

3. 如何创建直播间优惠券？

4. 如何设置单品直降活动？

5. 低客单价产品提高营业额的方法有哪些？

三、案例分析

"虚假剧本"引流量 直播带货藏套路

不论是"西湖 1 500 元捞手机"，还是"名校毕业男子被裁员，瞒着妻子送外卖"，抑或"给住院婆婆吃泡面"……这些曾经在网上引发大量网友共鸣和讨论的"真实事件"，最终却被曝出是自导自演的摆拍闹剧，目的就是骗取网络流量。

如今，短视频已成为网民获取信息、休闲娱乐的主要媒介之一，大量自媒体博主通过短视频平台发布"段子"吸引流量，进而直播带货，获得可观收入。

但各类短视频与直播乱象也随之而来，其中，撰写虚假剧本获取流量，进而直播带货，甚至兜售伪劣产品等行为不仅给网络环境造成了恶劣影响，甚至触碰法律红线，侵害了消费者的身体健康与财产安全。

多名全国人大代表和全国政协委员针对短视频摆拍、造假以及利用直播带货欺骗消费者牟利等提出相关整治意见，压实平台责任、强化审核监管成为各方共识。

虚假摆拍实现流量变现

"'爸爸妈妈们'，我家里人就是吃这个药把病治好的，当儿子的还能害你们？下方小黄车拼手速了，货量有限，冲！"在某短视频平台，一名主播大汗淋漓地向直播间中的"父母们"介绍着商品，随着降价力度不断增加，直播间下方小黄车中所谓的"特效药"一经"上车"便被抢购一空，评论区很多消费者不断抱怨自己"手速不够"……

观看这场直播的用户大多是中老年人，这名平时帮别人"解决"家庭矛盾的主播凭借其亲和力和不俗的言谈能力吸粉颇多，但最终很多消费者却发现，这位一口一个"爸妈"的"实在"小伙子，在直播间里售卖的号称有神奇疗效的补品却只是压片糖果等普通食品。

这样的例子在短视频平台上并不鲜见，撰写剧本、招揽"演员"，短视频虚假摆拍已成为当前很多主播的"吸粉之策"。

"其背后根源是为了尽快实现流量变现。"某短视频行业从业者告诉记者，当前短视频带货已成为流量变现的最主要模式之一，要想在平台开通商品橱窗，并进一步挂上购物小黄车链接进行带货，至少需要粉丝过千，且粉丝数越多，每日可以挂出的购物车链接就越多，主播获得的相应收益也更多。因此，编辑"猎奇"剧本，利用真实化拍摄手法来突出事件矛盾，并打上"现场记录"或"社会新闻"等标签，一条虚假的摆拍视频只要出圈，吸粉速度会成倍增长，为主播下一步带货打下基础。

近年来，随着中老年群体"触网"机会越来越多，一些主播将他们锁定为目标人群，利用中老年人对于"苦难生活"与"家庭悲剧"的同情心，大肆摆拍"卖惨"，上演"苦情戏"，在获得一定用户基础后开始将自己的产品穿插在视频与直播当中，最后以"救助家庭"或"特效产品"等名义大肆销售产品。

"一些博主把虚构的剧情当作真实事件发布出来吸引话题和流量，并间接或直接获得商业利益，会产生很不好的示范作用，吸引其他自媒体创作者模仿。"中国政法大学传播法研究中心副主任朱巍指出，短视频造假内容不一，但共同点是传递了错误价值观，且通过误导公众获取流量，引发对立，甚至一些影响社会稳定的事件，危害性极大。

网络平台应做好"把关人"

父母双亡的坚强女孩为照顾弟弟妹妹无奈辍学，家徒四壁的他们每天只能靠土豆来填饱肚子……自 2018 年以来，网红女孩"凉山孟阳"的"悲惨遭遇"感动了无数网友，短短几年便吸粉近 400 万人，走红后的她开始频繁直播带货。然而真相却是"凉山孟阳"的父母不仅健在，视频中残破的土坯房也是移花接木。

近日，四川省昭觉县人民法院对"凉山孟阳"案一审宣判，8 名犯罪嫌疑人因虚假广告罪被判刑，其中"凉山孟阳"被判刑 11 个月，并处罚金 8 万元。

拍摄虚假视频的网红被惩处，很多网友表示大快人心，但作为短视频与直播内容的"把关人"，平台同样负有不可推卸的责任。

多年来持续关注短视频行业发展的全国人大代表、四川省苍溪县白驿镇岫云村党支部书记李君指出，视频内容发布者有义务告知受众其作品内容是否真实，短视频平台更要履行主体责任，对发布内容的真实性起到监管作用。

为营造良好的网络生态环境，近年来，国家出台了一系列政策法规对网络短视频等领域进行规制，其中，压实平台责任成为重点之一。

2019 年出台的《网络短视频平台管理规范》明确规定，网络短视频平台应当建立总编辑内容管理负责制度。网络短视频平台实行节目内容先审后播制度。平台上播出的所有短视频均应经内容审核后方可播出，包括节目的标题、简介、弹幕、评论等内容。

2023 年 7 月，中央网信办发布的《关于加强"自媒体"管理的通知》（以下简称《通知》）中明确要求，"自媒体"发布含有虚构情节、剧情演绎的内容，网站平台应当要求其以显著方式标记虚构或演绎标签。

针对平台责任，《通知》强调，网站平台应当及时发现并严格处置"自媒体"违规行为。对制作发布谣言、蹭炒社会热点事件或矩阵式发布传播违法和不良信息造成恶劣影响的"自媒体"，一律予以关闭，纳入平台黑名单账号数据库并上报网信部门。对转发谣言的"自媒体"，应当采取取消互动功能、清理粉丝、取消营利权限、禁言、关闭等处置措施。

近两年，全国政协委员、中国农业科学院蔬菜花卉研究所研究员李宝聚在短视频平台开展农业科普，也由此关注到了平台审核机制不健全、优质视频呈现不足等问题。

李宝聚以"三农"短视频为例称，当前一些博主并非真正的专家或农民，却将自己包装成朴素农民的假人设来获取流量，他们传播的不良或错误信息会对网络环境产生负面影响。

"短视频传播量很大程度上取决于平台扶持，网民的观看意愿和创作者的传播愿望也会受到平台算法的制约。"李宝聚指出，受制于平台审核机制，一些植物保护类科普短视频和直播中，如果涉及细菌、真菌、微生物名称等词语可能导致账号降权并不予推流，而一些猎奇或低俗的内容反而能获得更高流量，得到广泛传播。

对此，李宝聚建议，平台应设立创作者认证制度，并建立完善的评价和监督机制，对创作者的行为进行规范和引导。要通过设立明确的评价标准，要求创作者遵循道德和法律规定，不得传播虚假信息或误导观众。对于违反规定的行为，平台应对创作者予以严肃处理。

"短视频平台在内容监管审核上任重道远，唯有政策、平台、用户三方联动，才能形成健康可持续发展的短视频平台视频审核机制。"李宝聚认为，平台在加大审核力度的同时应对那些具备优质创作能力的账号给予流量扶持，促进优质内容传播。同时引入举报、投诉和负面评价机制，借助网民的力量进一步净化网络空间。

中国传媒大学文化产业管理学院法律系主任郑宁指出，在不断强化短视频平台主体责任的同时，相关部门应对网络信息内容服务平台履行信息内容管理主体责任情况开展监督检查，对存在问题的平台及时整治。

多措并举规制网络直播

要完善网络综合治理，培育积极健康、向上向善的网络文化。

据第52次《中国互联网络发展状况统计报告》显示，截至2023年6月，我国网民规模达10.79亿人，其中短视频用户规模达10.26亿人，面对如此庞大的用户群体，短视频平台乱象整治紧迫且必要。

"随着互联网的快速发展，各类低俗、暴力、色情等为了流量没有底线和下限的行为充斥在网络空间，给网民身心健康发展带来极端不利影响。"李君注意到，当前很多虚假摆拍视频最终获利渠道都转向了网络直播，他建议多措并举对网络直播领域进行规制。

2021年2月，国家网信办、公安部等七部门联合发布《关于加强网络直播规范管理工作的指导意见》，网络直播乱象大为改观。但李君发现，相关网络直播灰产利益巨大，各类玩法包装难以取证，且目前司法实践中仍缺乏认定及判例，导致这些网络灰产收益大、风险低。

对此，李君建议针对网络直播领域出台专项立法，规范整治网络直播领域内容，对审查、举报属实的网络直播平台实行退出机制，对违法主播实行封杀机制，构成犯罪的要承担刑事责任，提高其违法违规成本，明确平台鼓励或放任同样构成犯罪。

直播打赏作为主播收入的"大头"之一，李君建议要进行严格限制，除了要对用户每次、每日、每月最高打赏金额进行限制外，还应严格控制直播平台打赏分成比例，从根源上解决平台的利益驱动。

资料来源：赵晨熙."虚假剧本"引流量　直播带货藏套路.法治日报，2024-04-02.

思考：

1. 案例中提到的直播营销套路是否合法合规？有这种行为的商家触犯了哪些法律法规，侵害了消费者的哪些权益？

2. 在直播营销的过程中，作为一名直播从业人员应当遵守什么原则，应当如何正确开展直播？

素养园地

中消协：多点诚意、少点套路　直播带货应回归商品交易本质

福利活动机制愈加复杂、主播与品牌互拼"最低价"、以"秒杀"诱导冲动消费……"双十一"期间，人民网"人民投诉"平台收到大量的相关网友投诉。一些因消费"套路"引发的热点事件，不仅令广大消费者反感，也严重损害了行业的整体形象。

针对直播带货行业发展中暴露出的种种问题，近日，中消协相关负责人接受人民网独家采访表示，"双十一"已成为社会性的购物节日，与此同时，平台、直播间、电商等各类经营者"套路"越来越多。他指出，相关经营者应当深刻把握消费者权益保护和行业发展两个维度，强化规范，推动产业健康发展。

直播带货仅靠"低价"难持久　可持续性依然在产品本身

"自直播成为电商的主要销售渠道之后，直播间内就存在着商家自播和头部主播竞争的问题。"中消协相关负责人表示。

他向人民网介绍，目前商家常见的做法是，将一款产品邀请头部主播带货，给头部主播最优惠的价格，让产品获得更多的曝光量。商家自播更多是承担售前客服的作用，保持和头部主播同样的价格，同时上架的节奏。

"品牌方与主播之间最大的矛盾体现在，主播希望维护直播间的价格门槛优势，这也是其直播的流量密码来源和核心竞争力。但品牌方又不希望商品的定价权掌握在主播手里，无论是基于品牌调性还是价格维护体系，他们都不愿意在价格上多做让步。"这位负责人称。

他分析说，在一定程度上，用户在直播间消费时，对价格的关注程度超越了品牌（产品）本身。但如果直播带货仅靠"低价"是很难持久的，直播带货的可持续性依然在商家、品牌、产品本身，产品好了才能获得渠道的依赖、用户的信赖。

回归商品交易本质　各方经营者应加强诚意、减少套路

针对网友反应普遍的"双十一"促销活动机制复杂，以及"最低价"套路等情况，中消协相关负责人则强调，"要回归商品交易本质。"

"商业的本质是共赢。业态模式、促销方式再多，也不能脱离商品交易的本质属性。"该负责人指出，直播营销模式中，平台、直播间、电商各方经营者要深刻认识到，过度用"低价"为销售噱头、强调吸粉打造"顶尖流量"代替商品交易本身，终究会翻车。

中消协建议，经营者要理清发展思路，加强诚意、减少套路，在与消费者沟通和商品选择等方面下工夫，不断为消费者提供多样化、高品质的商品和服务，不断满足消费者

在商品和服务种类、品质、价格等方面的需求，提升消费体验，以消费者需求牵引自身成长，推动主播、各方经营者与消费者形成普惠、共赢、可持续的发展模式，进而达到提振消费，促进经济发展的目的。

谈及应如何充分保护消费者的合法权益时，中消协相关负责人表示，直播带货等新业态中，各类经营者内部关系交织复杂，但这并非对抗消费者权益的理由。作为企业，要夯实主体责任，对消费者更具责任感。经营者要树立依法合规诚信经营意识，明确自身的角色定位，真诚接受政府与社会监督，汲取经验教训，提高合规化水平。

对于带货主播来说，因其具有网红属性，对追随者有很强的黏性。这种黏性不仅带来消费集聚，也存在精神文化的联结。中消协建议带货主播要加强自身规范，突出正面作用，坚决杜绝搏出位、炒作跟风等不良行为。在道德品行上，要守住道德底线，处理好义利关系，传递正确的人生观、世界观、价值观；在能力建设上，要承担更多的社会责任，严肃考虑直播的社会效果，提高品位，培育高尚的职业操守，树立良好的社会形象。

将监管向事前和事中转移　切实增强实效性和震慑力

就如何规范发展直播电商行业这一问题，中消协有关负责人向人民网介绍，目前，我国已有《民法典》《电子商务法》《个人信息保护法》《数据安全法》《网络安全法等》等数字经济基础性法律。国家市场监督管理总局、国家发展改革委、商务部等部门也出台了部门规章，对商家行为作出引导和规范。为保证这些法律法规真正落地执行，还需要根据直播带货行业特点出台相应的细化规范，增强可操作性，减少法律法规适用中的争议与分歧。

他举例说，应明确什么情况下主播承担代言人、销售者或者经营者的责任；短视频平台是不是应该承担电商法里电子商务平台经营者的责任等。

这位负责人同时建议，相关政府职能部门要明确责任、加强监管，一旦发现违法违规或损害消费者合法权益的问题，要坚决依法严厉查处并公开曝光，切实增强监管的实效性和震慑力。同时，要转变监管理念和方向，将事后监管不断向事前和事中转移和加强，利用先进的网络技术手段，及时、准确发现问题，督促平台、商家、主播等进行整改。

资料来源：杨迪，乔业琼.中消协：多点诚意、少点套路　直播带货应回归商品交易本质.人民网.

素养点拨：

在党的二十大报告中，关于社会信用和诚信建设的战略部署的内容主要有：构建高水平社会主义市场经济体制，完善产权保护、市场准入、公平竞争、社会信用等市场经济基础制度，优化营商环境。提及社会信用，一方面说明社会信用对市场经济体制很重要，是基础之一；另一方面说明社会信用对构建新发展格局、推进高质量发展的重要性。

项目四

打造电商主播

情境介绍

　　王新学习了直播营销策略，了解了直播营销策略相关的知识，学会了对不同直播消费群体进行分析，但是他对如何打造合格的电商主播还不是很清楚。为了尽快掌握打造合格电商主播的专业知识和技巧，王新决定先学习相关的法律法规，再结合互联网营销师职业标准进行主播形象的设计。

学习目标

知识目标

1. 掌握主播的行为规范。

2. 掌握主播的职业标准。

3. 掌握主播的职业素养。

4. 掌握主播的形象设计。

技能目标

能够运用所学知识设计主播形象。

素养目标

1. 培养学生的法律意识。

2. 培养学生的团队合作精神。

任务一 ▶ 主播的行为规范

任务导入

工作室老师给王新布置的新任务是了解作为一名电商带货主播应当遵守的行为规范，以及作为直播从业人员应该遵守的职业标准。为了完成老师布置的任务，王新给自己制定了学习单（见表4-1），从而能更好地学习直播相关法律法规。

表 4-1　学习单

主要学习内容	关键词
主播的行为规范	《网络主播行为规范》
主播的职业标准	《互联网营销师》
主播的职业素养	人文素养、业务素养、政治素养

一、主播的种类

选择主播，要根据商家的实际情况而定，如人力、物力、财力、店铺的盈利状况、产品的特征等，最后确定适合自己店铺特点的主播。

（一）店长作为主播

很多中小卖家的店长会亲自做主播来推广自己的店铺和商品。因为店长非常了解整个店铺和所售卖的商品的特性，同时，也了解哪些人喜欢这些商品、营销推广应该定位于哪个群体，所以店长自己做主播介绍商品会更加深入、透彻、全面。但是当店铺发展到一定规模后，店长需要做的工作繁多，可能无暇参与直播活动。

（二）客服人员作为主播

店铺的客服人员也可以做主播，将客服人员作为一个团队，长时间轮流直播，更容易获得可观的免费流量，同时他们也可以配合店内的其他活动。但是客服人员做主播也有一定的弊端，例如商家如果对客服人员的培训不到位，商品理念没有清晰地传递给客服人员，那么他们在直播过程中讲解商品的特性时，就容易出现偏差，难以达到理想的直播效果。

（三）专业团队作为主播

专业团队拥有专业的道具，如灯光摄像设备、场景等，有专职人员负责直播规划，时间也比较稳定。

主播标配团队＝主播＋运营＋公会＋平台。每个成功的主播背后都有一个优秀的运营团队。他们会在主播直播的整个过程中，安排主播说什么样的话、演绎什么样的剧情、拿什么道具、给哪些产品做活动，以保证整个直播过程的顺利进行。

运营人员在新主播开播前都会对主播进行培训，沟通直播技巧；主播开播后，运营人员要作为"访客"与主播聊天、给主播刷礼物，来活跃直播间气氛；等直播一段时间后，运营人员要帮主播去申请平台推荐位；主播下播后，运营人员要帮主播总结直播中出现的问题，提出解决方案；等主播有一些粉丝量时，运营人员还要帮助主播去维护粉丝。

二、网络主播的行为规范

（一）《网络主播行为规范》

为了进一步加强网络主播职业道德建设，规范从业行为，强化社会责任，树立良好形象，共同营造积极向上、健康有序、和谐清朗的网络空间，2022年6月22日，国家广播电视总局、文化和旅游部联合印发《网络主播行为规范》（以下简称《规范》）。

1. 在直播理念及内容方面

《规范》要求：网络主播应当坚持正确政治方向、舆论导向和价值取向，树立正确的世界观、人生观、价值观，积极践行社会主义核心价值观，崇尚社会公德、恪守职业道德、修养个人品德。网络主播应当坚持以人民为中心的创作导向，传播的网络表演、视听节目内容应当反映时代新气象、讴歌人民新创造，弘扬中华优秀传统文化，传播正能量，展现真善美，满足人民群众美好生活新需要；应当坚持健康的格调品位，自觉摒弃低俗、庸俗、媚俗等低级趣味，自觉反对流量至上、畸形审美、"饭圈"乱象、拜金主义等不良现象；应引导用户文明互动、理性表达、合理消费；应保持良好声屏形象，表演、服饰、妆容、语言、行为、肢体动作及画面展示等要符合大众审美情趣和欣赏习惯等。

2. 在直播技能方面

《规范》要求网络主播应当自觉加强学习，掌握从事主播工作所必需的知识和技能。实践中，部分网络主播自称是养生达人、法律专家、教育学者、理财大师，为了吸引流量与关注故意剑走偏锋，通过网络直播讲述的内容不仅不专业，反而涉嫌传播有违科学常识的内容。就此，《规范》要求从事医疗卫生、财经金融、法律、教育等需要较高专业水平直播的网络主播，主动向直播平台进行执业资质报备，直播平台需核实网络主播的身份，保证主播"持证上岗"。

3. 在直播纳税方面

《规范》要求网络主播应当如实申报收入，依法履行纳税义务。2021年9月18日，国家税务总局办公厅发布通知，加强文娱领域从业人员税收管理，指出要定期开展对明星艺人、网络主播的"双随机、一公开"税收检查，加大对文娱领域偷逃税典型案件查处震慑和曝光力度。自该通知发布以来，已有多名网络主播因偷逃税款被税务机关追缴并处罚款。

（二）《网络主播行为规范》禁止的行为

网络主播在提供网络表演及视听节目服务过程中不得出现的行为，如表4-2所示。

表4-2　网络主播在提供网络表演及视听节目服务过程中不得出现的行为

序号	具体行为
1	发布违反宪法所确定的基本原则及违反国家法律法规的内容。
2	发布颠覆国家政权，危害国家统一、主权和领土完整，危害国家安全，泄露国家秘密，损害国家尊严、荣誉和利益的内容。
3	发布削弱、歪曲、否定中国共产党的领导、社会主义制度和改革开放的内容。
4	发布诋毁民族优秀文化传统，煽动民族仇恨、民族歧视，歪曲民族历史或者民族历史人物，伤害民族感情、破坏民族团结，或者侵害民族风俗、习惯的内容。
5	违反国家宗教政策，在非宗教场所开展宗教活动，宣扬宗教极端主义、邪教等内容。
6	恶搞、诋毁、歪曲或者以不当方式展现中华优秀传统文化、革命文化、社会主义先进文化。
7	恶搞、歪曲、丑化、亵渎、否定英雄烈士和模范人物的事迹和精神。

续表

序号	具体行为
8	使用换脸等深度伪造技术对党和国家领导人、英雄烈士、党史、历史等进行伪造、篡改。
9	损害人民军队、警察、法官等特定职业、群体的公众形象。
10	宣扬基于种族、国籍、地域、性别、职业、身心缺陷等理由的歧视。
11	宣扬淫秽、赌博、吸毒，渲染暴力、血腥、恐怖、传销、诈骗，教唆犯罪或者传授犯罪方法，暴露侦查手段，展示枪支、管制刀具。
12	编造、故意传播虚假恐怖信息、虚假险情、疫情、灾情、警情，扰乱社会治安和公共秩序，破坏社会稳定。
13	展现过度的惊悚恐怖、生理痛苦、精神歇斯底里，造成强烈感官、精神刺激并可致人身心不适的画面、台词、音乐及音效等。
14	侮辱、诽谤他人或者散布他人隐私，侵害他人合法权益。
15	未经授权使用他人拥有著作权的作品。
16	对社会热点和敏感问题进行炒作或者蓄意制造舆论"热点"。
17	炒作绯闻、丑闻、劣迹，传播格调低下的内容，宣扬违背社会主义核心价值观、违反公序良俗的内容。
18	服饰妆容、语言行为、直播间布景等展现带有性暗示、性挑逗的内容。
19	介绍或者展示自杀、自残、暴力血腥、高危动作和其他易引发未成年人模仿的危险行为，表现吸烟、酗酒等诱导未成年人不良嗜好的内容。
20	利用未成年人或未成年人角色进行非广告类的商业宣传、表演或作为噱头获取商业或不正当利益，指引错误价值观、人生观和道德观的内容。
21	宣扬封建迷信文化习俗和思想、违反科学常识等内容。
22	破坏生态环境，展示虐待动物，捕杀、食用国家保护类动物等内容。
23	浪费粮食，展示假吃、催吐、暴饮暴食等，或其他易造成不良饮食消费、食物浪费示范的内容。
24	引导用户低俗互动，组织煽动粉丝互撕谩骂、拉踩引战、造谣攻击，实施网络暴力。
25	营销假冒伪劣、侵犯知识产权或不符合保障人身、财产安全要求的商品，虚构或者篡改交易、关注度、浏览量、点赞量等数据流量造假。
26	夸张宣传误导消费者，通过虚假承诺诱骗消费者，使用绝对化用语，未经许可直播销售专营、专卖物品等违反广告相关法律法规的。
27	通过"弹幕"、直播间名称、公告、语音等传播虚假、骚扰广告。
28	通过有组织炒作、雇佣水军刷礼物、宣传"刷礼物抽奖"等手段，暗示、诱惑、鼓励用户大额"打赏"，引诱未成年用户"打赏"或以虚假身份信息"打赏"。
29	在涉及国家安全、公共安全，影响社会正常生产、生活秩序，影响他人正常生活、侵犯他人隐私等场所和其他法律法规禁止的场所拍摄或播出。
30	展示或炒作大量奢侈品、珠宝、纸币等资产，展示无节制奢靡生活，贬低低收入群体的炫富行为。
31	法律法规禁止的以及其他对网络表演、网络视听生态造成不良影响的行为。

三、网络主播的职业标准

随着互联网的快速发展，电商主播涉及庞大的社会群体、创造了大量就业岗位。当前，人力资源和社会保障部已把互联网营销师列为新兴职业，明确了其职业标准、职业准入门槛。中国就业培训技术指导中心在 2020 年 5 月 11 日发布《关于对拟发布新职业信息进行公示的公告》，拟新增 10 个新职业，其中就包括"互联网营销师"。互联网营销师指在数字化信息平台上，运用网络的交互性与传播公信力，对企业产品进行多平台营销推广的人员。"互联网营销师"职业下增设"直播销售员"工种，带货直播成为正式工种。人力资源和社会保障部预测，到 2025 年，新职业"互联网营销师"的人才需求缺口可达4 000 万人。互联网营销师的主要工作任务，如表 4-3 所示。

表 4-3 互联网营销师的主要工作任务

主要工作任务	所需掌握程度（五颗☆）
研究数字化平台的用户定位和运营方式。	☆
接受企业委托，对企业资质和产品质量等信息进行审核。	☆☆
选定相关产品，设计策划营销方案，制定佣金结算方式。	☆☆☆
搭建数字化营销场景，通过直播或短视频等形式对产品进行多平台营销推广。	☆☆☆☆
提升自身传播影响力，加强用户群体活跃度，促进产品从关注到购买的转化率。	☆☆☆☆☆
签订销售订单，结算销售货款。	☆
协调销售产品的售后服务。	☆
采集分析销售数据，对企业或产品提出优化性建议。	☆

2021 年 11 月 25 日，人力资源和社会保障部办公厅、中央网信办秘书局、国家广播电视总局办公厅颁布了《互联网营销师国家职业技能标准》。该标准分为三部分内容：第一部分是职业概况；第二部分是基本要求，其中包括了职业道德和基础知识；第三部分是工作要求，详细地按照不同级别和四个职业方向（选品员、直播销售员、视频创推员和平台管理员）制定了工作要求。

四、网络主播的职业素养

网络直播行业的发展，为社会经济尤其是互联网经济带来了媒介变革的新载体和新形态，正在形成独特的直播文化。凭借便捷、直观、真实、互动性强等优势，网络直播大大拓展了文化艺术传播边界。直播的"所见即所得"，能够帮助消费者建立对产品品质直观的信任感；同时，直播把单向购买变成双向互动，交流更有温度和趣味性，更多普通人走到创作、生产和传播前沿，给互联网经济发展带来新机遇。

综合职业技能标准和主播发展需要，将主播的职业素养分为政治素养、业务素养和人文素养三个方面。

（一）政治素养

2020年1月1日起，由国家互联网信息办公室、文化和旅游部、国家广播电视总局联合颁布的《网络音视频信息服务管理规定》（国信办通字〔2019〕3号）（以下简称《规定》）正式施行。《规定》要求网络音视频信息服务提供者（平台）落实信息内容安全管理主体责任，对网络音视频信息服务使用者（包括网络主播）加强管理。同时强调网络音视频信息服务使用者应当遵纪守法，提高政治意识和职业素养。

2021年发布的《互联网营销师国家职业技能标准（2021年版）》规定互联网营销师的职业守则为：

（1）遵纪守法，诚实守信。

（2）恪尽职守，勇于创新。

（3）钻研业务，团队协作。

（4）严控质量，服务热情。

（二）业务素养

从《互联网营销师国家职业技能标准（2021年版）》中的工作要求可以看出互联网营销师的工作岗位包括直播销售员、选品员、视频创推员和平台管理员四个方向。主播是一场直播中最核心的岗位，这个岗位所需要具备的业务素养需要兼顾全面。主播在直播准备阶段需要配合团队完成选品、直播脚本创作、直播预热等工作，在直播中需要做好商品介绍和引导消费工作，在直播后还需要做好直播复盘和售后工作等。因此对于主播而言，必须具备以下几种能力。

1. 造型能力

主播的造型能力主要表现在对于自身的着装、妆容有一定的修饰能力。主播的形象应该符合大众审美。

在发型方面，主播应该根据直播带货的内容，自身的脸型、性格、职业气质、特长选择不同的发型，做到干净整洁，自然美与修饰美相结合。

在化妆方面，主播应尽量做到带妆直播，妆容应以清新自然为主，不浓妆艳抹。主播如果戴眼镜要注意眼镜片是否会反光，最好佩戴隐形眼镜。

在着装方面，主播要做到干净整洁，与直播产品及直播间的风格一致，做到人货场协调，切忌穿着暴露的衣服。

总之，主播应当具备较强的造型能力，且在造型设计中一定要严格遵守国家法律法规和平台的规则，切勿对直播造成不良影响。

2. 应变能力

主播的应变能力主要表现在直播过程中对突发情况的处理能力。主播在直播间需要直面几千甚至几万的粉丝，与粉丝进行实时的互动和沟通，直播间会出现各种突发情况，这对主播的应变能力、心理素质等都是一种考验。直播间的粉丝不是固定的，他们时走时进，因此主播对于粉丝提出的重复性的问题要有足够的耐心去解答。直播间中不乏一些"黑粉"，遇到恶意带节奏、破坏直播进程的"黑粉"，主播应当与运营及直播场控配合处理，保证直播顺利进行。

3. 营销能力

主播的营销能力表现在能够在直播间营造放松、欢乐的氛围，主播幽默善于营造气氛，粉丝也能够愉快购物、开心消费。好的主播应该对产品所在行业有深入的了解，比如服装行业的主播，应对衣服的材质、风格、流行趋势、穿搭技巧有一定的研究；美妆行业的主播，应对护肤品的成分有一定了解；掌握护肤知识、化妆技巧、彩妆搭配等。主播还必须了解直播产品的卖点、优势和利益点，因为专业度决定了粉丝对主播的信任度。

4. 选品能力

主播的选品能力表现在应当清楚地知道什么样的商品可以进直播间销售，什么样的商品不适合，怎样搭配商品才能达到好的直播效果，这就是主播的选品能力。

5. 思维能力

构建直播思维的第一步是摒弃观众思维。主播构建完整的直播思维可以从以下四个方面进行：

（1）培养行业认知：既然选择直播，就要深入了解直播行业，找准行业发展方向和趋势。

（2）熟悉直播流程：作为直播间的核心人员，主播对直播流程的了解和把控必须到位。

（3）树立直播思维：要树立直播思维，搭建直播框架，掌握直播前、中、后期的工作内容。

（4）注重团队协调：了解直播运营中团队成员该如何搭配，了解每一个岗位的工作内容。

◉ **任务实施** ▌▌

通过学习，王新已经对主播的行为规范有了一定的了解。为了加深认识，工作室老师给王新布置了一个任务，让他结合所学知识，完成以下案例分析：

2022 年 6 月 22 日，国家广播电视总局、文化和旅游部联合发布《网络主播行为规范》（以下简称《规范》），明确了网络主播在提供网络表演及视听节目服务过程中不得出现的 31 种行为。对此，国家广播电视总局人事司负责人答记者问时曾表示，《规范》中的"网络主播"是指通过互联网提供网络表演、视听节目服务的主播人员，包括在网络平台直播、与用户进行实时交流互动、以上传音视频节目形式发声出镜等人员。针对网络主播从业行为中存在的突出问题，《规范》明确了网络主播在提供网络表演和视听节目服务过程中应当遵守的行为规范和要求，并强调对于需要较高专业水平（如医疗卫生、财经金融、法律、教育）的直播内容，主播应取得相应执业资质，并向直播平台进行执业资质报备，直播平台应对主播进行资质审核及备案。

"《规范》对需要较高专业水平的直播内容提出了明确要求。"中国政法大学传播法研究中心副主任表示，此前的确存在自称是医生、律师、教育专家的网络主播，讲述的内容不仅不专业，甚至还存在传播有违科学常识的内容。对此，直播平台需核实网络主播的身份，保证主播要"持证上岗"。

《规范》列出了网络主播在提供网络表演和视听节目服务过程中不得出现的行为，为网络主播从业行为划定了底线和红线：包括不得发布违反宪法所确定的基本原则及违反国家法律法规的内容；不得蓄意炒作社会热点和敏感问题；不得炒作绯闻、丑闻、劣迹，传播格调低下、违背社会主义核心价值观、违反公序良俗的内容；不得引导用户低俗互动，组织煽动粉丝互撕谩骂、拉踩引战、造谣攻击，实施网络暴力；不得通过有组织炒作、雇水军刷礼物等手段，暗示、诱惑、鼓励用户大额"打赏"。

就本次出台的《规定》，国家广播电视总局人事司负责人答记者问时表示，对问题性质严重、多次出现问题且屡教不改的网络主播，应当封禁账号，将相关网络主播纳入"黑名单"或"警示名单"，不允许以更换账号或更换平台等方式再度开播。对构成犯罪的网络主播，依法追究刑事责任。对违法失德艺人不得提供公开进行文艺表演、发声出镜机会，防止其转移阵地复出。有关行业协会对违法违规、失德失范、造成恶劣社会影响的网络主播要定期公布曝光。

此外，结合当前新技术发展，《规范》还将利用人工智能技术合成的虚拟主播列入了参照执行的范围。

案例思考：

（1）为进一步规范网络主播从业行为，加强职业道德建设，促进行业健康有序发展，主播除了以《网络主播行为规范》作为行为指引，还需要具备哪些职业素养？

（2）主播应该如何挖掘自身发展潜力，提高职业素养？

任务描述：请结合所学知识，完成以下案例分析。

王女士观看直播时，主播小李宣称所售锅具为法国原装进口，材质为铸铁珐琅，王女士选择并购买。收货后王女士发现锅具是在东南亚生产制造的，且材质是仿珐琅。

思考：

（1）王女士应如何维权？

（2）案例中的主播违反了《网络主播行为规范》中的哪一条规定？

任务评价表，见表4-4。

表4-4　任务评价表

评价内容	分值	评价		
		自评	小组评价	教师评价
从案例的违法违规情况分析	40			
从主播小李的行为分析	40			
综合分析	20			
合计	100			

任务二 ▶ 主播的形象设计

任务导入

王新对主播的行为规范已经有所了解，接下来，工作室老师给王新布置的任务是打造合适的主播形象，包括主播的人设打造、主播的形象设计等。为了更好地完成任务，王新制定了学习单（见表4-5）。

表4-5　学习单

主要学习内容	关键词
主播的人设打造	人设类型、人设要点
主播的形象设计	主播人设、化妆技巧、穿搭技巧

网络直播时代，从品牌商到地方经销商，从明星高管到乡镇领导，甚至是草根、素人，都积极投身直播带货。在众多的主播，想要让用户记住并熟悉你，最有效的方法就是打造属于你的、恰当的人设，并做好形象设计。

一、主播的人设打造

（一）认识主播人设

在直播间，主播是核心竞争力之一。专业、靠谱、能带货、有人设的主播更容易在市场中"突围"。弱人设主播，在直播间就只是单纯地介绍产品，此时卖货靠的是低价，爆单看的是缘分，很难保证有稳定的销售额。除此之外，弱人设主播很难维持高在线人数；直播间在线人数、互动率、转粉率、UV价值都偏低。强人设主播的粉丝黏性很强，粉丝每天定时蹲守开播，开播流量也会很高。强人设主播不用靠低客单价的产品来吸引用户，甚至可以卖高客单价的产品，而且粉丝的复购频率高。

（二）常见主播人设类型

1. 最容易与用户建立深层情感认同的人设——励志型人设

励志型人设堪称主播人设界中的"共情"之王，主播的情感故事吸引着有着相同经历的用户，或同情、或敬佩、或羡慕的情绪成为粉丝与主播之间的情感纽带。例如，主播亲切地称呼粉丝为"家人"，就是在强化和巩固情感关系。

2. 最具有引领性的人设——专业型人设

打造专业型人设的核心就是产品背书和用户赋能。"某名校化妆品科学与技术专业博士带你从成分深入了解护肤品""某农业大学毕业的研究生向你介绍产品的营养成分和保健效果"，这类主播的专家身份令产品更可信，专业技能让用户更受益。专业型人设打消了用户的消费顾虑，尤其对于高客单价商品、专业类商品、食品类商品来说，这种人设具有天然的引领性。

3. 最具有信任价值的人设——性价比型人设

买卖商品是直播卖货的根本。无论是面对冲动型消费，还是谨慎型消费者，最终都要

回归到交易的本质，即如何快速准确直击用户的消费痛点，匹配用户需求。比如，护肤品主播从价格、品牌、肤质等多个角度向用户推荐产品。这类人设的带货能力强，他们帮助用户缩短消费决策时间，信任形成后，用户会放心地跟随推荐购买。

二、 主播形象设计的要素

掌握了主播形象设计的要素，就等于掌握了形象设计的艺术原理，也就等于找到了开启形象设计大门的钥匙。主播形象设计的要素包括：体型、发型、化妆、服装款式、配饰、个性设计等。

（一）体型

体型是形象设计诸要素中非常重要的一点。完美的体型固然要靠先天的遗传，但后天的塑造也是相当重要的，可以通过合理饮食、锻炼等方法保持良好的体型。不同的产品品类和直播类型对主播的体型要求也不相同。例如，服装类商品对主播的体型要求相对较高。

（二）发型

发型的式样和风格能体现人物的性格及精神面貌，还能修饰脸型，扬长避短。市面上的美发工具种类非常丰富，如垫发片、烫发棒、发际线粉、假发等，它们为镜头前的主播塑造多变的发型提供了帮助。

（三）化妆

化妆是传统、简便的美容手段，随着化妆用品的不断更新，化妆有了更多的内涵。"淡妆浓抹总相宜"，淡妆高雅、随意，彩妆艳丽、浓重。施以不同的化妆，与服饰、发式和谐统一，能更好地展示自我、表现自我。化妆在形象设计中起着画龙点睛的作用。主播为了能更加上镜，必须要有一个美丽的妆容。

（四）服装款式

服装造型在人物形象中占据着很大的视觉空间，因此，也是主播形象设计中的重头戏。服装款式不仅能体现主播的年龄、性格等特征，也能充分展示产品和企业形象的特征，应充分考虑视觉与人所产生的心理反应选择服装款式、颜色、材质。

（五）配饰

配饰能充分体现主播的穿着品位和艺术修养。配饰的种类很多，颈饰、头饰、手饰、胸饰、帽子、包袋等都是人们在穿着服装时最常用的。每一类配饰所选择的材质和色泽不同，设计出的造型也不相同，它们能恰到好处地点缀服饰和人物的整体造型。它能使灰暗变得亮丽，为平淡增添韵味。

（六）个性设计

在对主播进行全方位包装设计时，要考虑一个重要的因素，即突出个性。回眸一瞥，开口一笑、站与坐、行与跑都会流露出主播的个性特点，只有当"形"与"神"达到和谐时，才能创造一个自然得体的新形象。

三、主播形象设计的原则

（一）自然和谐的原则

自然和谐的美是最吸引人的，没有自然和谐的美是不真实的美。将主播自身的各方面条件，如年龄、性别、身高、脸型、体型、肤色、个性特征、气质等与直播的产品或类型相结合，通过化妆、服装搭配、配饰点睛实现和谐、自然的整体形象美。

（二）TPO 原则

（1）T，即 Time，指时间、时期、时令等，具体是指在形象设计要有时代感，例如，在节日期间，主播的外形设计要贴合节日气氛。

（2）P，即 Place，指地域、场合、场所位置，本处指直播间。直播间的风格有可爱、高级、小清新等，主播形象要符合直播间风格。比如，直播间是可爱风格，那么主播就要有可爱的妆容、可爱的发型和服饰。

（3）O，即 Object，指目的、目标、对象等。本处主要是指主播的形象要跟着产品和品牌形象走。如果某个品牌的产品走可爱风，那么主播的形象就要可爱；如果某个品牌的产品走知性风，那么主播的形象为白领较好。

（三）个性的原则

人的容貌、形体是千差万别的；人的性格与气质也是多种多样的。有的文雅、沉静、内向；有的活泼、开朗、豪爽；有的严肃、庄重；有的诙谐、幽默；有的朴实憨厚；有的精干灵巧……不同的性格、不同的气质、不同的文化修养等有着不同的整体形象，而主播的形象设计应该展示出多种多样的个性，切忌千篇一律。美不应千篇一律，美是具有个性特征的。没有个性的形象设计是缺乏活力的，具有个性的形象设计，才是完整意义上的形象设计。

（四）衣着形象不应违反社会公序良俗

2019 年 1 月 28 日，湖北省标准化学会、武汉市软件行业协会和武汉斗鱼网络科技有限公司，联合发布了《网络直播主播管理规范》，这是中国直播行业发展正式出台并实施的首批网络直播团体标准。其中，明确要求女主播穿着不应过于暴露，主播不得穿着情趣制服、情趣内衣、透视装等，不得内衣外穿；不得穿着包含国家法律法规禁止出现的文字及图案信息的服装等。

四、主播的化妆技巧

主播妆容是指通过专业装扮、修饰形成的一种在直播或录播过程中的外在形态表现。精致的妆容可以展现出主播的个人魅力，更能加深粉丝对主播的印象，从而收获人气，打造个人品牌形象。

（一）塑造主播妆容的重要性

俗话说："人靠衣装马靠鞍"。对于主播来说，着装和直播间的氛围固然重要，但主播本身展示出来的外在形象更加关键。在直播过程中，主播的脸部形象占据了屏幕的 1/3 以上，对粉丝看直播的观感具有决定性作用。

（二）主播妆容的分类

主播妆容分为淡妆和浓妆。淡妆即淡雅的妆饰，全脸仅强调一两个部位，比较自然端庄，如日常妆、裸妆等。浓妆即艳丽的妆饰，对五官中最有特点的部位加强修饰，呈现出浓烈、抢眼的效果，如烟熏妆、红唇妆等。

（三）主播妆容设计

主播妆容相比起日常妆而言，更倾向于影视剧或平面拍摄的妆容。直播软件大多有滤镜和磨皮功能，妆容很容易被镜头"吃掉"，简单来说就是立体感不够强。因此主播妆容要比日常妆更加注重阴影和高光的使用，打造更加立体的妆容。

大部分的直播软件都自带滤镜和美颜功能，诞生了不少"网红脸"主播。但美颜功能的局限性也非常明显，不利于主播塑造独特的个人形象和展示主播真实的魅力。另外，长时间的直播对主播长效持久的妆容有着更加严格的要求。主播的化妆技巧如表4-6所示。

表4-6 主播的化妆技巧

妆容部分	技巧
粉底	粉底最主要的功能是均匀肤色，使皮肤呈现出干净、清透的状态。在直播过程中，如果主播距离镜头很近，就算有滤镜加持，面部的痘痘、痘印、斑点等瑕疵也会在动态视频下暴露无遗。建议主播至少准备一深一浅两瓶粉底，搭配使用。 （1）深浅两色混合，调出与肤色相近的颜色，并注意脸与脖子的衔接处，尽量色调一致。 （2）浅色粉底涂抹在脸部中间，打造白皙无瑕、自然提亮的效果；深色粉底涂抹于脸部外圈、鼻翼两侧、颧骨、咬肌、下颌线处，使脸部明暗过渡自然。
眼妆	眼影从睫毛根部开始画，按顺序使用最浅打底色、主要过渡色、阴影加深色、珠光提亮色，从下往上颜色越来越淡，并用眼影刷多次晕染边界。 眼影色系选择方面应和直播主题和主播穿着服饰相适应，比如服装主播可以选择大地色系或者绯色系，不要使用颜色过于艳丽的眼影，否则上镜容易显得眼睛浮肿。 眼线部分可使用黑色或棕色的眼线笔勾勒出贴合眼型的线条，一般从内眼角画到外眼角，不宜过粗或过长，可根据实际眼型决定是否延长眼线。
眉毛	虽然眉毛占全脸的比例不高，却能在很大程度上影响一个人的神态和气质。眉型可通过三点定位法来决定：眉头使用眉笔笔杆在鼻翼正上方定点；眉峰在鼻翼与眼球边缘连接延长线上定点；眉尾在鼻翼与眼尾连接延长线上定点。 通常来说，圆脸的眉毛应有起伏弧度，眉峰可以高一点并带有棱角，增加脸部立体感；长形脸的眉毛整体平直，更显大气舒展。
睫毛	涂睫毛膏是让眼睛熠熠生辉必不可少的步骤，先使用睫毛夹从睫毛根部开始夹，使睫毛呈自然向上的弧度。使用睫毛膏之前先用纸巾将多余的膏体蹭掉，防止膏体过多将睫毛刷成"苍蝇腿"。睫毛刷以"Z"字形从睫毛根部慢慢向上刷，使睫毛变得浓密卷翘。下睫毛同样，使用细小的刷头防止弄脏底妆。
腮红	直播间内明亮的灯光显得主播肤色白皙的同时也容易显得没气色，这时就需要用腮红修饰。此外，腮红也能起到修饰脸型的作用。 颜色：腮红的颜色不宜过重，以柔和淡雅的颜色为主，推荐粉色和橘色。粉色适合皮肤白皙的主播，增添温柔气质；橘色更加百搭，白皮、黄皮都能使用。 画法：用腮红刷取粉后，在颧骨或苹果肌处晕染；在面中轻轻打圈的涂法，可以呈现元气可爱的妆容；将腮红扫在靠近鼻翼处，也是让妆容活泼的小窍门。

续表

妆容部分	技巧
修容	镜头"吃妆"会让主播的五官变得扁平，缺少立体感，这个时候就需要修容发挥作用。修容分为高光和阴影，高光可刷在额头、鼻梁、眉弓骨、眼球突出部分和太阳穴凹陷部分；阴影打在眼窝、鼻梁两侧、颧骨、两腮及嘴唇和下巴间的凹陷部分。虽然直播软件普遍带有瘦脸功能，但在直播过程中，如果有物品挡到人脸，瘦脸效果可能会消失，为了不影响直播效果，修容是必不可少的。
定妆	直播间充足的灯光和长期的直播，会加剧主播脸部的出油情况。出油不仅会在一定程度上溶解化好的彩妆，更会影响妆容整体的精致程度。定妆可以在底妆结束后进行，也可以在彩妆完成后进行，根据主播肤质决定即可。偏油肌肤可用控油型散粉、粉饼定妆，中性偏干肌肤可选择定妆喷雾定妆。
唇妆	口红能帮助主播提升气色和气场，散发自然健康的美。主播如有一个自然的唇形能给观众以饱满、健康的感觉，在化唇妆之前，可以先用唇线笔勾勒唇形。 颜色：口红的颜色不宜过于艳丽，以免抢夺脸部重心，但也不宜过淡。建议口红以红色系为主，无论薄涂、厚涂，都能搭配服饰、映衬肤色。

（四）直播距离对主播妆容的影响

电商类直播主要有服装、美妆、食品、日用品等类目，不同类目的商品的直播距离各有不同。例如，服装类直播重在展示衣服上身的整体效果，用远景展示较多，因此远景的主播妆容应注重面部立体度和整体氛围的塑造，在眉毛、腮红、口红、阴影和高光的部分着重修饰。

相反，食品、美妆、日用品等类目的商品的直播距离较近，主播的面部瑕疵在高清镜头下容易曝光。近景的主播妆容应在做好遮瑕的同时施以轻薄底妆，做到色调淡雅、干净精致，避免出现底妆"假面"、睫毛"苍蝇腿"等情况。

五、 主播的穿搭技巧

（一）主播着装规范

《网络直播主播管理规范》要求，女主播服装不应过透过露，严禁低俗着装；男主播不得衣衫不整、赤裸上身直播；未成年人单独出镜直播，须提供监护人身份证和户口本照片，以及由监护人签署的申请书等。

（二）主播着装选择要领

随着直播行业的爆发式增长，主播类型不断丰富，各路主播争奇斗艳的同时也容易出现粉丝审美疲劳的情况。主播形象造型与个人特色的打造，成为关键的突破口。主播的着装要与直播场景和内容相适应，如何选择合适的服装颜色和款式尤为重要。

1. 颜色选择

主播在选择服装颜色时建议遵循"三原色"原则，即全身服饰的颜色不超过三种。有的主播可能认为颜色堆砌得越多越抢镜，但"抢镜"不代表"上镜"。

（1）同类色搭配。同类色搭配指同一颜色的深与浅、明与暗进行搭配，如褐色配米色，深红配浅红，墨绿配浅绿，深蓝配浅蓝等。同色系搭配更显层次感，也最容易上手。

（2）近似色搭配。近似色搭配指两种比较接近的颜色进行搭配，如红色和粉色、紫色相配；黄色和橙色、橘色相配；蓝色和绿色、紫色相配等。近似色之间最好有一个中间色辅助过渡，使穿搭色彩更有整体性。

（3）撞色搭配。撞色搭配指两种或多种反差大的颜色相搭配，形成视觉冲击的效果，如黄和紫、橙和蓝、红和绿等。出彩的撞色，会让主播脱颖而出，更能吸引观众眼球。主播在选择撞色搭配时，注意选择饱和度偏低的颜色，否则容易喧宾夺主，忽视了直播的真正目的。

2. 款式选择

女主播的服装款式可多元化选择，根据直播场景和直播内容选择得体的打扮。比如在直播间内直播，可选择面料优质、版型较好的款式，如衬衫、连衣裙、棉质 T 恤等；在户外直播，可选择轻便休闲、运动风格的服装。

男主播更要注重衣品，要精心挑选服装的款式和质地，如经典的纯色 T 恤、剪裁得当的衬衫、百搭的牛仔裤或休闲裤等，以营造阳光干净或干练稳重的形象。

3. 风格塑造

直播行业的主播类型有美食主播、美妆主播、游戏主播、新闻主播等。主播不同的穿搭风格带给观众的观感也是不同的。主播不仅代表着自己，更代表了直播间、品牌、产品的形象，在某种程度上相当于代言人。因此，主播的服饰穿搭应与其直播风格相一致，并根据直播内容塑造相应的穿搭风格。以女性为例，常见的主播风格有以下几种：

（1）优雅气质型。这种风格适合长相温婉大气的女生，服装款式应以知性、通勤为主，如小西装、风衣、衬衫、连衣裙、针织衫等，有明显腰线设计的更佳。可选择米色、淡粉、雾蓝、浅紫等颜色，上镜会显得更柔和，提升主播的气质。

（2）青春活力型。这种风格适合个性活泼、长相可爱的女生，衣服款式可选择 T 恤、卫衣、娃娃领衬衫、百褶裙、蓬蓬裙、背带裙等，也可以选择印有卡通图案的上衣。在色系搭配上可选择马卡龙色系等，打造出活泼亮眼的元气少女感。

（3）时尚前卫型。这种风格适合中性风的女生，以彰显个性、拒绝平庸、时尚前卫、标新立异为特点，可选择印有几何图案、动物纹路，并具有个性剪裁的服装。在配色上可选择较为鲜艳的、有视觉冲击力的颜色，或者黑白灰等中性色。走前卫风路线的主播还需要在发型、鞋子、配饰上多下工夫。

（三）主播的穿搭技巧

1. 身形与服饰的搭配

身形与服饰的搭配，如表4-7所示。

表4-7　身形与服饰的搭配

身材	具体搭配
H形身材	H形身材，也称直筒型身材，四肢匀称，肩宽，腰宽和胯宽几乎平齐，腰部曲线不明显。 穿搭技巧：遵循收腰、显高的两大原则，上衣选择收腰款式，下装选择A字下装、阔腿裤等，营造出臀胯的曲线。
苹果形身材	苹果形身材的特点是腰部圆润多肉，但四肢纤细匀称。 穿搭技巧：上装首选大领口、V领、方领等裸露肌肤较多的款式，下装选择收腰或高腰线的设计，可以达到扬长避短的效果，让人的注意力转移到纤细的四肢而不是腰腹上。服装款式尽可能选择简约纯色，繁杂的设计更容易造成视觉膨胀。
梨形身材	梨形身材的特点是臀部和大腿肉集中，肩膀明显比臀围窄，胯部线条明显。 穿搭技巧：遵循"上松下紧"和"上浅下深"的原则，上衣选择合身偏宽松的款式，让偏瘦的上半身更协调；下装选择高腰A字裙、阔腿裤等能够遮住大腿的款式。紧身裤、小脚裤是梨形身材的雷区。
倒三角形身材	倒三角形身材和梨形身材正相反，具有宽肩胯窄，双腿纤细的特点。 穿搭技巧：弱化肩宽：上衣可选择带袖子的款式，特别是七分袖更能修饰手臂；下装挑选A字裙或伞裙，可放大下半身的视觉效果，平衡上下身材比例。

2. 肤色与服饰相配

（1）偏黄肌肤的穿搭技巧。偏黄肌肤的主播可选择与肤色对比度不高的、饱和度较低的颜色的服装，首选暖白色或米白色，既不会让肤色和衣服的颜色对比过于明显，又能保留白色的干净感觉。为什么不建议选择纯白色的衣服呢？纯白色属于冷调，能将光线反射到脸上，容易曝光，出镜效果会大打折扣。还可以选择灰粉、姜黄、蓝色、淡紫等颜色的服装，能中和黄气，更显温柔。

（2）偏白肌肤的穿搭技巧。偏白肌肤的主播选择服饰颜色的范围比较广，既能驾驭浅色调，也能驾驭饱和度高的颜色，可根据直播内容和场景选择相对应的颜色，展示偏白肌肤的优势。

（3）小麦色肌肤的穿搭技巧。小麦色肌肤呈现的是健康美的肤色，宜穿暖色调、弱饱和度的服装，也可穿黑、白、灰、棕等中间色服装，此外，穿酒红色、深蓝色、玫红色等高饱和度颜色的服装也能凸显个性，但尽量不要尝试灰暗的、荧光的颜色。

◉ 任务实施 ▮▮

通过学习，王新已经掌握了主播人设的相关专业知识，他决定列举一些典型人设的主播类型并进行分析（见表4-8）。

表4-8　分析典型人设的主播类型

主播类型	分析
品牌人格化	要想打造企业家类人设，主播在直播间必须要非常具有话语权，用户的问题可以直接解决，包括免单、降价等优惠福利可以直接给到用户。
技能专家类	专家类角色能帮助用户完成消费决策。这类主播会设立资深专家形象，通过分享纯干货知识来建立与用户之间的信任，最终吸引用户消费。
导购促销类	一方面能从价格、品牌、竞品等多个角度说明产品卖点；另一方面能从用户的消费场景、心理需求等角度匹配合适的商品。
网红达人类	要打造网红达人类人设，主播必须既有专业知识又能讲故事段子，既能对产品如数家珍，又有自己独特的消费主张。

▣ 同步训练 ▮▮

任务描述：以四人小组为单位，对组内成员的身型和自身风格进行分析，并给出合理的穿搭建议；在总结课上选出"最上镜穿搭"进行展示。穿搭分析表如表4-9所示。

表4-9　穿搭分析表

项目	组员一	组员二	组员三	组员四
身型分析				
自身风格分析				
穿搭建议				

任务评价表，见表 4-10。

表 4-10　任务评价表

评价内容	分值	评价		
		自评	小组评价	教师评价
对主播穿搭技巧的掌握程度	50			
穿搭任务完成质量	30			
参与活动的态度	20			
合计	100			

项目小结

通过本项目的学习，学生能掌握作为一名直播电商从业人员所必须遵守的规则和具备的素养，能掌握提升主播形象设计的能力，能树立正确的价值取向，能提高美的品格和素养。

考证园地

一、填空题

1. 主播的种类有＿＿＿＿＿＿＿、＿＿＿＿＿＿＿＿、＿＿＿＿＿＿＿＿。

2. 国家出台的关于直播行为规范的文件是＿＿＿＿＿＿＿＿＿＿＿＿＿＿。

3. 主播人设类型有＿＿＿＿＿＿＿＿＿＿＿＿＿＿＿。

二、简答题

1. 主播穿搭中有哪些配色原则？

2. 主播应具备哪些业务能力？

三、操作实践

操作实践表如表 4-11 所示。

表 4-11　操作实践表

任务名称	主播妆容实践
任务目的	熟悉基础的化妆步骤，掌握主播妆容的化妆技巧与方法。
任务内容	组成四人小组，分别按照化妆步骤为自己或组员化妆并拍照记录，由小组长评选出最上镜妆容。
第（　）组	组长：

续表

组员					
任务实操 （每项20分， 共100分）	底妆				
	眼妆				
	腮红				
	眉毛				
	眼线				
总分					

💻 **素养园地** ▍▍

《网络主播行为规范》印发 将给网络直播行业带来哪些变化？

国家广播电视总局、文化和旅游部近期联合印发《网络主播行为规范》。这一规范旨在进一步加强网络主播职业道德建设，规范从业行为，强化社会责任，树立良好形象，共同营造积极向上、健康有序、和谐清朗的网络空间，也将进一步推动网络主播迎来更好的发展前景。

这一规范将给网络直播行业带来哪些变化？网络直播行业是否将因此迎来下一个风口？记者采访了相关主管部门和专家学者。

划定从业红线和底线

一段时间以来，由于网络主播准入门槛低，大量从业者涌入直播平台后，竞争激烈，频频引发诱导打赏、恶意炒作、刻意炫富、低俗表演等不良现象，部分主播甚至罔顾公序良俗，出现违法行为，损害行业发展。

此次发布并实施的《网络主播行为规范》以问题为导向，针对网络主播从业行为中存在的突出问题，规定了网络主播在提供网络表演和网络视听节目服务的过程中应该遵守的行为准则和规范要求，为网络主播从业行为划定了红线和底线，同时也明确了行政主管部门、文化市场综合执法机构、网络平台、经纪机构、行业协会在加强网络主播教育引导、监督管理、违规行为处理等方面的职责。

国家广电总局人事司副司长魏开鹏表示，该规范对于营造清朗网络空间和良好舆论氛围，对于加强网络主播队伍建设，推进网络视听行业高质量发展，具有鲜明的正向意义。

"该规范是广播电视和网络视听领域深化落实文娱领域综合治理工作部署中的一项重要工作，有利于对行业进一步强化政治引领，弘扬主旋律，传播正能量，营造清风正气。"国家广电总局网络视听司副司长张晨晓说。

中国社会科学院研究员冷淞将该规范的核心总结为反三俗、反畸形审美、反拜金奢侈、反侵权、反夸张宣传、反炒作绯闻。

2016年以来，国家广电总局、文旅部、中央网信办、国家市场监管总局、国家税务总局等多部门分别或联合下发了一系列规范网络直播的文件，涉及准入资质、内容合法合规、市场有序竞争、依法纳税、消费者保护、未成年人保护等多个领域，并与行业协会形成了合力，力求构建全流程、全方位的监管体系。对于此次发布的《网络主播行为规范》，中国传媒大学文化产业管理学院法律系主任郑宁认为，"以前我们的监管文件相对比较分散，这是第一次把网络主播所要履行的义务和责任，在一个文件中集中体现，意义重大。"

行业评价体系还需优化

据了解，2016年被称为我国网络直播元年，2020年是电商直播爆发元年。数据显示，目前仅网络表演直播的年产值就高达2 000多亿元，电商直播的产值则高达上万亿元，用户多达6亿多人，"应该说，网络直播对于整个社会经济和人们的精神文化生活影响巨大。"郑宁说。

当前，人社部已把互联网营销师列为新型职业，明确了其职业标准、职业准入门槛。郑宁注意到，网络直播已经悄然成为不少应届毕业生的职业选择，网络主播职业化的路径愈发清晰。

董宇辉是当下热度较高的网络主播之一，这位曾经的新东方英语教师在网络直播间的表现被网友们称为"知识带货"。他说："来到直播行业之后，我一直尝试发挥自己的能力，例如在直播中结合生活经历和文化知识，逐渐形成自己的风格。"

冷凇认为，强魅力、强创意、暖情感可能是未来主播培养的重点，"从因为真漂亮、真便宜下单，到因为有创意、有意思下单，未来可能是因为长见识、可信任而下单。"

但当前行业存在的问题也不容忽视。

一方面，当前主播账号超过1.3亿个，但是从业人员仍然良莠不齐，门槛相对比较低。加强对主播的教育培训，尤其是建立一个长效的培训机制，真正让培训有实效，非常重要。当下，虽然各个平台都在对主播进行培训，但效果还有待进一步评估。"有的直播平台就是弹窗告诉主播有什么政策发布，但他到底看没看、学没学，则没办法跟踪。必须建立一个长效的培训机制，真正把法律政策及时宣导给主播。"郑宁说。

另一方面，当前的评价体系有待进一步优化，"如何建立一个综合评价体系，摒除唯流量论，是一个迫切需要解决的问题。"郑宁说。

加强多中心、多主体监管

北京市广播电视局党组书记、局长王杰群表示，要加强事前事中事后全链条把关，道德品行、文艺水平、社会评价相统一，不能一味追求商业利益，搞流量至上。

业内人士认为，双效统一是网络直播行业监管的首要基本方向和原则。"网络直播是一种特殊的文化产品，既有社会效益也有经济效益，整个行业必须把社会效益放在首位，让社会效益和经济效益相统一。"冷凇说。

郑宁则指出，网络直播行业的监管还应当遵循合作治理的原则。"单靠政府监管是远远不够的，需要多中心、多主体共同参与合作，除了平台、经纪机构外，还需要行业协会、公众投诉举报机制等相配合。"郑宁说。

此外，业内人士还指出，从政府层面来说，如何让相关法律政策具有可预期性，使标准更加明确，程序能够更加正当，能够保障各方参与主体申述申辩、救济方面的权益，包括监管如何更加精细化而不是"一刀切"，都是需要不断探索的。

冷淞认为，在权责明确、监管有力的基础上，网络直播行业未来会在垂直精分方向深入发展，"直播的发展是文化升级、情感共振升级带来的消费升级和共鸣升级，所以未来垂直类的知识课堂、励志大讲堂、个人才艺等，肯定会把整个直播平台带上一个新高度。"冷淞说。

据了解，国家广电总局将进一步指导网络平台、经纪机构等开展好网络主播培训，积极支持申报网络主播为新职业。

资料来源：刘阳.《网络主播行为规范》印发 将给网络直播行业带来哪些变化？. 央广网.

素养点拨：

对网络主播来说，流量很重要，但守规则、守底线更重要。《网络主播行为规范》为广大网络主播敲响了自律警钟，也为网络直播行业长远规范发展提供了"指南针"。作为网络主播，应当始终坚持正向行为规范和要求，厘清直播经济的"流量逻辑"。经得起诱惑、守得住底线，网络主播才能在开放的网络空间里跑得更稳、更远，网络空间才能更加清朗。

开播前的准备工作

📹 情境介绍 ▎▎

在前面的学习中王新已经学会如何打造主播，知晓直播带货中应当遵守的行为规范，但是对于如何开展直播工作，他还是不清楚。为了更好地掌握直播带货的流程，他决定从直播前的准备工作着手，学习如何明确直播目标、如何进行直播选品与排品、如何搭建直播间、如何开展直播预热，以及如何撰写直播脚本。

◎ 学习目标 ▎▎

知识目标

1. 学会制定直播目标。

2. 掌握直播选品与排品策略。

3. 掌握搭建直播间的方法。

4. 学会直播预热海报和视频的制作和发布。

5. 学会撰写整场直播脚本和单品直播脚本。

技能目标

1. 学会直播前准备工作的技能。

2. 把专业技能应用到直播岗位中，具备一定的直播前准备的工作能力。

素养目标

1. 培养学生成为具有社会责任感和社会参与意识、法律意识的高素质技能型人才。

2. 培养学生的集体意识和团队合作精神。

任务导入

近期，工作室老师给王新布置的任务是安排一场推广台灯的直播活动。经过前面的学习，王新已经掌握了一定的直播知识，但对如何选择直播主题，他还不是很了解。王新为自己制定了学习单（见表 5-1），用以梳理所学知识。

表 5-1 学习单

主要学习内容	关键词
如何进行直播主题选择	直播目的、用户需求

知识探究

直播主题的选择要契合产品属性或者符合主播个性，直播主题选择的恰当与否，直接决定了客户是否有兴趣进入直播间观看，也决定了直播能取得什么样的效果。

一、明确直播目标

电商直播已经成为一种热门的营销方式，许多品牌和商家都在积极利用直播间来推广和销售他们的产品。要想在直播间中取得成功并实现营销目标，确保直播间的营销活动能够有效地吸引用户并保持兴趣，制定明确的直播目标至关重要。

（一）电商直播目标的分类

电商直播目标包括品牌推广、提高销量、拓展渠道、降低成本、建立客户信任。

1. 品牌推广

通过直播可以有效地做好品牌推广，可以加强目标用户对品牌的认可。现在许多企业通过与网红达人合作推广产品，从这些大 V 的直播间引流，有效地扩大了知名度。

2. 提高销量

企业通过直播的形式进行产品销售，可以根据不同的用户群体打造不同的爆款产品，通过促销、大额优惠券、限时优惠等活动来吸引更多用户前来购买。

3. 拓展渠道

许多传统企业处于数字化转型的关键期，直播带货门槛较低大部分电商直播平台都有企业自播的流量扶持计划，可帮助企业快速拓展销售渠道。

4. 降低成本

企业做直播不仅可以快速获客，也能通过品牌推广直播来降低营销成本。除了获客之外，直播也适用于培训、活动等场景，可以为企业节省大量的物料成本、宣传成本及时间成本。

5. 建立客户信任

直播是一种实时的互动形式，主播通过分享产品内容或者解答观众的问题，进行深入、多频次的沟通，从而让顾客建立对企业和品牌的信任，并成为忠实客户。

（二）电商直播需遵循 SMART 原则

SMART 原则是一种效率管理模型，也是目标管理原则。SMART 原则由 5 个英文单词的首字母组成，分别是：

Specific，表示目标制定或者绩效考核标准一定是具体的。例如，在直播目标设定时不仅要设定一个目标为"提高销售额"，还要具体追踪"每月提高销售额 10%"，以数据的形式将目标具体化。

Measurable，指目标或者指标是可衡量的。例如，在直播前可设定"每次直播活动获得 3 000 次观看次数"这一可衡量目标，通过观察每次直播后在线观看人数的数值，可以清楚地知道每次直播的观众数量，判断出该目标是否达成，以便进一步调整直播策略，以提高观众参与度。

Attainable，指目标是可达成的。避免目标设置得过高或过低，要根据实际情况而定。例如，给新的直播间设定"一个月内成交 10 万笔订单"的目标是不现实的。直播间起步阶段应以提高品牌知名度和涨粉为主要目标，可以将目标设定为"一个月内增加粉丝数 1 000 名"。

Relevant，指目标应与企业整体发展战略相一致。例如，如果企业战略是扩大线上销售渠道，那么直播间的目标可以是"通过直播活动提高网店流量，并增加线上销售额"。

Time-bound，指目标必须有明确的截止日期。例如，"在未来一个月内，每周至少进行 2 次直播活动"就给了团队明确的时间要求。明确的时间限定可以激励团队及时行动并

有序推进直播间营销计划的执行。

在直播间中制定并实现营销目标需要遵循 SMART 原则，并结合科学依据和实验数据来指导实际操作。只有通过设定清晰的目标，并选择恰当的方法，才能在直播时获得良好的营销效果。

二、确定直播的主题

在直播中，一个恰当的主题往往可以产生良好的直播效果。俗话说，"好的开头是成功的一半。"从某种程度上说，主题选择恰当与否，直接决定了客户是否有兴趣进入直播间观看直播，也决定了直播的效果。

直播主题的选择方法主要有以下几种。

（一）明确直播目的和方向

商家在开展直播活动时，首先要明确直播的目的是什么。是为了推广产品，还是为了提升知名度？如果商家想要提高产品销售量，就应将直播主题指向卖货方向，吸引用户尽快大量购买；如果商家想通过直播提升知名度和品牌影响力，那么直播主题就可以设计得宽泛一些，并且着眼于长远发展。

直播的目的大致可以分为三种类型：短期营销、持久性营销和提升知名度。其中，对于持久性营销而言，其直播目的在于通过直播平台持久卖货，获得比较稳定的用户。所以，直播主题应该具备长远性的特点。

在策划直播主题时，应该从产品自身的特点出发，突出自己的优势，或者在直播过程中就用户需要的一些实用的知识和技巧进行演示。这样一来，用户会对商家产生好感，并可能成为商家的铁杆粉丝。例如，某商家在销售化妆品的直播中，为直播间设定标题是"如何选择适合自己的粉底液？"很多用户看到这个标题就会觉得这场直播应该很实用。这一标题有效地契合了用户的爱美心理，拉近了用户与商家的距离。

（二）切入用户需求

在直播行业，用户决定了直播的效果。没有人气的直播是无法经营并维持下去的。因此，直播主题的策划应以用户为主，从用户角度出发。

具体来说，切入用户需求要注意以下三点：

第一，思考如何从用户角度切入。从用户角度切入，最重要的是了解用户究竟喜欢什么，对什么感兴趣。有些直播用户乐于观看，原因就在于它们抓住了用户的兴趣点。例如，关于潮流和美妆的直播比较受年轻人欢迎，是因为他们对于时尚有着自己独特的追求。"清新夏日，甜美时尚减龄妆""微胖女孩儿的穿搭小技巧"等直播主题都是这类用户所喜爱的。

第二，选择用户喜爱的话题，引起用户情感共鸣。例如，一些"胖"主播专门直播微胖女生的穿搭技巧。在直播中，主播亲自试穿不同款式的服装，教用户如何利用服装搭配技巧来掩盖身材的不完美。用户如果觉得主播试穿的衣服也适合自己，就可以点击相关链接直接购买。除此之外，新鲜资讯、热点话题、猎奇心理等主题也能激发用户的兴趣。

第三，让用户自主投票选择主题。用户自己投票选择主题体现了从用户角度介入直播。直播的一般模式都是主播决定主题，然后直接把内容呈现给用户。如果要迎合用户的喜好，商家就要准备打一场"无准备之仗"。例如，调动用户参与主题投票，主播要随机应变，随时切入用户选择的直播主题。也可以在直播之前投票，比如平台方可以通过微信公众号、微博等社交软件发起投票活动，让用户选择自己喜爱的直播主题。

（三）抓住热点，体现时代性

在飞速发展的网络时代，热点就意味着大量的关注和流量，所以在开展直播营销时，需要及时发现热点并以此展开直播。

如果错过了热点，那么你的直播很可能会过时。网友第一次看到热点事物，会觉得新鲜有趣，第二次看到会觉得平平无奇，第三次甚至更多次看到之后就极有可能产生厌倦情绪。因此，对于市场热点的把握非常重要，应尽量抢占先机。例如，一位服装设计师想要设计出一款引领潮流的服装，那他就要对时尚热点有敏锐的眼光和洞察力。确立直播主题也是如此，一定要时刻注意市场趋势的变化，特别是社会热点。

1. 关注热点

例如，2022年北京冬奥会就是一大热点。商家纷纷抓住这个热点，将自己的产品与冬奥会联系在一起，利用"冬奥会"这一热点推销产品。据《北京日报》消息，2月4日冬奥会开幕当天，冬奥旗舰店的"冰墩墩"单日销售额近300万元，突破新高。网上一秒售罄，在线下门店购买更是需要大排长龙。

热点的特点是关注度高，吸引的眼球足够多，如果率先借势这个热点，那么在信息差的影响之下，你就能比别的主播领先获得红利。

抓住热点做直播，不仅很容易吸粉，主播的品牌也能够通过热点的传播进行最大范围的扩散。

2. 跟住热风向，快速出击

主播作为走在时代前沿的群体，要时刻关注直播的大环境和趋势。当主播判断出一个热点在市场中的影响力时，就需要跟住这个热风向，主动并快速出击。主播一定不能偏离热点营销的主题，应在自身特点的基础上加入热点元素，这样就能完美融入市场，开展拥有更多粉丝的直播。

（四）利用噱头打造直播话题

从直播营销的本质上讲，话题才是信息传播的根本。拥有一个好的话题可以让直播营销事半功倍，因此，如何制造一个好的话题就成为直播营销的根本点。在话题的制造过程中，噱头一直以来都被人们称为"有效的佐料"。

如 2022 年 9 月一场名为"中国品牌新青年，走进认养一头牛"的特别节目在央视网平台进行了直播，生动有趣的直播内容、"黑科技"满满的智能化生产线，不仅让牧场里的一头头奶牛成为"网红"，更以最为直接的方式向消费者完整呈现了"认养一头牛"的高科技、智能化、原生态的标准化生产全过程，以最"沉浸式"的直播体验，与广大年轻消费者构建起真挚的情感共鸣，彰显出民族企业助力乡村振兴的强大力量以及新国货的强大品牌号召力。"认养一头牛"这一品牌以"认养一头牛"为噱头推出了新颖的认养模式，让消费者有机会拥有自己的牛只并享受新鲜牛奶；通过直播形式展示牧场的日常运营和牛奶的生产过程，提高了消费者的信任度；提供个性化的服务，如定制牛奶包装、定期送奶上门等服务满足了消费者的特殊需求；积极建设社群，鼓励消费者分享认养经验和心得，增强了品牌的凝聚力。

⏩ 任务实施 ▌▌

通过对直播主题的选择方法的学习，王新对直播有了更进一步的了解。接下来，针对台灯的直播推广活动，王新准备进行一次主播选择和直播主题选择的实操训练。

第一步：根据商家的实际情况，如人力、物力、店铺的盈利状况、台灯产品的特征等，来确定适合店铺特点的主播。

第二步：分析产品周边，主要是挖掘一些产品的周边信息，根据这些周边信息可以制定不同的直播主题。

第三步：选择一个主题并策划场景，以讲述的形式分享给同学。

"一个卖护眼台灯的店铺，客单价一般在 30 ～ 150 元，从店铺后台的数据可以发现，主要客户为 30 ～ 45 岁的女性，她们的孩子多为 3 ～ 10 岁。父母为了孩子的健康，会选择以护眼功能为主的台灯，他们对护眼、节能、质量、外观的要求决定了其购买行为。具体可以用'一台护眼灯、照亮孩子一生'作为主题进行直播。这类消费群体感兴趣的话题多为怎样教育孩子、怎样更融洽地与同事相处等，对于他们感兴趣的话题，都可以作为直播主题。"

第四步：如果用户对直播主题感兴趣，说明他对你直播的一些产品也比较感兴趣，这个时候他就可能转变为高黏性粉丝。

同步训练

任务描述：为了更好地运用所学知识，请你选择一家卖珠宝饰品的店铺为其策划直播主题。操作指南见表5-2。

表5-2 操作指南

步骤	项目	分析
第一步	选择卖珠宝饰品的店铺	
第二步	确定直播主题	

任务评价表，见表5-3。

表5-3 任务评价表

评价内容	分值	评价		
		自评	小组评价	教师评价
选择的店铺是否合适	35			
直播主题是否恰当且能吸引消费者	65			
合计	100			

任务二 ◉ 完成直播选品与排品

任务导入

在上一个任务中，王新学会了制定直播目标和主题的方法，他将继续学习直播前的选品和排品方法，学习单如表5-4所示。

表5-4 学习单

主要学习内容	关键词
直播选品策略	竞品分析、综合考虑、持续优化
直播排品策略	单品类排品、多品类排品

直播带货作为一种新兴的电商模式，直播选品及直播排品工作对于主播和商家来说至关重要。

一、直播选品

直播选品时需要考虑多种因素，包括商品品质、专业知识和合理价格等。商品品质是流量的基础、主播对产品的专业知识的掌握是粉丝停留的基础、符合用户心理预期的合理价格则是成交的基础。可见，直播选品决定了一场直播的效果。

（一）了解行业、关注同行，做好竞品分析

关注巨量算数或其他媒体、咨询机构的行业趋势报告，了解所处行业整体发展情况，发掘行业机会，预判行业成长空间。以抖音平台为例，商家可以进入抖音电商罗盘—诊断—FACT 榜单，选择自己所属的行业，查看品牌自播排行榜，借鉴优秀商家的直播选品经验，找到对标账号学习。商家还可以在各平台搜索商品名称关键词，按销量排序，看前10名的货品规格、销量和主流价格区间等，分析主推商品的目标人群规模，为直播间选品和定价做参考。

（二）综合考虑、关注数据，确认选品

在确认选品的过程中，一定要结合竞品情况、自身产品特点、销售目标、历史数据来确认引流款、常规款和利润款的商品分布结构，筛选出最适合直播间的产品。在选品过程中要做到以下几点。

1. 选品要与店铺、账号、个人属性相关

每个直播账号都有自己的 IP 属性和细分类目，所在的领域垂直度越高，直播间推送的人群就越精准，直播的转换率和成交率也会越高。因此，在选品的时候一定要注意，选择与店铺、个人账号属性相关的产品。例如，属于农产品领域的店铺在直播中卖美妆产品，那直播效果一定不会太好。

2. 主播要在专业知识范围内选品，并做好测品工作

主播在直播选品时应尽量选择自己专业知识范围内的产品。并且在直播带货前应亲身

尝试或者由专门的测品团队进行测品，这样做不仅能够深入了解产品，还能把自己最真实的体会反馈给用户。用户感受到"真实"才可能下单。

3. 选品应做到"天时、地利、人和"

在直播选品时应当充分调研粉丝们的需求，根据历史的交易数据明确直播间的用户画像，同时结合当下环境、舆论等多方面情景来进行选品。例如，不同季节的主推护肤品不一样，夏季主推的护肤产品应防晒、补水、抗汗，冬季主推的护肤品应滋润、保湿、温和。

4. 选品要考虑高性价比

直播带货的吸引力在于消费者可以足不出户买到高性价比的商品，无论是在快手、抖音、淘宝还是在腾讯直播，爆款商品往往都是高性价比的商品。用户之所以喜欢在直播中购买商品，除了受主播的专业度影响外，更多地受到价格的影响。所以在选品时，要注意选择知名度高、受众面广且性价比高的产品，这样容易打造出爆款商品。

5. 选品要"看数据说话"

优秀的直播间是能够持续健康运转的直播间，优秀的直播间也是客户忠诚度、复购率、口碑等各方面数据指标都较高的直播间。直播团队在选品时，要充分考虑商品成交数据中的复购率指标，尽快多开发一些高复购率的产品。同时做好老客户的维护工作，营造自己的私域流量池，例如建立起企业自身的福利群或者是买家群。

（三）持续优化选品

选品不是一次性的行为，它需要通过不断地直播测试来优化。分析多场直播测试中所选商品的点击率和转化率，依据讲解该款商品时在线人数能否持续稳定上涨、在线观看停留时长是否增加等数据指标来验证选品的准确性，根据测试结果不断优化选品策略，实现流量的高效转化以及打造店铺爆款。

二、直播排品

在完成了直播选品以后，就要进行直播排品。排品策略的不同对直播销售业绩的影响也是巨大的，好的排品策略可以增加用户在直播间的停留时长，提高 GMV 及 UV 价值，从而达到提升直播间权重，沉淀精准粉丝的目的。

（一）直播产品布局分类

直播排品之前要先了解直播间的产品布局。直播产品从布局角度分类一般分为以下三类。

1. 引流款产品

引流款产品也称为福利款产品，它主要起到为直播间引流和增加用户停留时长的作用。引流款产品最好是使用频率高、价格低、用户认知度高、和主利润品相关联的消耗品。例如，卖厨房电器的直播间，可以利用百洁布、洗洁精、清洁球等性价比高、使用频率高的产品来引流。这些产品和直播间的主营类目所吸引的人群的购买标签是一致的，只是购买力不同，高性价比的消耗品可以有效地增加用户停留时长。引流款产品还能起到衔接过品的作用，实现高客单价和低客单价产品之间的转换。引流款产品可以在直播间的实时数据达到峰值后为了促成销售时推出或者在配合直播间活动时推出，以此来增加用户的在线观看时长和拉新涨粉。

2. 主推款产品

主推款产品指直播店铺中具有潜力的产品，它们一般更具可塑性，后期有成为爆款产品的潜力。爆款产品指的是销量爆发式增长，在直播期间或短时间内销售量大幅超出常规水平的产品。爆款产品具有极高的人气和关注度，能迅速吸引大量新用户进入直播间并下单购买，对提升直播间流量和粉丝增长有显著作用。它有很强的传播性，观众会自发地在社交媒体等平台分享该产品，进一步扩大其影响力。爆款产品通常具备较高的性价比或独特的卖点，能带动直播间其他产品的销售，形成连带效应，对整个直播电商的业绩提升起到关键作用。不是每个店铺都拥有爆款产品，但是打造爆款产品是每一个电商企业所追求的目标。

3. 利润款产品

因为在设置引流款产品的时候，为了增加竞争力，商家通常会制定一个很低的价格，所以引流款产品有时候不赚钱甚至亏本。可见，利润款产品才是支撑整场直播间销售额的产品。一场直播间可以设置多款利润款产品，要有节奏地穿插着分批推出。利润款产品一定要保证质量过关、货源充足、有明显的价值感、受到目标客户的喜爱。

（二）直播排品技巧

在产品组品的过程中，低价引流款产品引流，中等价位的主推款产品一般去做转品承接和转化。排品要有关联性，主播的话术才能更好地衔接，以及做产品的塑造。在直播排品时要注意引流款产品和利润款产品应穿插进行，可以采用"引流款产品—利润款产品—引流款产品—利润款产品"交叉排品的方式，用引流款产品拉人气，在人气高时用利润款产品提高销售额。在直播排品时还要掌握单品直播和多品直播的排品技巧。

1. 单品直播排品技巧

利用单品引流款产品把消费者留在直播间内，让他们期待着直播产品开价，再利用爆品促成交易，这就是单品打爆款的技巧。使用这种方法时排品尽量统一品类，价格需合理。

（1）初期大多以福利品为主，通过高性价比的商品获取粉丝信任，引导粉丝加关注、粉丝团，用引流款产品做涨粉前期的预热。

（2）中期可以采用"引流款产品＋利润款产品"搭配的方式，这类组合方式兼顾粉丝留存以及盈利。

（3）成熟期建议多加形象款产品，从而拉高 GMV。形象款产品指一些高品质、高调性、高客单价的极小众产品。形象款产品仅占产品销售中极小部分，目的就是为了提升形象。

2. 多品直播排品技巧

多品直播时，产品之间的关联性最好比较强，价格可以有起伏。多品直播的排品需要做好产品的组合搭配，可以根据产品外观搭配组合，如产品的款式、颜色等因素；也可以根据产品属性搭配组合，如产品的功能、功效等因素，选择最合适的搭配方案进行直播间组品，以达成连带销售的目的。

多品直播带货过程中，产品的过款节奏非常重要，开场或是数据较低时利用引流款产品获取用户停留；爆款产品可以承接流量和冲业绩，在人气稍微高时上架；在上架爆款产品后会获取一波高转化撬动自然流量，这时候可以承接利润款产品售卖。多品直播排品节奏可以参照图 5－1 制定。

图 5－1　多品直播排品节奏

多品直播排品的技巧还有：当直播间流量较高时推出爆款产品或利润款产品，能保证产品被更多的观众看到；主播可以适当拉长讲解时间，反复强调产品的价格或活动，增加商品的转化率；直播间常用 2～6 款爆品冲业绩；企业垂直类直播爆品，通常是带货历史中销量最好的商品；在直播中不要靠主观判断去排品，一切以数据说话。

📽 任务实施 ▮▮

通过对直播选品和排品策略的学习，王新已经掌握了选品和排品的技巧。他决定利用自己所学的知识为某美妆公司进行直播选品并制定排品方案。

某美妆公司产品列表，如表 5-5 所示。

表 5-5　某美妆公司产品列表

品名	进货单价（元）	近 1 个月累计销售量
润唇膏	5	15 000（支）
某知名品牌口红	9	30 000（支）
防晒喷雾	39	5 000（瓶）
防晒冰袖	18	20 000（对）
防晒口罩	2	13 000（只）

排品方案如表 5-6 所示。

表 5-6　排品方案

类别	产品名称	选择原因
引流款	某知名品牌口红、润唇膏	提高流量与曝光度，促进关联销售
主推款	防晒冰袖	提升品牌形象，带动店铺销售
爆款	防晒口罩	带动多品类销售，快速提升品牌知名度
利润款	防晒喷雾	保障盈利，平衡整体利润

同步训练

任务描述：为了更好地运用直播选品和排品的知识，请你结合所学知识分析下列直播间的排品策略。

某直播间商品列表，如图 5-2 所示。

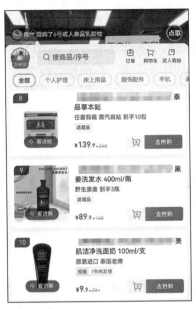

图 5-2　某直播间商品列表

任务评价表，见表 5-7。

表 5-7　任务评价表

评价内容	评价分值	评价		
		小组自评	组间互评	教师评价
直播间选品策略分析	50			
直播间排品策略分析	50			
合计	100			

 任务三 ▶ 撰写直播脚本

▤ **任务导入** ‖

通过学习，王新基本了解和掌握了直播选品和排品的方法。接下来，他计划继续学习直播脚本的分类和撰写方法，学习单如表 5-8 所示。

表 5-8　学习单

主要学习内容	关键词
直播脚本的分类	单品脚本、整场脚本
直播脚本的撰写	流程、方法

　　直播脚本是保证直播高效、有序进行，能达到预期计划的直播方案。清晰、详细、可执行的直播脚本，是直播流畅并取得良好效果的有力保障。在撰写直播脚本之前，需先了解直播脚本的四大核心功能。

一、直播脚本的四大核心功能

（一）明确直播主题

　　一份清晰的直播脚本可以让所有参与直播的工作人员都能清楚本场直播的目的，是回馈粉丝，还是新品上市，或者是大型促销活动。直播脚本还明确了各部门所承担的工作内容，从而让各部门更好地协作，去配合主播完成本场直播。

（二）把控直播节奏

　　一份合格的直播脚本都是具体到分钟的，例如，在脚本中往往会注明开播的时间、预告的时间和时长、产品的上货顺序、每款产品的介绍时长、福利发放的时间，等等。清晰的直播脚本是保证直播能够有条不紊地进行的前提，也是保证直播按照计划和安排执行的保障。

（三）调度直播分工

　　直播脚本除了是对整场直播的节奏和流程的设计，也是一份人员调度分工表，它包括了对主播、助播、运营人员的动作、行为、话术等各方面的建议和指导。例如，直播脚本上会注明每位参与直播的人员的责任，主播负责引导观众、介绍产品、解释活动规则等；助理负责现场互动、回复问题、发送优惠信息等；后台客服负责修改产品价格、与粉丝沟通、转化订单等。

（四）控制直播预算

　　每一场直播都是有预算的，需要直播团队在开播前进行直播成本控制。提前设计好的直播脚本可以做到有效的预算控制，例如，在开播前提前设计好能承受的优惠券面额、福袋礼品、秒杀活动，规划好福利的发放数量和发放频次等，让所有的互动和优惠政策都在可控制的范围内。

直播脚本非常重要，它是直播的"指挥棒"，可以帮助直播团队明确直播主题、把控直播的节奏、调控直播分工、控制直播预算，因此撰写直播脚本是一场直播达到预期目标最关键的一步。

二、直播脚本的分类

直播脚本一般分为单品直播脚本和整场直播脚本。

（一）单品直播脚本

单品直播脚本即以单个商品为对象，包含商品解说、品牌介绍、功能展示等内容的脚本。一场 2～6 小时的直播中，主播会推荐多款产品，每一款产品应当有一份对应的单品直播脚本，以表格的形式将产品的卖点和优惠活动标注清楚，这可以避免主播在介绍产品时手忙脚乱、混淆不清。

（二）整场直播脚本

整场直播脚本就是以整场直播为单位，规范正常直播节奏流程和内容的脚本。在直播过程中，要对主播的话语、活动等进行整体规划和安排，所以在撰写整场直播脚本时，要重点关注消费者心理，促销逻辑和方法的使用，以及直播时间节奏的把控。

三、直播脚本的撰写

（一）单品直播脚本的撰写

1. 单品直播脚本的撰写要点

直播团队在完成当场直播的选品、排品后，开始撰写单品直播脚本，撰写要点包括以下几点：

（1）产品的卖点和目标受众的痛点，如产品的细节、面料、版型等。

（2）视觉化的表达方式，即在直播中用于呈现产品卖点的形式。

（3）信任背书，即产品的生产资质、权威认证、专利、获奖证书等。

（4）引导转化方式，即直播中用于营造紧迫感引导消费者下单的方式，例如，控制数量、控制下单时间、推出限时优惠等方式。

单品脚本建议以表格的形式呈现，有助于在直播对接过程中减少差错。

2. 单品直播脚本的撰写方法

（1）主推款产品直播脚本。撰写主推款产品直播脚本的重点是将自家产品与市面上同品类产品进行对比，在讲解过程中更加突出产品的独特性，将产品的特点、适合人群着重点出。主推款产品直播脚本一般包括场景营造（5%）、同类品比对（15%）、卖点介绍（30%）、搭配推荐（20%）、福利优惠（15%）和卖点强调（15%）六个部分。

（2）引流款产品直播脚本。撰写引流款产品直播脚本时，应将重点放在福利、数量部分，不断提醒用户这是限时销量，营造出一种不容错过的氛围。引流款产品直播脚本一般包括产品概述（10%）、卖点介绍（20%）、场景营造（30%）和福利优惠（40%）四个部分。

（3）组合品直播脚本。组合品指价格在组合出售时有一定优势的产品，可以是单件产品买多件满减，也可以是套装产品组合购买有优惠。在讲解过程中注重组合/满减的福利部分。组合品直播脚本主要包括组合主推卖点介绍、组合主推优惠福利、组合搭配卖点介绍、引导下单四个部分。

（二）整场直播脚本的撰写

1. 整场直播脚本的撰写逻辑

整场直播脚本以整场直播为单位，规范正常直播节奏流程和内容。整场直播脚本框架包括直播主题、直播目标、带货产品、直播时间，以及各个岗位的分工内容。整场直播脚本的逻辑表，如表5-9所示。

表5-9 整场直播脚本的逻辑表

直播主题	"双十二"要来啦！	主播			AA				注意事项：	
直播目标	销售额10万元	运营			BB					
带货产品	冬季护肤品	场控			CC					
直播时间	12月1日 20:00-22:00	助理			DD					
序号	时间	流程	产品类目	产品名称	产品规格	日常价（元）	直播价（元）	包邮范围	关键词	备注
1	14:00～17:00	直播预告								
2	18:00～18:10	开场互动抽奖								抽取现金红包

续表

序号	时间	流程	产品类目	产品名称	产品规格	日常价（元）	直播价（元）	包邮范围	关键词	备注
3	18:10～18:25	产品分享1	护肤品	面霜	200ml	189	159	全国包邮	适合敏感肌的秋冬季面霜，没有油腻感，高保湿！	
4	18:25～18:40	产品分享2	护肤品	洁面乳	300ml	109	79	全国包邮	清洁能力超强的洁面乳，卸妆洁面二合一！	

2. 整场直播各环节的设计

（1）开场环节。直播开场环节最主要的目标就是暖场，提升直播间的人气。暖场的时长可以控制在5～15分钟，这个阶段需要主播跟观众打招呼，抽奖发福利，跟观众友好互动，大概介绍一下直播间的产品有哪些亮点。在暖场期要准备好暖场话术、开场抽奖玩法、直播间所有卖品的大概介绍、本场直播的大奖福利介绍等。

（2）正式售卖环节。正式售卖环节可以分为售卖初期、售卖高潮期、售卖结尾期，每个部分的时长可以根据直播间的情况做分配。

售卖初期的重点是慢慢抬高直播间的卖货氛围，让观众参与直播间的互动。在这个阶段很多直播间会抛出低价引流款产品，让观众积极发弹幕，在直播间中形成多人抢购的氛围。这样做会让刚进直播间的人一下子就能感受到直播间火热的氛围。人人都有从众心态和看热闹的心态，让新用户留在直播间，就能创造爆单机会。

售卖高潮期是卖货的黄金时段，一定要牢牢抓住时机。此时建议选择卖高性价比、价格具有优势的产品，也可以将高客单价产品和低客单价产品结合销售。如果主播所卖的商品在价格上有绝对优势，可以将其他平台的本商品价格截图打印下来，在直播间展示，打消观众对价格的顾虑。对于价格敏感型观众来说，这一招非常奏效。售卖的产品要高低价格相结合，满足不同消费者的需求。在达到高额的销售额时，可以发起抽奖活动，刺激粉丝继续下单，拉高整个直播间的人气，让更多的人进入直播间，冲一波流量和销量。

在售卖结尾期，用户开始感觉疲乏，此时可以用秒杀、免单等活动吸引用户的注意力，拉高用户的下单率。同时，这个阶段还可以做潜力爆款产品的返场。

（3）结束环节。结束环节的一般时长是15分钟，在这个阶段可以再送出一些小礼品，回馈已经下单的观众。还可以为下一场直播做简单的预告，并且针对受欢迎的产品，告知观众可以下次安排返场。另外，不要忘记引导观众关注直播间，强调每日直播时间，欢迎观众准时进入直播间。最后，再次感谢观众的支持，与观众告别后下播。

整场直播脚本是在直播团队确定了直播的流程和各环节的设计后进行的，在撰写整场直播脚本时一定要考虑全面，针对直播过程中可能发生的突发情况，做好应急预案。

▶ **任务实施** ┃┃

通过对直播脚本分类与撰写知识的学习，王新对直播脚本的相关内容有了一定的了解。王新决定利用自己所学知识尝试撰写一份服装单场直播脚本。

第一步：解说商品时可以围绕尺码、面料、颜色、版型、细节特点、适用场合、如何搭配展开。解说过程中要注意与观众进行实时互动，及时回答观众提出的问题。

第二步：一般来说，一件衣服的讲解时间在 2 ～ 3 分钟。要求主播选择直播看点时挑选核心卖点，以及观众最为关心的部分进行解说。

第三步：直播是动态过程，涉及人员的配合、场景的切换、道具的展示等，前期在脚本上一定要做好标注，例如与运营配合修改库存的时机，过早设置无法充分调动观众的购物欲，过晚会让观众失去耐心，影响观众留存率。

王新拟撰写的服装单场直播脚本背景要点如下：某女装品牌的实体店，直播主题为推广上新活动，一般每周都有直播，主要针对老顾客。

王新撰写的直播脚本如下：

（1）直播目标：每周上新活动只在每周上新的时候直播一次，主要目的是维护老顾客、吸引新粉丝，并激发顾客的购买欲望。

（2）直播主题："春季时尚女装上新"或者"第一季度时尚款上新"。

（3）直播时间：因为不考虑公域流量，只做老客私域直播，所以只播 4 个小时，直播时间为 19:00 ～ 23:00。

（4）人员配置：配备两位主持人，一位是主播，80% 的衣服都由她介绍；另一位是副播，配合主播介绍产品。再配备一位直播助理，完成后台上架产品、修改价格和发放优惠券等操作。

（5）营销活动。

1）主推产品：卖点、材质、颜色、尺码、价格、优惠活动（根据这几点编写销售话术）。

2）秒杀活动：59.9 元秒杀、99.9 元秒杀（根据情况限量 20 ～ 100 份产品）。

3）抽奖活动：奖品为口红、时尚眼镜等（采取手机截屏方式抓取获奖用户）。

4）赠品活动：满 200 元送赠品、满 500 元送赠品、满 1 000 元送赠品（赠品可以为店内产品，也可以另外采购）。

（6）流程安排：

19:00 ～ 19:10：预热、打招呼、自我介绍、活动介绍、介绍直播规则等。

19:11 ～ 19:30：介绍 1 号新品服装，然后做秒杀活动。

19:31 ～ 19:40：可以发起截屏抽奖活动，时间控制在 10 分钟内。

19:41 ～ 20:00：介绍 2 号新品服装。

20:01 ～ 20:30：发起优惠秒杀抢拍活动，时间控制在 10 分钟内。活动结束后，介绍 3 号新品服装。

每半个小时发起一次抽奖活动，按照轮次重复流程。

同步训练

任务描述：通过对直播脚本知识的学习，相信你已经基本掌握了直播脚本的撰写方法。为了更好地运用所学习知识，请你撰写一份整场直播的脚本（以服装为直播产品）（见表 5 - 10）。

表 5 - 10　整场直播脚本（以服装为直播产品）

直播目标	销售额：8 万元；吸引观众：1 000 人。			
直播人员				
直播时间				
直播主题				
前期准备				
时间段	总流程	主播		助理

任务评价表，见表 5 - 11。

表 5 - 11　任务评价表

评价内容	分值	评价		
		自评	小组评价	教师评价
直播主题	15			
营销活动	35			
总流程	50			
合计	100			

任务四 ▶ 搭建直播间

任务导入

工作室老师让王新尝试搭建直播间。在直播场景中，首先需要布置的是灯光设备。需要布置哪些灯光设备？如何正确使用这些设备？这些都需要王新去了解和掌握。王新为自己制定了学习单（见表5-12），用以梳理灯光设备的种类等方面的知识。

表5-12 学习单

主要学习内容	关键词
认识灯光设备的种类	补光灯
识别光源的类别	主光源、侧光源
掌握灯光的布置	方向

知识探究

直播场景的作用有很多，它可以点明整场直播的主题，突出直播的主要内容，营造良好的直播氛围。

一、直播场景概况

线下实体产品售卖的场景依托于互联网通过移动端以实时反馈的形式呈现出来的就是直播场景。直播带货除了要有优质的"人"与"货"，对"场地"（直播场景）也是有要求的。想象一下，当你看到两个直播间，一个凌乱不堪、光线昏暗、模糊不清，另一个明亮整洁、画面清晰、富有美感，你的直觉会告诉你，进入第二个直播间。所以，要想取得良好的直播效果，需要在直播场景的布置上花点心思。

二、灯光设备的选择和调试

（一）补光灯的种类

1. 环形补光灯

环形补光灯（见图5-3）可以对主播肤色的柔光进行增亮。主播可将手机夹在补光灯中间进行直播，调整伸缩杆，以达到最佳的直播效果。

使用场景：可放在桌面进行直播，也可伸长后进行直播；适合直播销售中小型产品，如小电器、零食、化妆品、服装等。

2. 矩形／方形／多边形补光灯

矩形／方形／多边形补光灯（见图5-4）体积较大，灯光覆盖范围广，可对人物与背景及周边环境进行柔光增亮，一般用作主灯或副补光灯。

使用场景：直播间辅助补光；背景及周边补光；人物正脸补光及侧脸补光。

3. 球形补光灯

球形补光灯（见图5-5）可对直播间场景进行柔光增亮。外观是球形，适合对空间整体进行补光，并且可以伸缩补光。

使用场景：照亮直播间；对环境、背景及周边进行柔光补光；确定整个直播间的色调。

图5-3　环形补光灯　　　图5-4　矩形／方形补光灯　　　图5-5　球形补光灯

（二）灯光的布置

在直播过程中，灯光的布置非常重要，主播形象、产品外观、背景布置都要通过光源进行展示。直播间常见的光源分为四种：主光源、侧光源、逆光源、顶光源（见图5-6）。

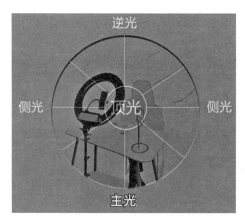

图5-6 四种光源

1. 主光源

主光源一般放置在主播的前方或者略左、略右的位置，它是映射主播外貌和形态的主要光线，承担着主要照明的作用，可以使主播脸部受光匀称，是灯光美颜的第一步。主光源不仅可以提亮主播肤色、突出直播产品，还可以调节直播间的主色调（冷暖）。主光源展示，如图5-7所示。

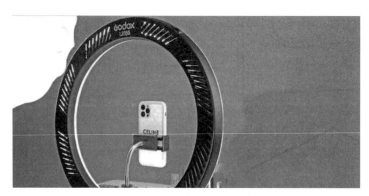

图5-7 主光源展示

主光源通常采用冷色调的灯光，可以是房间的吊灯，也可以是独立的LED灯。灯光的瓦数和房间面积要协调，如卧室的灯光瓦数选择100瓦左右。根据直播间大小、产品种类，以及直播人数的不同，主光源的数量一般为1～2个。

2. 侧光源

主光源较为明亮，主播或者所直播的产品的侧面会产生阴影，而测光源可以提亮人物肤色，展示商品的细节，提升直播的品质。侧光源展示，如图5-8所示。

侧光源一般由补光灯提供。补光灯分为反光灯和面部补光灯两种。反光灯建议选择LED柔光箱打光灯，它可以从侧面照射墙面再折回，这样光线较为柔和，看起来会比较舒服。面部补光灯一般选用圆环形补光灯，可以直对着面部，但是亮度要设置一下，因为光线过亮可能会造成镜头中面部曝光。补光灯最好选择冷光，避免受灯光影响而显得脸部发黄，同时整体冷色光源会让镜头里主播的皮肤看起来更加清透。根据直播需要，侧光源的数量一般为 1～3 个。

3. 逆光源

图 5-8　侧光源展示

对主播身后暗的环境进行补光，常会用到逆光源。当逆光源出现在镜头中的时候，会产生逆光的效果，为主播的外形轮廓增加美的效果，同时给直播间增添氛围。直播时，如果背景较空，可放置逆光源点缀背景。逆光源展示，如图 5-9 所示。

4. 顶光源

由上向下进行补光的光源称为顶光源。顶光源通常用来给大面积的空间补光或者对桌面进行补光。

主、侧光源较为明亮，主播或者所直播产品的顶部会产生阴影，顶光源可照亮直播间，对背景和环境进行"交代"。顶光源展示，如图 5-10 所示。

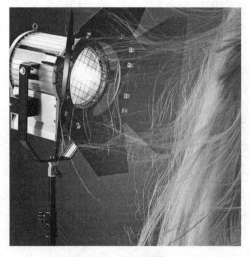

图 5-9　逆光源展示

图 5-10　顶光源展示

（三）直播间常见的布光方法

直播间里补光灯的种类不同、组合的方式不同，在直播中呈现的效果就大不相同。在

直播间布置灯光时要注意以下四点：

（1）布光时要注意灯光的亮度和色温要符合直播内容和主题，不要过亮或过暗，色温也不要过高或过低。

（2）布光时灯光的位置和角度需要合理，不要照射到主播的眼睛或使主播及产品产生阴影，特别当主播佩戴眼镜时，更要注意不要出现反光点。

（3）布光时要注意灯光的数量和布置需要根据直播间的大小和形状来选择，适量就好，不要过多或过少。

（4）布光时要注意灯光的稳定性和安全性，避免出现直播过程中突然断电或者其他直播安全事故。

在直播间布光时要根据灯源、光照角度、亮度、色温进行组合，营造出不同的直播效果。

常见的布光法有以下四种。

1. 伦勃朗布光法

对于想要增加轮廓立体度的主播，可以使用斜上光源。斜上光是从主播头顶左右两边45°的斜上方打下的光线。在调试灯光的过程中，主播可以注意自己眼睛下方是否出现一块明亮的三角形光斑，这种布光方法就是伦勃朗布光法。它可以突出鼻子的立体感，强调主播的脸部骨骼结构。

2. 顶光布光法

如果主播想让自己的脸庞看起来娇小，可以使用顶光布光法。在主播的头顶偏前的位置布置光源，会将主播的颧骨、嘴角和鼻子等部位的阴影拉长，从而拉长脸部轮廓，达到瘦脸的效果。此方法不适用于脸型较长的主播。

3. 顺光照明法

顺光照明法又叫平光法，可产生如自然光中平光照明或半阴天的散射光照明效果。平光法中的所有灯具不分主次，"一视同仁"地指向拍摄对象及背景区域，使其形成均匀一致的照明度，不突出也不掩饰被拍摄对象及背景的形态与特点，可以让观众完全感觉不到灯光的存在，产生一种简洁、明净、清爽的照明效果。平光法是演播室内最常用的人物光处理方法，适宜群体人物及外在形象相对较好的个体对象。

4. 侧光照明法

如果主播的主光与摄像镜头大约成90°的方向投射，会出现阴影面积较大的现象，此时需要侧光照明进行辅助。如果主播脸型比较胖，脸围左右两侧不对称，可用侧光照明将较胖的面颊得以遮掩，有利于将主播外貌表现得更加完美。

三、直播间的影音设备

直播的观感、听感对直播效果有很大影响。好的观看效果会延长观众停留在直播间的时间，增加直播流量，实现直播目标。所以，为了保证和提升直播效果，直播时建议使用专业直播影音设备。

（一）直播间的录像设备

1. 手机

如今，手机的种类和品牌多种多样，功能也很丰富，但并不是所有手机都适合直播。选择一部好的手机进行直播，会带来良好的直播效果，获得较高的直播流量。具体而言，选择直播所用手机时，可以参考以下因素：

（1）分辨率。直播用手机分辨率一般为 1 080P～4K，观看直播时分辨率为 1 920p×1 080p及以上时，观看效果会比较好。手机的拍摄像素可支持 720p、1 080p、2 160p 等。

（2）灵敏度。在选择直播用的手机时并不是像素越高越好，还要考虑手机的灵敏度，这需要参考手机的处理器和内存，经常卡顿的手机不建议作为直播设备。

2. 微单相机和单反相机

因为专业的直播间通常需要更清晰的图片，而一般的手机无法满足这一需求，所以专业的直播间会使用拍摄效果更好的微单相机和单反相机。因为单反相机是广角镜头，所以画面取景更加广泛，大光圈下的主播、产品都能呈现出更加优质的画面。

3. 直播专用摄像机

为了更加专业、高效地进行直播，直播间也可以使用直播专用摄像机（见图 5-11），该种设备体积小巧，方便移动和调节，解决了手机像素不高、单反相机重且不便捷的问题。此外，直播专用摄像机还具有美颜、自动追焦等功能，可以对人物进行美颜处理，使背景呈现出景深效果，从而提升主播形象。

图 5-11 直播专用摄像机

（二）直播间的收音设备

1. 麦克风

因为普通电脑的麦克风的拾音范围、灵敏度、音质都比较差，而且会产生延迟，不适合直播使用，所以需要使用专业的麦克风进行收音。

从使用场景来说，麦克风主要分为两种：电容麦和动圈麦，一般在室内使用电容麦，在室外使用动圈麦。就直播K歌而言，普通电容麦完全够用。此外，要注意买心形电容麦，这种电容麦只收心形所指方向的声音，而屏蔽其他方向的声音，这样就减少了其他方向的噪声。电容麦克风有立麦、领夹麦等多种形式。立麦（见图5-12）适用于多种直播场景，可放置在桌上或地面上，响应频率在30~15000Hz，内置声卡，可有效降噪，适合单人和多人直播。领夹麦（见图5-13）小巧、方便，可夹在衣领上，适合单人直播，收音效果强。

图5-12　立麦

图5-13　领夹麦

2. 声卡

声卡也叫音频卡，是计算机多媒体系统中最基本的组成部分，是实现声波/数字信号相互转换的一种硬件。声卡的基本功能是把来自话筒、磁带、光盘的原始声音信号加以转换，输出到耳机、扬声器、扩音机、录音机等声响设备，或通过音乐设备数字接口（MIDI）发出合成乐器的声音。

在直播过程中，声卡主要用于营造直播间的氛围，调节和切换声音音效以及音量的大小。图5-14所示为外置声卡，可连接台式电脑或手机，外接耳机与麦克风。

（三）直播间的显示设备

在直播过程中，容易出现由于网络信号不佳导致的手机卡顿而退出直播画面，看不清直播人物、物品及留言的情况。此时，主播需要一面直播显示屏（见图5-15）来实时观看直播间的效果，并及时回答观众提出的问题。

图5-14　外置声卡

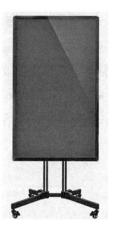

图5-15　直播显示屏

四、直播间的场景布置

要想做好直播，一个美观、实用的直播间是必不可少的。在直播过程中，当用户进入你的直播间时，直播间的装修风格和氛围决定了用户对你的第一观感。那么如何去搭建一个直播间呢？直播间大小不同，一般可分为 15 平方米、15 ～ 30 平方米、30 平方米以上，可根据不同的直播间面积进行适当布置。

（一）直播背景的布置

1. 促销优惠直播

将直播的主题、促销的商品、优惠的价格等活动内容设计在直播背景上。图 5 - 16 所示为某品牌饮品的直播间，直播背景是直播活动和产品的相关信息，其中价格被放在了醒目的位置。图 5 - 17 所示为某品牌天然乳胶枕的直播间，直播背景为 LED 屏幕，产品价格和活动信息通过屏幕显示，简洁、明了。

图 5 - 16　直播间（1）

图 5 - 17　直播间（2）

2. 品牌宣传直播

直播间做品牌宣传最好是将品牌 Logo 放入直播背景中，并且加入品牌代言人等元素。如图 5 - 18 和图 5 - 19 所示的两个品牌直播间，品牌 Logo 被放大并放置在背景板上，在品牌知名度较高的情况下，用户会根据品牌的知名度进入相应产品的直播间。

图 5-18　某运动品牌直播间　　　　　图 5-19　某化妆品品牌直播间

3. 真实门店、仓库直播

直播间可以将店铺或者仓库的真实场景作为背景（见图 5-20），让用户感觉到货物是真实存在的，这样可以让他们在购买商品时更加放心。此种形式多用于服装、食品类产品的直播。

图 5-20　仓库直播

图片来源：天猫国际全国首个跨境保税仓直播基地落户杭州．中国网．

4. LED 电子屏，直播背景随心换

直播间会根据直播类别、活动形式、产品款式等的不同进行相应的变化，但如果一直在变，尤其是频繁更换背景会增加工作量。如何能使更换背景既省时又省力呢？使用 LED 电子屏就是一种途径。目前各大商场、店铺都会选择使用 LED 电子屏作为宣传设备。直播间使用 LED 电子屏（见图 5-21）的优点是屏幕清晰，更换推广内容比较方便，同时可以播放视频和图片等多种文件；缺点是 LED 电子屏价格稍高。

5. 绿幕背景，直播换装更简单

绿幕直播在当下非常火爆，其原因之一就是它融合了 LED 电子屏可任意更换背景的优点。绿幕就是一块平整的绿色布，成本比较低。绿幕要直播结合电脑和显示器使用，即将直播现场录制的视频放入电脑中进行编辑，然后将绿色背景抠除，这样就可以将电脑中编辑好的背景图片放入直播背景中（见图 5-22 和图 5-23）。

图 5-21　LED 电子屏实现
直播背景随心换

图 5-22　绿幕直播现场

图 5-23　绿幕直播显示

6. 装饰背景，做好点缀

装饰直播间背景时，可以使用浅色背景布或者墙纸，也可以使用背景墙、壁画、摆件、地毯、彩灯、挂件等，具体可根据主播的风格或要求来安排（见图 5 - 24）。

图 5 - 24　装饰背景

（二）直播前景的设置

在直播中除了背景之外，最大的空间比例就是前景。前景的主要作用是让用户在观看直播时，第一时间了解直播产品，例如美食类直播会将很多的食物放置在前景；首饰类直播会将很多精致的首饰放置在前景。直播前景如图 5 - 25 所示。

在直播前景中放置相关的商品，并且摆放有序，一是体现商品的真实性，让观众看到商品的外观；二是营造"优惠力度大""商品种类多""销售火爆"的氛围。

需要注意的是，直播前景中的商品并不是越多越好，应挑选重点商品进行陈列，如果商品太多会显得脏、乱、差，给人价廉质差的感觉。

（三）直播装饰和陈列的布置

在直播间，除了要设置直播背景、前景外，还需要摆放一些装饰品，并且做好商品陈列工作。具

图 5 - 25　直播前景

体摆放哪些装饰品要根据主播或者商品品牌的风格来定，装饰品摆放太多会显得华而不实，太少则会显得有些空。

1. 装饰原则

（1）画龙点睛，点缀衬托。如果直播间比较简单，除了主播、商品、背景、前景外没有其他物件，可以考虑加入适当的物品进行点缀，如在桌面上摆放绿植，在背景处摆放盆栽，用沙发、茶几做背景，也可以摆放一些玩偶等。

（2）冷暖交替，色调统一。直播间的色调应统一，如果直播间是冷色背景（如数码商品直播间），那么在装饰时可以考虑加入一些暖色装饰品，或者摆放一些有活力的物件，如动漫摆件、可爱的玩偶等。

2. 陈列布置

在陈列商品时，可采用货架陈列、家装陈列、模特陈列、衣架陈列等多种方式，对于不同类别的商品可以根据具体情况选择适当的陈列方法。

（1）服装类商品。服装类商品的直播间内可放置衣架或衣柜，要保持整洁干净，不要随意摆放。如果衣架或者衣柜摆放杂乱，就要避免这些物品出现在镜头中。服装类商品的陈列，如图 5-26 所示。

图 5-26 服装类商品的陈列

背景取景可选择店面或者仓库，面积可以大一些，这样显得大气、高端。背景色调建议以浅色调为主，以突出服装的颜色和款式。当然，直播卖家可以根据服装的品牌风格进行调整。

（2）箱包类商品。箱包类商品的直播间可以使用陈列柜，要注意摆放整齐，每款包可以标号，以便于用户观看和挑选，如图5-27所示。

（3）电器类商品。由于电器的大小、种类不同，因此电器类商品没有统一的陈列要求，具体可根据电器的大小、种类、品牌等选择合适的陈列方式。例如销售电风扇，可选择家装风格的直播间，并在周边放置商品，如图5-28所示。

大型电器，如洗衣机、吸油烟机、空调等，可以选择实地展示（专卖店或家装），如直播间空间有限，可以选择在电子屏上陈列（见图5-29）。此外，手机直播间一般是竖构图，当主播在镜头中时，留给陈列商品的位置很少，选择电子屏陈列商品，既方便用户观看，又节省空间，主播还可以单独拿出相应商品进行讲解。

图5-27　箱包类商品的陈列

图5-28　电器类商品的陈列（1）

图5-29　电器类商品的陈列（2）

3. 直播间地面布置

直播间地面可以选择浅色系地毯、木地板。这一色系在进行美妆、服饰、美食、珠宝等商品展示时都比较适用。

4. 小黑板等其他装饰品的使用

直播间可以使用小黑板进行装饰，标明直播期间的重要信息（如是否包邮、模特身材、服装尺寸等）。直播间可以适当配一些背景音乐和小灯串，但音乐声音不能太大，灯光不能太亮，以免分散观众的注意力。

直播间的布置可以参考图5-30。

直播间显得更长   **直播间显得更宽**

图 5 - 30　直播间的布置

在图 5 - 30 中，左边的布置可以使直播间显得更长，有景深感。前方放置摄像设备与补光灯；中间为直播区域，根据产品的不同，可放置桌子或者家装装饰等（一定要注意整洁有序）；后面为背景区域。右边的布置可以使直播间显得更宽敞。

◉ **任务实施 1** ▎▎

通过对直播灯光设备相关知识与布置技巧的学习，王新对直播间灯光布置有了一定的了解。为了更好地布置直播间，王新决定分析热门网络主播的直播间灯光设备的选用和布置技巧，以进一步了解和掌握直播间灯光设备的特点与布置方法。

第一步：观看淘宝直播或抖音直播，从补光灯的样式方面进行分析（见表 5 - 13）。

表 5 - 13　分析表（从补光灯样式方面进行分析）

补光灯样式	分析
环形补光灯	柔光，使用场景多。
方形补光灯	柔光，可用于侧光、背景、大的场景。
球形补光灯	照亮直播间及环境，常用于顶光、发散光。

第二步，根据直播商品进行分析（见表 5 - 14）。

表 5 - 14　分析表（根据直播商品进行分析）

直播商品	分析
服装	灯光色调与服装相符合，主播站立时，光源照亮全身和背景。
化妆品	脸部、手部光线亮，室内光线明亮，可适当采用逆光源。
数码产品	色调为冷色光，突出产品。
零食	需光照强烈，需要多处光源。

▶ 任务实施2 ▎▎

通过对直播场景布置的学习，王新基本了解了布置直播间的要点。为了更好地完成直播间的布置工作，王新决定进一步分析直播间场景布置的相关技巧。

第一步：直播间背景设置分析，如表5-15所示。

表5-15　直播间背景设置分析

背景内容	分析
促销优惠信息	通过优惠活动，吸引用户。
品牌Logo、名人宣传	借助品牌、名人进行宣传。
LED电子屏	色彩亮丽、可自定义、科技感强，但价格高。
店铺、仓库、货架	真实，可信度高。
绿幕	价格低，方便更换背景。

第二步：直播间前景设置分析，如表5-16所示。

表5-16　直播间前景设置分析

商品分类	分析
美妆	干净整洁，整齐分区（展示区、陈列区），可标注款式。
箱包	可展示细节，也可站立展示、动态展示。
服装	可展示细节，也可站立展示、动态展示。

第三步：直播间装饰和陈列分析，如表5-17所示。

表5-17　直播间装饰和陈列分析

项目	分析
装饰原则	点缀衬托、色调统一。
陈列布置	货架陈列、衣架陈列等合理合规。

▣ 同步训练 ▎▎

任务描述：为了完成直播，请你对直播间背景进行设计并布置，简要分析直播间搭建要点并完成分析表（见表5-18）。

表5-18　直播间搭建要点分析

项目	分析
直播间场景的选择	
直播间背景的设计	

续表

项目	分析
直播间前景的布置	
直播间的点缀与陈列	

任务评价表，见表 5 – 19。

表 5 – 19　任务评价表

评价内容	分值	评价		
		自评	小组评价	教师评价
直播间背景	15			
直播间前景	35			
直播间装饰和陈列	50			
合计	100			

 任务五 ▶ 开展直播预热

📁 **任务导入** ‖

在前面的任务中，王新已经学会了如何搭建直播间。工作室老师给王新布置了一个新的任务：为即将开始的"双十一"大促直播策划一场直播预热活动。如何进行直播预热呢？王新为自己制定了学习单（见表 5 – 20），用以梳理直播预热相关知识。

表 5 – 20　学习单

主要学习内容	关键词
直播预热的方法	短视频预热、个人信息预热、站外预热
直播预热短视频拍摄	内容、创意来源、脚本设计
直播预告海报制作	设计要点、元素、排版

知识探究

直播预热的目的是为直播开播做准备，最大限度地吸引更多的观众进入到直播间。

一、直播预热的方法

常见的直播预热方法包括短视频预热、个人信息预热、站外预热。

（一）短视频预热

短视频预热指在直播开始前发布一条预热短视频，如"我们今晚7点开播，今晚的直播间会有……"。当用户刷到这条视频的时候，如果你正在直播中，用户点击你的头像就可以直接进入直播间。

（二）个人信息预热

个人信息预热指在开播前更改直播账号的个人信息，例如把昵称改成"×× 今晚7点直播"，个人简介里也可以加上直播信息。用户进入你的账号主页时，就能看到直播信息。

（三）站外预热

站外预热指通过朋友圈、公众号、微博、小红书这样的站外平台进行直播预热。常见的大 V 账号开播前一般都会在公众号、微博等平台进行预热。

二、直播预热短视频的创作

（一）直播预热短视频的内容

1. 点明优惠，引起关注

在直播预热短视频中可以重点突出优惠活动，例如在直播间会发放性价比高的赠品、福袋等。在预热视频中说明发放的时间、数量、形式，营造直播间优惠力度大的氛围，吸引粉丝准时进入直播间，为直播间引流。

2. 植入剧情，培养习惯

这种方法适合有一定粉丝基础的账号，在账号日常发布的视频中植入直播预告，让粉丝在潜意识里记住账号的直播开播时间，培养粉丝准时进入直播间的习惯。例如，设计剧情为，"一位朋友约主播晚上出去逛街，然后主播说：'去不了啊，今晚得直播啊！'再由主播来预告直播的时间、内容、福利等"，剧情可根据账号的定位和需要进行设计。在视频最后，要以直播预告海报定格结尾，让用户看清直播开播时间和福利。

3. 简单明了，直播预告

这种方法适合有一定知名度的直播间或者大 V 账号，纯预告类直播预热视频比较简单，由主播真人出镜直接告诉观众你的直播时间、优惠等重点信息，可以在视频开头或者结尾卖个关子，勾起用户的好奇心，从而吸引粉丝进入直播间。

（二）直播预热视频创意来源

直播预热视频的内容主要为直播的开播信息和优惠信息，要想让直播预热视频在平台中脱颖而出，需要在拍摄视频时加入创意。创意来源主要有以下三个。

1. 打破固定搭配

打破固定搭配通常指在语言使用中有意地改变或重新组合常见的词汇搭配，以创造新颖的表达方式或产生特殊的语言效果。在短视频创作时，也要学会打破人们固有的思维，重构搭配更能吸引人的注意，激发人的好奇心，从而增加视频的点击量。

2. 营造情绪反差

情绪反差指的是在一定时间内，情感状态或情感表达的显著变化。这种变化可以是从一个极端到另一个极端，比如从悲伤到快乐，或者从平静到激动。情绪反差通常用来增强叙事的戏剧性，创造紧张感，或者展示人物的内心变化。

3. 创作差异化内容

创作差异化内容是指在创作过程中，通过独特的视角、风格或主题来区分自己的作品，使其与市场上的其他内容明显不同。这种创作策略可以帮助创作者吸引特定的受众群体，提高品牌识别度，并在竞争激烈的内容市场中脱颖而出。

（三）直播预热视频脚本制作

直播预热视频脚本是拍摄视频的依据，基于脚本才能做好前期的准备工作，以及后续的拍摄、剪辑等工作。

直播预热视频脚本主要包括以下七个要素：

（1）镜号：记录拍摄顺序，协助后期剪辑。

（2）画面内容：将想要表达的场景画面文字化。

（3）景别：脚本中标明远景、全景、中景、近景、特写几种景别的使用。

（4）运镜：脚本中标明推、拉、摇、移、升、跟、降几种运镜方法的使用。

（5）台词：视频中的台词。

（6）时长：脚本中要标明单个镜头时长和整体镜头时长。

（7）音乐：根据画面内容搭配适当的背景音乐及音效。

视频脚本举例，如表 5 - 21 所示。

表 5 - 21　视频脚本举例

镜号	画面内容	景别	运镜	台词	时长	音乐
1	走到窗边，拉开窗帘	全景	固定	今天又是美好的一天啊	2 秒	欢快的音乐

三、直播预告海报的制作

（一）直播预告海报

直播预告海报是指在举行一场直播活动之前，为这场直播活动所设计的一张图片。它通过视觉设计来传达直播内容、吸引观众，是直播活动的重要组成部分。

（二）直播预告海报的设计要点

1. 主题明确

预告海报需要清晰地传达直播内容和主题，让观众一眼就能了解活动的主要内容。

2. 信息清晰

预告海报需要提供清晰、具体的信息，包括直播时间、主讲人等重要信息。

3. 视觉吸引

通过使用美观的配色、精致的图案、具有吸引力的字体等元素，吸引观众的目光，引起他们的兴趣并乐于参与。

（三）直播预告海报元素

直播预告海报要能简洁明了地告诉观众直播的时间、地点以及主题等基本信息，它所包含的元素包括直播间名称、主播人设、直播福利、直播时间、直播主题、直播平台链接或二维码。直播预告海报举例，如图 5-31 所示。

图 5-31　直播预告海报举例

（四）常见的直播间预告海报排版

1. 中轴式构图

以中心线为对称图形，所有的关键元素靠近中轴线进行编排. 使得面画看起来丰满、视觉冲击力强。对称式构图在视觉感觉上是一种最平衡的画面。

2. 上下分割式构图

上下构图形式是将版面分割为上下两部分，或让画面中的元素整体呈现出上下的分布趋势，主空间承载视觉点，次空间承载阅读信息，呈现的视觉效果平衡且稳定。

▶ **任务实施** ▐▐

工作室老师让王新尝试分析直播预告海报（见图 5-32）的元素和排版方式。

图 5 - 32　直播预告海报

图片来源：东方甄选

表 5 - 22　元素和排版方式

元素	排版方式
直播间名称、主播、直播时间、直播主题、直播平台	中轴式构图

同步训练

任务描述：请以"乡村振兴"为主题，为自己的直播间设计一张直播预告海报，并填写表 5 - 23。

表 5 - 23　设计直播预告海报

项目	内容
直播间名称	
主播	
直播福利	
直播时间	
直播主题	
直播平台链接或二维码	

任务评价表，见表 5 - 24。

表 5 - 24 任务评价表

评价内容	分值	评价		
		自评	小组评价	教师评价
直播间名称	5			
主播	10			
直播福利	5			
直播时间	5			
直播主题	15			
直播平台链接或二维码	10			
预告海报构图、美观度	50			
合计	100			

⚙ 拓展学习 ▌▌

某直播间最近在多场直播中都用到了"虚拟背景"。虚拟背景有静态的，也有动态的。比如以"云年会"为主题的直播，因为时间在跨年期间，所以采用了"广州塔放烟花"的视频背景，整体效果和直播间气氛都非常出彩。使用虚拟背景的直播间，如图 5 - 33 所示。

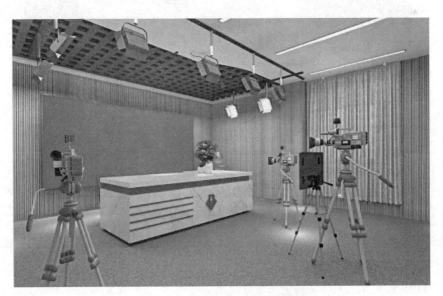

图 5 - 33 使用虚拟背景的直播间

此外，还可以在直播间发送虚拟动画特效元素，例如给主播加特效背景框，给分屏幕加特效背景框等，如图 5 - 34 所示。

图 5-34 发送虚拟动画特效元素

直播特效到底如何做？其实并不难：使用 OBS（见图 5-35）或 vMix（见图 5-36）等软件，将直播画面进行"叠加处理"（类似于图层功能），配合现场绿幕布景和直播实时抠图功能，即可实现将"经过软件处理的画面"同步到直播平台，观众就能看到上述动画特效了。

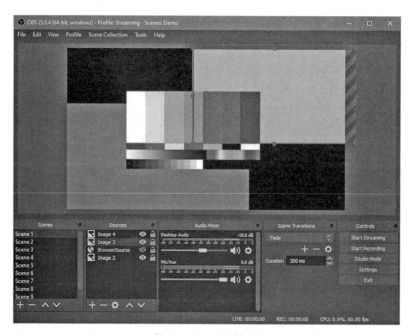

图 5-35 OBS 软件

OBS 是开源软件，免费使用，但学习成本较高；vMix 是付费软件，其专业性非常强，常用于影视特效/直播等场景。

对于 OBS 或者 vMix 软件的使用方法，可以在网络上查找免费的视频学习教程，或者在软件官网上查看帮助指引。

如果对直播特效感兴趣，可以与团队成员研究具体的使用方法，自己制作"超炫"的直播间，以满足不同直播内容的需要。

图 5－36　vMix 软件

📽 项目小结 ▮▮

通过本项目的学习，学生能掌握直播前的准备工作流程，包括确定直播目标和主题、完成直播选品与排品、撰写直播脚本、布置直播间、开展直播预热等，为成为一名专业的直播电商从业人员打下坚实的技能基础。

📝 考证园地 ▮▮

一、填空题

1. 电商直播目标包括_____。

2. 直播选品策略的步骤是_____。

3. 直播产品布局分类包括_____。

4. 直播间布置中灯光器材的类别有_____。

5. 直播间布置中灯光的种类有_____。

6. 直播间中的收音设备有_____。

7. 直播间中的显示设备有_____。

8. 直播间的装饰原则是_____。

二、简答题

1. 主光源、侧光源、逆光源、顶光源应如何布置？作用分别是什么？

2. 直播背景布置有哪些技巧？

3. 直播中的摄影器材有哪些？

4.直播中的陈列物或装饰品有哪些？

5.直播间选择绿幕背景有什么优点？

三、案例分析

案例 1

思考：请从灯光、商品陈列、其他装饰等方面分析图 5-37 所示直播间的布置。

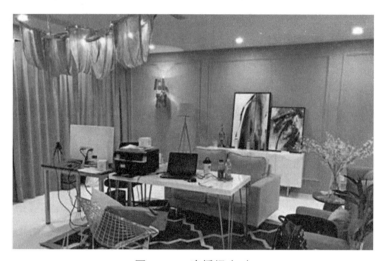

图 5-37　直播间（1）

案例 2

思考：对比两个直播间（见图 5-37 和图 5-38），分析这两个直播间的陈列及布置特点，并谈谈这两个直播间分别适合直播销售哪类商品。

图 5-38　直播间（2）

⌨ **素养园地** ‖

管好"货"是直播带货实现更好发展的根本

《直播电子商务选品和品控管理规范》(以下简称《规范》)团体标准日前发布,对直播相关机构配备品质管理人员、完善选品流程、建立审核台账备查制度等方面作出明确要求和规范。业内人士表示,《规范》着眼直播带货选品和品控管理,从源头上严把产品质量关,有助于促进行业自律,营造健康的从业环境和消费环境。

当前,直播带货形成了包括消费者、主播、商家、机构等在内的完整生态链,已经成为新的消费潮流。直播带货让网络平台找到了新赛道,为各类企业提供了新舞台,让各行业看到了新机遇。可以预见,随着网络技术的不断发展以及越来越多的行业嫁接到直播领域,直播作为一种新经营模式,还会呈现出更大的发展潜力。

不过,就像任何新兴商业模式出现初期都有伴生问题一样,直播带货目前也存在一些"成长的烦恼"。中消协一份关于直播电商购物消费者满意度的调查报告显示,"担心商品质量没有保障"和"担心售后问题"是消费者的两大主要顾虑。而从媒体的相关报道来看,"夸大其词""假货太多""鱼龙混杂""货不对板"等负面评价,是消费者使用的高频词。

那么,直播相关机构怎样做才能最大程度避免出现售假问题呢?此次出台的《规范》提供了一个很好的范本。选品是直播带货最重要的工作之一,决定着所带之"货"的品质。因此,《规范》要求直播相关机构必须重视选品,把好入门关。考虑到直播相关机构规模不一,并非所有直播方都有能力建立专业的选品和品控团队,《规范》规定,直播相关机构应当配备专岗品质管理人员,对供应商及直播商品采取必要的管理措施。

在此基础上,《规范》要求直播相关机构还要建立完善的选品流程,包括对供应商和直播商品的初步审查、资质审查、试样测评或抽样检测、卖点等宣传内容审核,以及复审等相关流程。鉴于选品过程中存在资质提供形式多样、样品不能提供或不易保存等情况,《规范》要求直播相关机构建立选品审核台账备查制度。此外,《规范》规定直播相关机构在直播销售事前、事中、事后应有选择地对商品开展第三方检测,鼓励建立"神秘抽检机制",以确保商品符合选品相关要求。

直播带货要实现长远发展,管好"货"是根本。《规范》针对直播生态中"货"的维度作出了相应规范和要求,的确有利于直播相关机构加强选品和品控管理,把住商品质量关,从源头降低直播带货风险。不过,《规范》作为一项团体标准,不具有强制性,其实际执行效果如何,主要靠行业自律。而要真正管好"货",还必须要有强制性的他律措施。这就需要政府职能部门加强对直播市场的监管,依法严厉打击售假等违法行为,用严厉的惩罚震慑商家,切实保护消费者的合法权益,维护直播电商市场经营秩序。

素养点拨:

党的二十大报告指出:要弘扬诚信文化,健全诚信建设长效机制。作为直播电商行业

的从业人员应立足岗位，依法依规诚信经营，为国家的经济繁荣发展作出贡献，诚信是企业安身立命之本，主播在直播带货过程中，要深入了解受众需求，筛选优质供应商，关注产品竞争力，严格把控产品质量，建立完善的售后服务体系，持续优化选品和品控流程，提高自身素质。只有这样，才能在竞争激烈的直播市场中脱颖而出，实现长期的成功和发展。

项目六

直播中的工作

情境介绍

　　通过前面项目的学习，王新已经掌握了开播前的准备工作，但是如何与粉丝互动、如何设计直播的开场和结尾、如何有效地刺激买家下单、如何把直播数据做好，他还不是很清楚。为了更好地学会直播，王新将在本项目学习直播过程中的相关工作要领。

学习目标

知识目标

1. 学会直播间的互动技巧。

2. 学会直播的开场和结尾设计。

3. 掌握直播中的话术技巧。

技能目标

1. 学会直播过程中必备的工作技能。

2. 能把专业技能应用到直播岗位中，具备一定的直播互动和带货能力。

素养目标

1. 培养学生的团队意识和合作精神。

2. 培养学生在直播过程中的严谨态度，做一个守规守法的主播。

任务一 ▶ 学会直播间的互动技巧

任务导入

工作室老师给王新布置的任务是安排一场助农直播活动。经过前面的学习，王新已经掌握了直播脚本的撰写方法，但是在直播间中该如何与买家互动，他还不是很了解。王新为自己制定了学习单（见表6-1），用以梳理所学知识。

表 6-1　学习单

主要学习内容	关键词
熟悉直播流程	直播开场、直播过程、直播结尾
直播间互动的重要性	用户黏性、购买意愿、用户反馈
互动的方式及技巧	打招呼、发福利、引导关注、预热、抽奖、产品介绍等

知识探究

主播要学会主动与粉丝互动。留住观众观看直播是主播必须要掌握的技能，但很多主播特别是新手主播在直播时不善于和粉丝互动，导致直播间冷场。

一、熟悉直播流程

在直播前，直播运营团队要对直播的整体流程进行规划和设计，以保障直播活动能顺利进行，确保直播的有效性。

直播的整体流程可以拆解为直播开场、直播过程和直播收尾三大环节，各环节包含的内容要点如表6-2所示。

表 6-2　直播环节及内容要点

环节	内容要点
直播开场	通过开场互动让用户了解本次直播的主题、内容等，吸引用户驻足停留。

续表

环节	内容要点
直播过程	将事先设计规划好的直播形式、内容在直播间具体呈现出来，激发用户的购买欲望，并产生购买行为。
直播收尾	对直播间的新老用户表示感谢，为下一场直播做预告，再次引导用户关注并转发直播间。

　　主播要想快速熟悉直播环节/流程，可以多关注优秀同行主播的直播，通过分析其直播过程，总结出通用且适合自己的直播流程，提升自己直播时的节奏掌控能力。

二、直播间互动的作用

（一）互动能够增强用户黏性

　　观众在与主播互动的过程中，应感觉自己参与到直播当中，而不是单纯地观看。比如观众提问后能马上得到主播答复，就会更愿意留在直播间，久而久之就会经常关注该直播间。

（二）有助于提升观众的购买意愿

　　通过互动，主播可以更好地介绍产品细节、解答疑问。例如观众询问产品的使用方法，主播现场演示并讲解，这种直接的互动会消除观众的顾虑，促使他们下单购买产品。

（三）互动可以帮助收集用户反馈

　　主播能根据观众对产品的评价、建议，及时调整直播内容或者产品推荐策略。比如观众在互动中表示希望看到某一类产品的展示，主播就可以在下一次直播中加入相关内容。

三、直播间互动的方式及技巧

　　直播间互动的方式及技巧，如表6-3所示。

表 6-3 直播间互动的方式及技巧

互动方式	互动技巧	内容介绍
主动与观众打招呼	表情丰富，语气热情	打招呼时，主播要尽量做到表情丰富、语气热情，如此才能赢得观众的喜爱，带动直播间的气氛。
	多提观众的昵称，让其产生被重视感	观众进入直播间时，主播主动提到观众的昵称，对方能感到被重视，从而更愿意与主播互动。
	尽量照顾到每一位观众	主播在与观众互动时，要尽可能照顾到直播间里的每一位观众，不能只和老观众互动而忽视新观众。
发福利，快速活跃气氛	尽量提高观众的活跃度	发红包、优惠券或者举行抽奖活动的目的是促进直播间的互动，提高观众的活跃度和黏性，因此，主播应该把相关话题抛出来，炒热气氛，让观众晒晒自己的红包、优惠券和奖品，使整个直播间产生良好的互动。
	发红包，金额不需要太大	主播可以设置定时发红包，例如，在开播前5分钟发一个、在发产品链接前发一个、在整点发一个、在直播间人数达到目标时发一个、在直播间点赞数达到目标时发一个、在下播前发一个……红包金额不需要太大，但应设置多个，尽量让更多的观众参与进来。直播过程中，主播可以设置发放优惠券的环节，如发一些热门款式服装的优惠券，以此调动观众的积极性。
	给观众一定的选择权	发福利时，主播可以把话题抛给观众，让他们决定到底发什么福利。例如，主播可以说，"又到给大家发福利的时间了，宝宝们想要红包还是优惠券？想要红包的，扣'1'，想要优惠券的，扣'2'……"。
聊天，找共同话题	聊热门影视剧等	例如，主播可以询问观众最近看过哪些综艺节目，有哪些影视剧值得一看，可以简单谈谈自己的观剧体验。同时，主播不能一味地发言，要引导观众参与，适时阅读和点评精彩留言，激发观众参与互动的意愿。
	聊生活"八卦"	在话题方面，主播可以聊最近受欢迎的演员、歌手。例如"哪一位艺人结婚了""哪一位歌手发新歌了"等。需要注意的是，主播在讨论公众人物的话题时不要越界，注意言语得当，以免招致不必要的麻烦。
	聊热点	主播可以通过各大新闻App，抖音、快手热门话题榜等渠道获取热点，也可以参考微博、知乎等社交平台热搜榜，了解人们都在关注什么，从中选择自己比较熟悉的领域作为与观众互动的主要内容。需要注意的是，在谈论热点时，主播要保持中立的态度，以免挑起事端，陷入被动。
聊天，找共同话题	聊烦恼	主播和观众聊一聊生活中的烦恼容易引发共鸣，鼓励观众畅所欲言，尽情说出自己的烦恼。主播也可以把自己的烦恼说给观众听，让观众感受到主播的亲切和真诚。需要注意的是，主播尽量要聊大家都会关心或感到烦恼的事情，例如，不会穿衣打扮、减肥又失败了、工作压力大等。在观众发泄完之后，趁机分享解决这些烦恼的小诀窍，提高观众对你的认可度。
	聊感情生活	主播与观众在直播间分享彼此的情感经历，对需要开导和安慰的观众可以给予比较中肯的生活感悟和情感启示。

续表

互动方式	互动技巧	内容介绍
说一段幽默段子	平时多积累有趣的段子	要想成为一名幽默的主播，平时就要多做功课，多积累一些段子。可以搜集一些网上流行的段子，也可以记录身边人发生的趣事，还可以讲一些自己的糗事。
	讲段子时最好加上表情和动作	主播讲段子的时候应该融入个人风格，加上表情和动作，甚至适当地夸张一下。能放下身段和观众一起搞笑，主播的魅力也会倍增。
	不要老调重弹	主播要多搜集新鲜的段子，不要总是讲老梗，也不要反复讲之前已经讲过的段子。
才艺展示	才艺展示需要经过策划和设计	主播如果不精通、不擅长某项才艺，最好不要强行展示，否则很可能适得其反。
	要把握才艺展示的节奏	才艺展示时间不能太长，否则会挤占与观众互动的时间，甚至错过真正的直播主题。
	保持自信	主播在镜头前一定要保持自信，相信自己是最棒的。当你尽情展现自信和激情时，即使才艺不够精湛，观众也会被你所感染。
	连麦，让观众展示才艺	主播表演完才艺之后，可以和观众连麦，让他们展示自己的才艺。连麦的观众一般都是善于表达、愿意与主播互动的老观众，和他们连麦不容易出现冷场、尴尬的情况。
积极回答观众的提问	不能敷衍，要用心地与观众互动	在直播过程中，经常有观众会向主播提出各种问题，比如，"主播的穿搭有什么技巧？""主播的妆是怎么化的？""产品适合哪些人？"，等等，主播一定要耐心、及时、正面地回答观众的问题，但对于一些不当言论或者骚扰类问题，主播可以选择适当回避和忽略，并在直播间进行正确的价值观和言论引导。
	假如不小心错过观众的提问，要及时道歉并耐心解答	很多时候，主播因为各种原因错过了观众的问题。如果观众抱怨，主播一定要及时道歉，并耐心地解答问题。主播可以尝试发放红包，与这些观众多互动，让他们将不良情绪释放出去。
向粉丝提问、请教	选择容易引发讨论的话题	提问是有技巧的，主播要尽量选择容易引发讨论的话题，例如，在服装方面，"你遇到过哪些直男式审美观点？""大家认为今年的流行色是什么？""大家觉得红色大衣好看，还是黄色大衣好看？"，这类话题更容易吸引观众参与讨论。主播可以根据观众的回答来分析其喜好，为之后的产品推介打好基础。
	主播把观众的提问抛出来，让大家一起回答	如果某位观众的提问具有代表性或者独特性，主播回答不上来时，可以把这个问题抛出来，让直播间其他观众帮忙回答，回答后还可以适当给予一些小奖励。这样做不仅为提问的观众提供了更多的答案，还可以调动其他观众的积极性。
	提问不要太功利	主播不要直接询问观众是否愿意购买产品，避免问敏感的问题等。主播提问时要循序渐进，从日常话题入手，逐步过渡到产品方面。另外，主播一定要给观众讨论、回答问题的时间，避免在观众激烈讨论时强行打断。

续表

互动方式	互动技巧	内容介绍
设计促销活动	奖励促销	观众在接收营销信息的同时如果获得奖励，在心理上会产生一种满足感和愉悦感，增加对主播的信任度，提升购买欲望。奖励促销方式可以为签到有礼、收藏有礼、下单有礼、关注主播抽奖、赠送优惠券、现金券等。
	纪念促销	现在很多人都崇尚仪式感，纪念促销利用的就是人们对特殊日期或节日的仪式感心理。例如节日促销、会员促销、纪念日促销、特定周期促销等。

⊚ **任务实施** ▶▶

王新对直播间的互动有了初步的了解，老师决定考考他。老师让王新从表 6-4 中找出一场完整的直播包含哪些主要的细节部分，并按先后顺序排序。

表 6-4　分析直播环节/流程

环节/流程	判断"是/否"并排序	环节/流程	判断"是/否"并排序
打招呼	1	暖场预热	3
用户互动	2	抽奖	4
开场介绍	否	引导关注	5
产品介绍	否	总结下播	否

⊟ **同步训练** ▶▶

任务描述：请寻找同领域、同类型的优秀主播账号，回看其以往直播，按表 6-5 的要求分析并总结其直播流程。

表 6-5　某优秀主播直播流程

直播流程	主要做法	经典/精彩话术要点
开场介绍		
暖场预热		
产品介绍		
用户互动		
总结下播		

直播间的互动方式多种多样，抽奖是活跃气氛的一种有效方式。表 6-6 列举了常见的几种抽奖形式，请分析每种抽奖形式的特点。

表 6-6 直播间抽奖形式特点分析

抽奖形式	特点
开场抽奖	
问答抽奖	
整点抽奖	
评论区留言抽奖	

任务评价表，见表 6-7。

表 6-7 任务评价表

评价内容	分值	评价		
		自评	小组评价	教师评价
开场抽奖	25			
问答抽奖	25			
整点抽奖	25			
评论区留言抽奖	25			
合计	100			

任务二 ● 设计直播的开场和结尾

📇 任务导入 ▎▎

在前面的任务中王新已经学会了在直播中与买家的互动方式，这些互动方式在开播的时候应该如何应用呢？王新还是不太了解。工作室老师给王新布置的任务是尝试在一场助农直播活动中使用开播话术和结尾话术。为了更好地完成老师交代的任务，王新为自己制定了学习单（见表 6-8），用以梳理所学知识。

表6-8 学习单

主要学习内容	关键词
直播开场设计	开场内容、话术、时间
直播欢迎话术	简洁型、点明直播主题型、找共同点型、求关注型
直播结尾设计	感谢观众、直播预告、结尾
固粉技巧	感谢观众、直播预告、参与创作、宠粉福利

一、直播开场设计

直播开场的主要功能是预告主题。设计有效的开场白，能吸引观众，让观众停留在直播间。表6-9是农产品类直播间的直播开场设计。

表6-9 农产品类直播间的直播开场设计

开场内容	话术	时间
自我介绍	Hello，大家好！欢迎家人们来到我的直播间，我是今天的主播×××。	半分钟
公司或品牌介绍	今天是我们×××店铺六周年店庆专场，店铺主打×××品牌，向用户提供安心、健康的各类农产品，选择×××品牌不只是选择了一种产品，更是选择了一种健康的生活方式。	1分钟
直播主题/计划	感恩有你，好礼送不停！今天我们准备了优质产品和福利回馈直播间的家人们，包括菌菇、腐竹、蜂蜜、红枣、枸杞、桂圆等，非常值得大家期待哦。	2分钟
优惠信息/福利	本次直播活动全场5折，您可以领"满100元减20元"优惠券，还可以参与5次抽奖活动。	1分钟
引导关注	欢迎家人们点赞+关注，并分享直播间。您可以参与抽奖活动，免费领取价值128元的好物奖品。	半分钟

二、直播间欢迎话术表达技巧

直播间欢迎话术表达技巧，如表6-10所示。

表 6 - 10　直播间欢迎话术表达技巧

欢迎话术类型	介绍	示例
简洁型	很多新手主播会使用简洁型的欢迎话术，但这类话术比较机械，吸引力不强，很难吸引访客驻足。	例如，"大家好，我是×××，是一名新手主播，谢谢大家捧场！""欢迎×××来到我的直播间，喜欢主播的请点击左上角的'关注'哦！"
点明直播主题型	点明直播主题型的欢迎话术可以明确地向观众传递出主播直播的内容是什么，能让观众对接下来的直播内容有一个清晰的认知。	例如，"主播每天晚上7点都会分享化妆技巧，喜欢主播的宝宝可以将直播间分享给其他人哦！""欢迎×××来到直播间，希望我的舞蹈能吸引你留下来哦！""欢迎×××来到直播间，希望我的段子能给你带来快乐！"
找共同点型	找共同点型的欢迎话术是根据观众的昵称找到话题切入点，并与之互动。	例如，"欢迎×××进入直播间，看名字应该是喜欢旅游的宝宝，是吗？""欢迎×××进入直播间，看昵称宝宝也喜欢玩英雄联盟，这个角色特厉害！"
求关注型	求关注型的欢迎话术有多种表达形式，有欢快活泼的、简单直接的、声情并茂的、搞笑的、煽情的，等等。	欢快活泼：给观众以阳光的感觉。例如，"关注主播不迷路！喜欢主播的点点红心关注哦，谢谢小可爱！"
		简单直接：给观众以简单直接的听觉和视觉冲击。例如，"欢迎宝宝的到来，我在直播间第一次见到这么多可爱的宝宝哦！"
		声情并茂：用夸张的表演吸引观众。例如，"宝宝点了关注，包你花见花开，人见人爱！"
		搞笑：用搞笑、有趣的肢体动作吸引观众。
		煽情：用煽情的语气吸引观众。例如，"请小可爱给个关注吧！"

三、直播结尾话术设计

临近直播尾声，主播要把握最后的"固粉"时间。以农产品类直播为例，直播结尾话术设计如表 6 - 11 所示。

表 6 - 11　农产品类直播间的直播结尾话术设计

环节		话术
感谢观众		"时间过得好快，本场直播马上就要结束了，感谢家人们的陪伴！"
直播预告	直播时间	"欢迎家人们明天中午12点准时进入直播间，观看第二场'店庆农产品回馈粉丝促销活动'。"
	产品清单	"明天直播的产品都是我们团队精挑细选出来回馈粉丝们的，有坚果、燕麦、小米……"
	优惠福利	"记得一定要来直播间，明天将给大家带来更大的优惠，也会给大家送上各种福利，稍微剧透一下，我们还准备了现金红包哦。"
结束		"最后，还没点关注的家人们，动动小手给主播点点关注，明天中午12点我们在直播间等你来！"

四、固粉方法

固粉方法如表 6 - 12 所示。

表 6 - 12　固粉方法

固粉方法	介绍	示例
感谢粉丝	结束语尽量以感谢、关心为主要内容。可以感谢观众购买产品、感谢观众长时间驻留在直播间、感谢观众对自己的支持；也可以关心观众对产品的需求，关心观众的身体。只要主播的话语足够真诚，观众就会感到温暖，提升对主播的认可度。	例如，"这场直播，从早上 8 点到中午，已播了整整有 5 个小时了，有很多宝宝都是从头看到尾的。当然，还有那些中途进来的宝宝，也陪着我做完了整场直播，非常感谢大家这么长时间的陪伴！今天直播中推荐的产品，大家可以看回放，如果有看中的产品，可以直接联系客服，只要备注主播的名字，就能享受相同的优惠。好了，今天的直播到这里就结束了，咱们明天同一时间不见不散！"。
直播预告	一场直播快结束时，主播要预告下一场直播的时间、产品、优惠福利，告知、提醒观众锁定直播间购买。 预告直播内容时，主播可以说出下一场直播的内容框架，优惠和福利不需要完全说出来，透露一下优惠力度即可，植入悬念，制造神秘感，让观众在好奇心的驱使下主动来到主播间。	例如，"家人们，今天的直播就要结束了。提前透露一下，明天店铺举办周年庆活动，从早上 8 点开播，到晚上 12 点结束。为了回馈粉丝，届时会有很多超值好物推荐给大家，我把明天直播推荐的产品清单打印出来了，直播间的宝宝们可以截一下图，看看里面有哪些是你感兴趣的。明天直播间的所有产品都是全年全网超值价哦。此外，我还准备了很多福利和大奖，还没有关注我的宝宝，请点击左上角的'关注'。关注主播不迷路，主播带你挑好物。好了，今天的直播就到这里，感谢大家对我的支持，我们明天早上 8 点不见不散。再见！"
让观众参与直播内容的创作	提供创意。	优秀的直播离不开成功的创意，而创意并非只有主播和其团队苦苦思索才能产生。主播可以在直播结尾举办创意征集活动，从观众处得到更多的创意。
	参与设计。	如果观众无法给出直接的创意，主播也可以让他们参与设计，给他们选择的权利，比如挑选希望上架的产品。
	大家来找碴儿。	优秀的主播要对每场直播进行复盘，总结这场直播的优缺点，并在之后发扬或改善。为此在直播结尾，主播可以发起"大家来找碴儿"的意见征集活动，让观众帮主播寻找可以改善的细节。
结尾大福利"宠粉"	通常来说，一般的福利都安排在直播的开头和中间，而最大的福利都留在结尾。将最大的福利留在结尾，一是为了留住观众，二是为了感谢观众，三是为了获得观众的好感，实现"固粉"的目的。	例如，"今天的直播到这儿就要结束了，感谢宝宝们的捧场。为了感谢你们，在直播结束之前，我特地为你们准备了一个彩蛋。请看，这就是我最后要向大家推荐的产品。"

◎ 任务实施

在一场直播中，优惠券/福袋等福利在哪些环节发放才更合理、更有效果呢？王新分析了表6-13中各直播环节要素，对可以进行福利发放的环节进行了确认。

表6-13　发放"固粉"福利的环节

环节	是/否	环节	是/否
开场暖场	是	产品展示	否
互动	是	产品介绍	否
直播结尾	是	引导关注	是

🖥 同步训练

任务描述：请设计并练习助农直播活动的开播和结尾话术（见表6-14），并把固粉技巧及话术应用到结尾话术中。

表6-14　助农直播活动的开播及结尾话术

环节	话术内容	类型
开播环节		
结尾环节		

任务评价表，见表6-15。

表6-15　任务评价表

评价内容	分值	评价		
		自评	小组互评	教师评价
开播话术的质量	50			
结尾话术的质量	50			
合计	100			

任务三 ▶ 掌握直播中的催单和转款话术

🖵 任务导入

经过前面的学习，王新已经学会了在直播间与买家互动的方法，但是如何有效地提高直播间的成交量和粉丝转化率呢？他还不是很了解。王新为自己制定了学习单（见

表6-16），用以梳理所学知识。

表6-16 学习单

主要学习内容	关键词
直播催单话术	催单重要性、催单技巧
直播转款话术	转款技巧、转款话术

 **知识探究**

直播间粉丝在听了主播讲解商品、看了主播展示商品后，往往在下单的最关键时刻会犹豫不决。这就需要主播掌握催单技巧，运用一些话术制造紧迫氛围，促使粉丝尽快下单。催单就像一把双刃剑，催得有技巧，成交量会大幅提高；催得生硬，很容易引起粉丝的反感，在最后关头失去订单。

一、催单的重要性

在即将成交的关键时刻，主播应该提出下单要求，运用一些话术制造紧张氛围，促使观众尽快下单。否则，观众就会持续观望，很可能放弃购买。可见，主播进行催单是非常有必要的，但这并不意味着要反复、频繁地催单，而是需要讲究方法及技巧。

主播要想快速熟悉直播催单话术，可以多关注优秀同行主播的直播，通过分析其直播催单技巧及话术，总结出通用且适合自己的直播催单话术，从而提升直播间商品成交转化率。

二、催单技巧

催单技巧，如表6-17所示。

表6-17 催单技巧

催单方式	介绍	示例
强调售后服务	直播带货时，观众的疑虑有：担心质量没有保障；主播介绍、展示的样品与实际产品不相符；收到货后如果不满意，退货没有保障……为此，主播在催单环节可以对产品的质量再次做出承诺，以消除观众购买疑虑，提高观众对主播的信任度。	强调售后服务话术： "这款皮鞋是真牛皮，请认准我们的品牌，假一赔十！请大家放心购买！" "这款产品如有任何质量问题，我们承诺7天内包邮包退换！" "这款衣服如果出现色差大的问题，我们将免费为你退换！" "如果对产品有任何不满意，7天内免费退换！"

续表

催单方式	介绍	示例
制造紧迫 / 稀缺感	**限时刺激：** 运用饥饿营销手法强调时间的有限性。很多人都参加过秒杀活动，这类活动往往可以为产品快速积累销量。比起拼团、砍价、特价等活动，秒杀的不同之处就在于有时间限制。一旦对时间进行限制，就能制造一种紧迫感，营造出抢购的氛围。尤其是对那些犹豫不决的观众来说，限时具有十分微妙的刺激作用。	案例1：某主播的限时催单话术："这款产品的优惠不会一直持续下去，到今晚10点，优惠活动就结束了。现在距离结束只有短短的半小时了，喜欢的宝宝抓紧时间下单，过了今晚将恢复原价，恢复原价！" 案例2：某主播介绍一款化妆水，借助限时催单话术刺激用户下单："还有最后3分钟，没有买到的宝宝们赶紧下单，时间到了我们就恢复原价了。""这款宝贝今天只限在我的直播间有这个价格，不用想，直接拍，之后只会越来越贵。买二送一，过期不候。"
	限地刺激： 指本直播间有着别的直播间没有的优势。限地是品质与实力的象征，开展限地营销比较有效的方法是做独家。主播可以与某一品牌成为战略合作伙伴，消费者想要以优惠的价格购买该品牌的某一款产品，就只能通过主播。	案例1：某美妆主播主要推介美妆护肤品，在某场直播中她是这样推荐的："这段时间有一款集补水、修复、抗氧化等功能于一体的全能面霜火爆全网，就连许多明星都在为它疯狂打Call，几乎每天都有姐妹私信催我开团。作为网罗各类护肤神器的小能手，我当然不会辜负大家的期望。今天咱们就'团'起来，为大家送上一份超级福利！这款面霜的市场价是298元一瓶，今天在我们直播间仅需220元一瓶！这么大的优惠力度，宝宝们快下单吧！" 案例2：某品牌代理主播："这款水光精华液是新上市的产品。作为地区级总代，我是第一批拿到货的，只要通过我购买，都可以享受8.5折惊喜尝鲜价，超值！"
	限量刺激： 物以稀为贵，主播在催单时，要营造稀缺感，限量发售是非常有效的方法。	案例1：某主播几乎每次都会限制产品的上架数量，等抢完了再补货。用户经常在他的直播间里听到这样的话术："最后2 000套，仙女们快抢！""抢完了，但是应广大仙女的要求，我向商家请示再补1 000套！"，等等。有时候，该主播还会实时播报剩余的产品库存，"500、300、150，最后50件了，想要的仙女们，快抢。" 案例2：某主播在直播时是这样强调限量的，"刚刚已经介绍了这款产品的优点和价格，但享受这个价格的只有前1 000位下单者，卖完以后，就立刻恢复原价了。各位宝宝不要觉得1 000份数量很多，上次直播时的1 000份产品只用了短短5分钟就被抢光了。喜欢这款产品的宝宝们，不要犹豫了，拼手速抢购吧！"

续表

催单方式	介绍	示例
强调优惠福利	**优惠刺激：** 在强调优惠时，主播可以将产品的原价与优惠价做对比，令观众一眼看出优惠了多少，这样的报价方式能让观众感受到价格的划算。	某主播向粉丝推销产品时的话术： "我今天推荐的所有产品都参与了平台的优惠活动，那平台的优惠方案有哪些呢？首先是跨店满减活动，跨店购买××元可立减××元；然后是积分兑换红包……我今天直播的产品，品牌方推出的优惠方案也让人惊喜连连哦！" "我今天给大家推荐的第一件产品是××品牌的卸妆水，它的功效有……" 主播在介绍完产品的功效、成分、品牌等信息后，继续说："这是我今天直播的第一件产品，自然要来个开门红。这款产品有多重优惠，首先是满减，购满××元立减××元；其次是满赠，购满××元可享赠品。" 直播结束前，主播总结说："这个价格是全年超值优惠了，要是错过，就要等明年了，并且也不能保证品牌方在明年还能给出相同力度的优惠。"
	赠送福利： 用户对产品有了一定程度的喜欢，但还在犹豫不决时，主播可以通过给用户赠送福利的方式，例如借势放优惠券或赠品等，激发用户的购买欲望，促成用户下单，大大提高直播转化率。	某主播在介绍完产品后说："可能有的宝宝觉得这种大品牌，容量又是 300 毫升，这么大一瓶，是不是很贵呢？是的，同档次的大品牌，这样一瓶 300 毫升的爽肤水可能要上千元。今天在我的直播间里，这款原价 699 元的大品牌爽肤水，只需要 399 元。同时，还赠送一款高品质的价值98 元的防晒帽。是不是很值得期待呢？宝宝们，不要犹豫了，我们的活动只到今晚 10 点，马上拍下，拍完就没有了！"
善于用数据说话	**销量截图：** 展示销售数据最有说服力。在直播中，主播要学会运用数据，引导并激发用户产生购买欲望。	某主播在直播间介绍产品数据："该款产品上架1 小时，销售突破 1.3 万份（销量数据）；32% 的顾客都会回购（回购率）；好评率达 99%。"
	粉丝好评： 主播要多与观众沟通交流，保持良好的互动，在直播带货时通过引导观众主动分享产品的使用心得，从而让刚进直播间的新用户也会看到使用者的反馈。	主播在直播间介绍产品，进来看直播的人只会相信部分内容，他们还处在犹豫期。这个时候如果有一个消费者反馈产品质量，可以非常有力地证实主播推荐的产品确实好用，那么，就容易让很多用户打消购买顾虑，进入下单流程。
	明星同款： 某达人主播，在直播间经常用明星做硬核背书，做到让用户放心。	例如，该主播经常说："很多明星都在用，包括我自己也在用……"。 除此之外，该主播在介绍某美妆品牌的时候，还会说："很多专业的化妆师都在用，……"；在播生活类用品的时候说："我送了×× 明星……"；在播零食的时候会强调："很多明星也在买这款零食……"。他们用这种方式，进一步增强了用户的信任感。

三、直播转款技巧

如何在直播多款产品时做到讲解过渡自然，转款后不会掉粉，依然保持直播间的热度呢？这就需要主播掌握直播的转款技巧。

（一）低转高技巧

1.中间设置承接款

在低价商品和高价商品之间设置价格相差不超过 3 倍的承接款，以减少观众的心理落差。

2.控制转化率

在转款前，通过福利款放单，控制转化率在 5% 左右，然后再放承接款，吸引更多观众购买。

3.憋单

在转款前进行憋单，积累人气和流量，当流量曲线出现强势上涨时再转款。

4.塑造价值

在转款前，充分塑造下一个商品的价值，让观众觉得物有所值。

（二）搭配转款技巧

1.关联搭配

将低价商品和高价商品进行搭配销售，例如 T 恤和裙子、外套等，以提高销售额。

2.突出性价比

强调搭配套餐的性价比，让观众觉得购买套餐更划算。

（三）其他技巧

1.提前预告

在转款前适当提醒观众，让他们有心理准备。

2. 不要提前透露价格

转款时不要提前透露承接款的价格，以免观众因为价格过高而离开直播间。

3. 制造紧迫感

在转款时，可以通过限时折扣、限量抢购等方式制造紧迫感，促使观众尽快下单。

4. 关注数据

密切关注直播间的各项数据，如点击率、转化率等，根据数据反馈及时调整转款策略。

5. 测试和优化

转款需要多次测试和优化，不断改进转款话术和流程，提高转款成功率。

四、常见的直播转款方式

（一）惊喜转款（福利转场）

惊喜转款主要用于两种场景，场景一：前款产品讲得不好，但销售数据还不错，直播间人数在持续上升，需要重塑直播间形象；场景二：前款产品销售数据不佳，需要进行福利品补单。此时主播便可以以整点、点赞、人数、粉丝灯牌等各种借口进行惊喜转款，让客户觉得不是刻意而为。具体话术模板可以是，"哎呀，几分钟没看手机，咱们的直播间就到 1 万人了。运营怎么没提醒我，刚才不是说了嘛，到 1 万人要给大家炸一波福利。"

（二）铺垫转款

铺垫转款主要在补 UV、低价转高价时使用。主播需要提前做好准备，在介绍前一款低价产品的时候，要把准备上的高价格产品提前衔接进去，同时要配合运营团队炒热直播间气氛。例如，"各位宝宝们，今天既有小福利又有大福利，想要小福利的扣'1'，想要大福利的扣'2'！"这时候直播运营团队要营造出一种直播间就要上大福利的氛围，在这种节奏互动下，可以较轻松地实现由低转高的顺利转款。

▶ 任务实施 ▍▍

王新已经学会了基础的直播转款话术，老师让他为一场助农直播设计转款话术，把脐橙、百香果、荔枝三款产品衔接起来。其中百香果为本场直播的福利品，脐橙为主推款、荔枝为利润款。王新完成的话术分析如表6-18所示。

表6-18 话术分析

环节	话术内容
排品顺序	百香果—脐橙—荔枝。
转款话术	直播间的家人们，接下来就是今天的重磅福利时间！平常在外面买百香果，价格可不便宜，但是今天在咱们直播间，为了感谢新老粉丝一直以来的支持，百香果直接给大家上福利！这些百香果都是精挑细选的，每一个都圆润饱满，切开后，金黄色的果肉和果汁呼之欲出，香气扑鼻，直接吃或者泡百香果蜂蜜水都特别好。今天直播间，2斤装的百香果，只要15元！库存有限，这波福利大家一定要抓住，手快有手慢无，赶紧点击下方链接抢购！ 买完百香果的朋友，别着急离开直播间！接下来给大家介绍今天的主推产品——我们精心种植的脐橙！咱们的脐橙生长在阳光充足、土壤肥沃的果园，果农们悉心照料，全程不打农药、不施化肥，是真正的绿色健康水果。每一个脐橙都色泽鲜艳，表皮光滑，轻轻一剥，果香四溢。咬上一口，汁水瞬间在口中爆开，果肉鲜嫩多汁，香甜可口，那味道让人回味无穷。无论是自己吃，还是送给亲朋好友，都非常合适。今天给大家一个超级划算的价格，5斤装的脐橙，原价35元，现在直播间下单，只要29元！而且，我们还赠送精美的水果刀，方便大家品尝美味。这个价格只有在直播间才有，喜欢吃脐橙的朋友，千万不要错过这个机会，赶紧下单吧！ 已经拍了百香果和脐橙的家人们，你们的眼光真是太好了！接下来，我再给大家介绍一款我们家的宝藏水果——荔枝。荔枝可是我们的利润款产品，但是品质绝对是一流的！我们的荔枝来自荔枝的优质产地，果大核小，果肉晶莹剔透，像白玉一样。咬上一口，清甜的汁水和细腻的果肉完美融合，口感软糯香甜，仿佛把整个夏天的甜蜜都吃进了嘴里。而且，我们的荔枝都是现摘现发，保证大家收到的都是最新鲜的。为了让大家都能品尝到这份美味，我们给出了非常优惠的价格，10元一斤！虽然是利润款，但这个价格绝对是物超所值。喜欢吃荔枝的朋友，不要犹豫了，赶紧下单吧！数量有限，售完即止哦！

💻 **同步训练** ▌▌

任务描述：请你设计并练习直播催单话术，根据不同直播场景，应用有效的催单技巧进行催单（见表6-19）。

表6-19 任务操作指南

催单背景	主播："宝宝们，喜欢这款衣服的赶快下单啊！这款连衣裙性价比真的非常高，错过这次机会可能就买不到这么划算的衣服了。" 观众："确实很划算，可我已经有类似款式的衣服了，想再考虑考虑。"	
设计催单话术	优惠/福利催单话术	
	限时催单话术	
	限地催单话术	
	限量催单话术	
	举证催单话术	
模拟练习	注意流畅度、投入度、表情、肢体动作	

任务评价表，见表 6-20。

表 6-20　任务评价表

评价内容	分值	评价		
		自评	小组评价	教师评价
优惠/福利催单话术	20			
限时催单话术	15			
限地催单话术	15			
限量催单话术	15			
举证催单话术	15			
练习时的流畅度	5			
练习时的投入度	5			
表情	5			
肢体动作	5			
合计	100			

项目小结

通过本项目的学习，学生学习了直播的互动、开场、结尾、转款、催单的基本技巧和话术，为他们在今后的直播工作中能够更好地完成直播工作做准备。

考证园地

一、填空题

1. 直播间互动的作用有＿＿＿＿＿＿＿＿＿＿＿＿＿＿＿＿＿＿＿＿＿＿＿＿。
2. 固粉的方法有＿＿＿＿＿＿＿＿＿＿＿＿＿＿＿＿＿＿＿＿＿＿＿＿＿＿。
3. 直播催单技巧有＿＿＿＿＿＿＿＿＿＿＿＿＿＿＿＿＿＿＿＿＿＿＿＿。
4. 直播转款技巧有＿＿＿＿＿＿＿＿＿＿＿＿＿＿＿＿＿＿＿＿＿＿＿＿。
5. 常用的直播转款方式有＿＿＿＿＿＿＿＿＿＿＿＿＿＿＿＿＿＿＿＿＿。

二、简答题

1. 简述直播流程。
2. 直播中催单的重要性表现在哪些方面？
3. 直播惊喜转款常用于什么样的场景？

三、案例分析

格力电器 2020 年直播带货销售额达 476 亿元

12 月 12 日晚，格力电器全国巡回直播第八站在"主场"珠海完成年度收官之战，并创下逾 25 亿元的销售额。

格力电器董事长董明珠 2020 年代表格力电器进行直播带货共计 13 场，其中 8 场全国巡回直播，直播总销售额达到 476 亿元。

直播当晚，格力展示了近期研发成功的消毒液制造机、新能源移动 P2+ 核酸检测车等设备，表明企业进一步打造了从空气防护、表面消杀的健康"防护伞"。

此外，在当晚董明珠直播的同时，格力位于广东 10 个城市的 30 家线下门店也在同步直播，当董明珠和嘉宾一起在直播间使用蒸烤双能机制作美味菜肴时，线下门店里的消费者也在同步体验格力产品。

关于新零售，董明珠表示："格力 3 万家门店，背后是上百万员工的生计。我就想做一件事，让格力 3 万家专卖店真正融入互联网时代，把线上和线下结合起来，让消费者得到更进一步的、零距离的享受和体验。"

当下，格力正在将线下的场景体验优势和线上的自由便捷优势相融合，双线联动推进格力"新零售"转型，而经销商正是这场转型中最主要的参与者。直播中，格力经销商代表也来到现场讲述自己的经营收获。董明珠表示："我们的经销商是陪着格力一起成长起来的，他们也是更懂消费者需求的人。传统制造业在新时代面临挑战，但更有机遇，我们不仅要引导他们，更要和他们协作，一起为消费者提供更好的服务。"

思考：分析董明珠直播带货成功的原因。

💻 素养园地 ▮▮

"知识主播"董宇辉们预示着"文化带货"的春天？

当下，文学圈里最火的人不是余华，也不是莫言，可能是董宇辉。

他是"真金白银"的火：1 月 9 日，董宇辉"单飞"直播首秀一夜吸金 1.5 亿元；1 月 23 日，董宇辉在 4 个小时内直播卖出了 8.26 万套《人民文学》杂志，成交金额 1 785 万元；1 月 28 日，董宇辉最新业绩曝光，"与辉同行"直播间 20 天销售额达 8 亿元……

8 亿元是什么概念？网友算了一笔账，普通人不吃不喝要攒 7 000 年，从战国时期开始打工都来不及。

不止一个人发出疑惑：董宇辉，到底为什么这么火？与其说努力与才华是他成功的关键，不如说是文化与时代造就了一个个魅力十足的带货的"董宇辉"。

他最喜欢卖的始终是书籍

"大概在 1 万年前，新月湿地，就是现在的两河流域——幼发拉底河和底格里斯河，人类驯化了小麦；亚欧大陆的另一端，中国人驯化了水稻。人类一共有 700 万年的历史，真正重要的只有这 1 万年……"

2022 年 6 月 9 日，董宇辉在一场卖大米的直播中，从历史的源头介绍了水稻的发现、栽培和播种，还将大米的组成元素与人类和宇宙星辰联系起来。这种别具一格的直播带货方式在网络刷屏，董宇辉的命运齿轮也开始转动。他出口成章，凭借天花板级别的小作文，一跃成为"千万顶流主播"，也开启了全新的内容直播带货模式。

他旁征博引，滔滔不绝地聊历史、谈人生，也结合商品，真诚地分享他的个人生活与感受。充满文化味的故事，让人们罕见地从轻量化、低俗化的直播带货视听狂欢中感受到了知识的温情。

从一个农家孩子，到新东方名师，再到网络红人，董宇辉的"火出圈"是偶然，也是必然，他曾表示"这全是书给我的馈赠"。虽然董宇辉是靠卖各种农产品出圈的，但他最喜欢卖的始终是书籍。

读迟子建的《额尔古纳河右岸》，他说："驯鹿逐苔藓而栖，月光下萨满起舞，繁星低垂于夜空，篝火旁人们载歌载舞，饮酒欢畅，直到天亮""技术走得太快，但人却走得太慢"……他的推荐，让这本书在 4 个月内卖出近百万册，相当于小说 2005 年首版后 17 年销量的总和。

路遥的《平凡的世界》，董宇辉读了 6 遍，他直言这本书甚至塑造了他的性格。推荐时他说："命运往往给予你馈赠的同时，也暗藏了它的代价，但是所有令你苦恼的地方，也都拥有属于你的奖励。"

正是凭借如直播界清流一般独特的个人魅力和直播特色，董宇辉吸引了一群数量庞大的深度用户。董宇辉个人账号粉丝女性占比约 80%，31 岁以上的占七成。用"粉丝"来称呼董宇辉的支持者们或许不够准确，她们更被称作"丈母娘"。

在"丈母娘"们强有力的铁杆支持下，"小作文事件"以董宇辉被提拔为新东方文旅集团副总裁、东方甄选高级合伙人收场，董宇辉也开启了新的职业生涯。

独具人文气息的知识型直播

阅读不仅塑造了董宇辉的性格，还让"文化"成为其直播间的独特标签。

2024 年 1 月 23 日晚"与辉同行"的一场直播，堪称他与文学的双向奔赴。当晚，著名作家梁晓声、蔡崇达、《人民文学》主编施战军做客直播间，与俞敏洪、董宇辉畅谈"我的文学之路"。

这是《人民文学》杂志的直播首秀，也是直播间首次"全程只卖一份文学杂志"，创造了文学界与传播界的历史。这场直播活动累计观看人数 895 万人，最高同时在线 70 多万人，获得上亿次点赞。

当晚八点至十二点，《人民文学》2024 年全年订阅在 4 个小时内卖出了 8.26 万套，99.2 万册，成交金额 1 785 万元，销售码洋 1 983 万元。这一成绩，已经突破了单品图书在东方甄选直播间销售的单场图书销量的最高纪录。

董宇辉近乎创造了一个文学的奇迹。奇迹背后，离不开平台的助力和近年来图书品类直播的飞速发展。在疫情三年冲击之下，直播模式被彻底催熟，直播带货出现了"无所不带"的趋势，而董宇辉独具人文气息的知识型直播带着纸质图书在直播带货的激烈竞争中杀出重围，成了行业中巅峰般的存在。

尤其是图书品类的直播，近年来进入迅速发展壮大的阶段。纯文学图书的加入，很大程度上打破了公众对直播的刻板印象，也大大拓宽了直播带货的可能性，在图书带货成功之后，董宇辉直播间也开始关注文化宣传、文旅宣传和海外直播。

可以说图书直播带货的成功，让董宇辉找到了直播带货的新赛道，也在很大程度上打破了直播带货的边界。

热卖折射：文学的"母本"作用

可以看到无论是带货纸质图书实现热卖，还是董宇辉直播通过文学知识和真诚，征服万千观众，这背后都离不开文学这一关键性的力量。"文学直播"大热的现象，折射出的是公众渴望知识与温情的文化消费转变。

一次次文学"破圈""跨界"的成功实践，不仅充分发挥了文学"母本"的作用，更是释放了文学的潜能，大大拓展了文学的发展空间。

这让更多普通人关注并意识到，无论科技怎样发展，文学依然是人们精神生活中不可或缺的组成部分，而文学工作者可以感受到，读者对严肃文学的阅读需求依然存在，关键是如何发现读者并激活读者的阅读需求。事实上，文学永远不缺读者，缺少的是发现读者的眼光和吸引读者的创新手段。

随着阅读介质载体的演变，更多元的文学阅读方式得以激活，"知识主播""文化带货"等新形式也助推了"视频化阅读"的浪潮，文化直播间甚至某种程度上成为大众阅读的"代餐"。在这样多样的媒介载体下，文学破圈有了更多的空间和可能，阅读介质载体的演变有助于形成"文学+"生态格局，新媒介能够为文学传播敞开新的窗口，以更具网感的姿态、富有感染力的讲述，吸引更多人感受文学世界的温度与深度，丰富人们的精神文化生活。

在这个竞争激烈的时代，生存法则重归"内容为王"，文学成为助力品牌或平台的新密码，为直播带来全新的赛道与更多的可能。这是一个互相成就、互相成全的过程，也是"董宇辉们"成功的关键原因之一。

图书品类的直播带货还有很长的路要走，文学更是如此。董宇辉们的成功也让我们看到，在读屏时代，尽管文学的社会影响力和传播力被一再削弱，但文学始终在那里，不悲不喜。文学不会消失，它有着柔韧顽强的力量，在全新的时代背景下，大众逐渐疏离的纯文学终会以某种形式重新回到我们的身边。

资料来源：孙磊，何文涛."知识主播"董宇辉们预示着"文化带货"的春天？.羊城晚报，2024-02-25.

素养点拨:

依托数字技术兴起的直播电商已然成为当下优秀文化传播的重要力量之一，媒介发展日新月异，文化传播绵延不绝。新技术、新平台的介入和助推，一方面拓宽优秀文化传播路径，使其在保留线下场地的同时开拓线上传播新舞台；另一方面催生出大量新的文化传播主体，使得优秀的文化得以广泛传播。作为主播更应该坚持正确的站位，提高个人的职业素养和文化底蕴，营造积极向上的正能量直播间。

项目七

直播后的复盘优化工作

📹 情境介绍 ▐▐

在刚结束的直播中，后台反馈了许多数据，对于这些数据王新感到陌生又好奇，这些数据到底有什么作用呢？带着疑问王新找到了老师，老师为他制订了详细的学习计划。王新决定学习相关的数据术语，了解这些数据所起到的作用，并结合企业案例进行数据分析，学习如何根据数据做决策。

⚙ 学习目标 ▐▐

知识目标

1. 学习直播数据指标。

2. 分析直播数据并优化直播。

技能目标

1. 掌握直播数据术语。

2. 能够运用所学知识进行直播数据分析。

3. 能够运用所学知识完成市场决策。

素养目标

1. 培养学生认真细致、精益求精的工匠精神。

2. 培养学生的规则意识，做守法的电商直播从业人员。

3. 提高学生的数据分析能力和洞察分析能力。

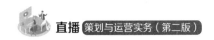

任务一 ▶ 了解直播数据指标

任务导入

在刚结束的直播中，后台反馈了许多数据，该如何分析这些数据呢？王新制定了学习单（见表7-1），用以梳理直播数据指标相关知识。

表7-1 学习单

主要学习内容	关键词
直播的人气指标	平均在线人数、观众停留时长、留存率
直播的互动指标	点赞率、转粉率、关注率、互动数
直播的数据指标	点击率、UV、曝光率、PV
直播的订单指标	GMV、ROI、CPM、商品转化率

知识探究

直播间的实时数据大致分为人气、互动、数据、订单四个指标，通过对这四个指标的观察，可以清晰了解并把控当前直播间的运营状况。

一、直播的人气指标

直播的人气指标主要体现在在线人数、进入直播间人数以及离开直播间人数这三个数据层面，是十分直观的数据。人气指标反映了直播间的引流能力，商家若想提升人气指标，应当重点关注直播期间的商品转化、互动玩法与广告投放。

（一）平均在线人数

直播中的平均在线人数是指在一场直播或一段时间内，直播间同时在线观看人数的平均值，它是衡量直播受欢迎程度和影响力的重要指标之一。平均在线人数意味着直播间是否具有成交转化能力，越高则成交变现潜力越大。通过这个指标，可以更好地分析直播间的表现和市场趋势，为直播主播提供决策依据。

（二）观众停留时长

观众停留时长是直播吸引力指标中最重要的一项。用户在直播间停留的时间越久，说明直播间的内容越有趣，直播间内的产品越有吸引力。留住直播间的观众，对于直播带货来说是至关重要的。平均停留时长＝直播中总停留时长／直播中观看人数，时长需要达到 1 分钟，较好一些的可以达到 3 分钟，达到 5 分钟为优秀，达到 7 分钟为非常优秀。因此，可以使用"整点抽奖""增加引流秒杀款投放比例""福袋"等互动玩法来增加直播间的趣味性，从而提高观众停留时长。

（三）留存率

留存率＝进入直播间留下来的人数／总进入直播间的人数，留存率越高，推荐率越高。例如，有 100 个人进入你的直播间，有 30 个人留下来了，那么留存率就是 30%。观众留在直播间的时间越长，说明直播间的内容越有趣。留住直播间的观众，可以提高直播的曝光度和用户黏性，从而增加销售额和收益。

二、直播的互动指标

直播的互动指标反映当前互动玩法的实时表现水平，该指标由点赞率、转粉率、关注率、互动数组成。商家在直播的过程中，可根据互动峰值来调整优化互动玩法策略。

（一）点赞率

点赞率是直播数据指标中的一项重要指标，通常以 5 000 个为及格、10 000 个为优秀。点赞率的变化可以反映直播间的人气、观众互动、内容质量等方面的情况。根据点赞率的变化，可以大致计算出直播间的人数和点赞量的递减比例，从而对直播间的数据进行评估和调整。

（二）转粉率

转粉率是衡量直播间观众购买力和主播营销能力的重要指标。通过监测转粉率，可以了解观众对某些商品的兴趣和购买意愿，从而有针对性地推广引导。

（三）关注率

关注率是指观众看完直播之后，关注直播间的人数和进入直播间的人数的比例。关注率增长越快、关注率越高，说明直播间的内容越吸引人。匹配的关注用户可以作为后期市场推广的精准潜在客户。

（四）互动数

互动数是指直播间内观众发弹幕、送礼物等互动行为的次数，可以反映观众的参与度。在这个过程中产生的礼物收入，主播会以一定的比例取得分成，这也是主播收益的来源之一。

三、直播数据指标

直播数据指标主要指商品的点击率，UV 和曝光率，PV 等指标，这些指标峰值一般出现在直播中新品上架的时间节点。根据直播数据指标，商家可以进行新品的测款、选款，也可以通过指标所反馈的信息，来判断当前商品的市场潜力。

（一）点击率

直播数据指标中的商品点击率是指通过统计直播间中的商品点击量，判断该商品是否吸引用户的兴趣。商品点击率可以通过设置目标来具体衡量，例如，在设置购物车点击次数时，将目标点击次数设为 100 次，则商品点击率为 10% 以上。通过商品点击率，可以评估直播间的转化效果和用户对商品的兴趣度，进而优化直播策略和内容设计。

（二）UV 和曝光率

直播数据指标中的 UV 是指独立访客数，即不同 IP 地址的用户访问网站或直播间的数量。UV 价值＝销售额 / 访客数。UV 价值反映了网站或直播间的流量质量，通过观看数据的用户数量来评估。高 UV 价值表示该直播间在一段时间内积累了大量的用户，用户付费意愿较强，可以进一步扩大和推广。UV 指标需要结合其他指标来综合评估，比如转化率、客单价等。

曝光率＝直播内容被推荐给用户的次数 / 用户实际观看直播的次数。计算曝光率时，需要考虑直播间的推荐位置、曝光时长、用户点击率等因素，以便更准确地衡量直播内容的曝光情况。

（三）PV

直播数据指标中的 PV 指的是页面浏览量，即用户每次打开或浏览一个页面所获得的浏览次数，PV 访问量可根据用户的访问次数重复计算。PV 统计的是用户的行为和兴趣，通过统计每个 PV 的点击次数来评估直播的受欢迎程度。该指标可以帮助直播主了解用户的使用行为，从而调整直播策略，吸引更多用户参与直播。

四、直播的订单指标

（一）GMV

GMV（商品交易总额）即销售额＋取消订单金额＋拒收订单金额＋退货订单金额的总和。GMV 并不能客观地反映一个品牌的实际直播带货数据，在使用该数据时要充分考虑商品的实际退货率情况。可见，GMV 并非越高越好，商品的销售表现还需要结合 ROI（投资回报率）评定，避免卖得越多亏损越大。

（二）ROI

ROI（投资回报率）在电商运营领域多指投入产出比。ROI 是品牌在投入直播电商前衡量收益表现的重要参考数据。

提升 ROI 要做到降本增效，主要方法如下：

（1）通过产品运输与外包装保证，降低商品退货率。

（2）通过控制合作主播的佣金与坑位费比例，减少基础合作成本。

（3）通过奖品活动、明星驻场等手段，提升用户在直播间的观看时长等。

（三）CPM

CPM（千次展现费用）是常用在信息流广告（竞价广告）的计费方式，包括 App 的开屏广告、插入广告、朋友圈广告等。通过借助 CPM 来衡量推广投入的性价比，它是品牌衡量广告曝光转化的核心参考指标。

（四）商品转化率

商品转化率是衡量直播带货真实购买力的指标。直播间观众对商品感兴趣时，会点击商品链接进行购买，商品转化率在 1% 以上为合格，在 3% 以上为中等偏上，在 5% 以上为优秀。商家可以通过直播中出现的"正在购买人数"弹幕或商品点击率来了解直播间的流量转化效果，及时调整直播策略，提高直播间的商品交易总额。

任务实施

工作室老师让王新结合所学知识，完成以下案例分析（数据见图 7-1）。

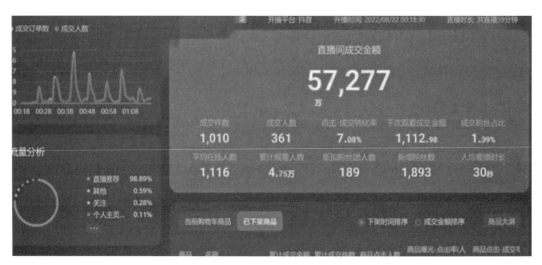

图 7-1 案例数据

从图 7-1 中的数据可以看出，这场直播的累计观看人数是 4.75 万人，成交额为 5.7 万余元，成交粉丝占比为 1.39%，人均看播时长为 30 秒。按照新增粉丝数与新增灯牌数 3:1 的标准比例，1 800 多个新增粉丝应该有至少 600 个灯牌数，而案例中新加粉丝团人数只有 189 人，这一指标是不合格的。请分析造成这一问题的原因并给出改进措施。

王新认为：在直播中主播应根据数据情况及时调整话术，包括引导关注话术、引导加灯牌话术，如果出现某项数据偏低，应考虑是否该项的引导话术缺失了。从案例数据可以推测，主播应该是使用了引导关注话术，没有在意引导加灯牌话术，此时中控人员就要在直播的现场提示主播使用加灯牌话术，这样直播间的流量才能更稳。

💻 同步训练 ▌▌

任务描述：请根据图中数据（见图 7-2），分析该直播间的转化率，谈一谈如何能够有效地提高成交转化率。

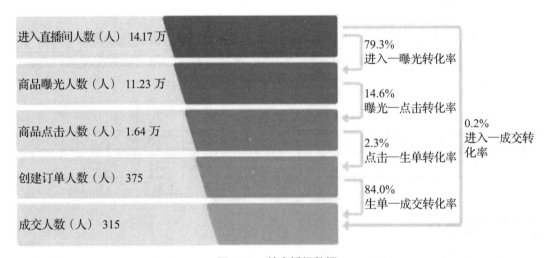

图 7-2 某直播间数据

任务评价表，见表 7-2。

表 7-2 任务评价表

评价内容	分值	评价		
		自评	小组评价	教师评价
数据分析	40			
有效提高各个环节转化率的方法	40			
综合分析	20			
合计	100			

任务二 ▶ 复盘直播数据及优化直播账号

任务导入 ▮▮

王新对直播的数据指标已经有所了解，工作室老师给王新布置的任务是结合实际情况进行数据分析。王新制定了学习单（见表7-3），以便更好地学习直播数据复盘、复盘前的准备工作等内容。

表7-3 学习单

主要学习内容	关键词
直播数据分析及优化措施	直播复盘、塑形期、成长期、成熟期

知识探究 ▮▮

直播数据具有极其重要的意义，它不仅可以作为优化直播内容、调整直播策略、评估主播表现的参考，及时有效地复盘还可以帮助企业提高商业价值。

一、直播数据复盘及各阶段考核重点

直播数据分析也称直播复盘，每场直播都有既定目标，目标数据是否达成，是直播复盘的考核重点。直播主要分为三个阶段，分别是塑形期、成长期、成熟期，不同阶段的直播目标不同，数据分析的重点也不同。直播的阶段期考核重点如表7-4所示。

表7-4 直播的阶段期考核重点

	塑形期	成长期	成熟期
阶段特点	初始人群不稳定，没有稳定的场观。	每场直播成交量不稳定。	已有大量粉丝沉淀，粉丝黏性和购买力较强。
关注指标	人均看播时长、人流量、点击通过率（CTR）、转化率（CVR）。	涨粉率、粉丝看播率、粉丝支付转化率。	投资回报率、商品交易总额、千次观看成交额。

续表

	塑形期	成长期	成熟期
运营重点	引流款促进互动、爆款商品提升转化、快节奏的BGM、用好官方工具和直播电商数据分析平台。	直播间留人玩法配合、大额福袋留人、模块视频打爆款、根据不同环节配合不同BGM。	粉丝团玩法策略、模块化短视频批量产出、爆款拉新、新款怀旧、上新日/上新场/上新时。
目标	确立账号标签。	带动自然流量。	放大全场商品交易总额。

二、复盘前的准备工作

（一）录屏

把一场直播完整录制下来，方便后续拆解分析。登录直播中控后台，点击直播大屏，可选择本场次直播回放进行下载，方便复盘阶段进行拆解分析。

（二）记录表格

下播后第一时间做好数据表格的填写，观察同比、环比每一项指标的变化，判断每项指标进步与否。表格除用于简单的记录外还可用于数据透视分析。

（三）掌握第三方数据工具，补充分析各维度数据

一场直播通常有多个环节，每个环节都有不同的数据呈现，一个环节不同，都可能对最后的结果有较大影响。所以，通过第三方数据工具查看对比直播不同时段的各项数据，可以对流程进行精细化迭代，快速找到成单撬动点。

直播数据管理工具还可以进行异常值的分析，找到直播过程中的异常值，并对应到相应的直播流程中，具体问题具体分析，记录运营动作引起的数据变化是否符合预期。

三、直播数据分析

（一）查找直播数据

直播数据可以从店铺后台进行查找，如抖音店铺后台中的数据概览、直播分析、达人

分析、商品分析、服务分析、营销分析等模块都可以查找到直播的相关数据。

直播数据还可以从直播中控台获得。通过"直播详细数据"随时关注直播间人气趋势、互动趋势、商品成交转化数据通过"流量结构"及时调整直播策略等。

直播数据还可以通过机构后台获得，如从 TSP/MCN 数据概览、直播分析、达人分析、商品分析、佣金提取等模块都可以得到直播的相关数据。

（二）分析直播流程

直播用户购买过程包括直播间引流、流量入口点击、直播间互动、商品展示与点击、下单购买、售后服务。前三个阶段衡量的是直播的吸引力，后三个阶段衡量的是直播的销售力。

1. 直播间引流

直播间引流的主要目的是直播间展现最大化，展现多少与流量息息相关。流量分为免费流量和付费流量。免费流量包括直播推荐、短视频引流、关注 tab（粉丝关注）、搜索、个人主页、订单主页等；付费流量包括 promote、直播 / 视频广告、feed 流、品牌 toplive等。无论是免费流量还是付费流量，关键在于展示量和直播 / 视频的点击率。

2. 流量入口点击

流量入口是观众进入直播间的第一道门槛，只有吸引到足够的用户点击，才能为直播间带来更多的观众。因此，需要在直播标题、封面图片等方面下工夫，制作出吸引人的内容，从而提高点击率。同时，还可以通过合理运用关键词，提高直播在搜索引擎中的排名等方式，进一步增加流量入口的点击量。

3. 直播间互动

直播间互动可以有效地提高观众的观看时长，同时也是衡量直播内容质量的重要指标。在直播过程中，主播需要与观众保持良好的互动，回应观众的问题和建议，创造出轻松愉快的氛围。此外，主播还可以通过设置互动环节、举行抽奖活动等方式，进一步提高观众的参与度和黏性。

4. 商品展示与点击

商品展示是直播销售的核心环节，主播需要在直播过程中向观众展示商品的特点和优势，引导观众产生购买欲望。在进行商品展示时，主播要做到详细、专业，同时注意语言表达要生动形象，让观众对商品产生兴趣。此外，主播还可以利用短视频、图片等多种形式，展示商品的实际效果，增强观众的购买信心。互动率和转粉率可以反映直播间的互动水平，同时直播间数据良好会反向提升直播间推荐的反向流量。

5. 下单购买

这个环节是衡量直播销售力的关键环节之一。主播需要引导观众完成购买操作，实现销售目标。为了提高购买转化率，主播可以采取一些策略，如设置限时优惠、推出独家折扣等，激发观众的购买欲望。同时，主播还要注意在直播过程中穿插购买引导，让观众在观看的同时，不断产生购买行为。

6. 售后服务

只有提供优质的售后服务，才能让观众对直播间产生信任感，形成长期的粉丝群体。在售后服务方面，主播需要关注观众的反馈和问题，及时进行回应和解决。此外，还可以通过设置售后服务团队，提供专业的售后支持，进一步提升消费者的满意度。

（三）直播吸引力和直播销售力

直播吸引力的作用在于分析引流能力的长短板，验证运营效率，方便运营掌握流量结构。根据商家品类的特性，选择免费流量还是付费流量，是否符合我们的预期，可以从流量结构进行判断。流量看板数据有累计观看人数、观看人次、最高在线人数、人均观看时长等（见图 7 - 3）。互动看板数据有新增粉丝数、评论次数、分享次数等。我们可以通过互动率和转粉率来衡量直播间的互动情况。

图 7 - 3　流量看板数据

商品曝光次数、商品点击人数、成交人数和直播期间累计成交金额等数据可以反映直播销售力。交易数据部分包括千次观看成交金额、UV 价值、客单价和 ROI 等指标。直播销售力的转化漏斗包括进入 - 曝光转化率、曝光 - 点击转化率、点击 - 生单转化率、生单 - 成交转化率和进入 - 成交转化率等。直播销售力转化漏斗如图 7 - 4 所示。

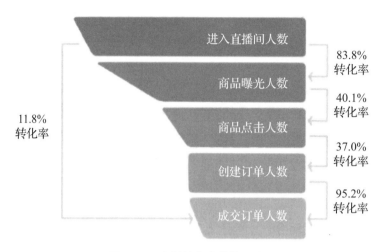

图 7 - 4　直播销售力转化漏斗

直播销售力转化漏斗是描述直播电商运营中用户从观看直播到最终完成购买过程中各阶段转化率的模型。这个模型将用户行为分为三个主要阶段，每个阶段都对应着特定的转化率指标，通过这些指标可以衡量直播间的商品转化效果。

用户看见商品：这一阶段的指标是观看 - 商品曝光转化率，计算公式为：观看 - 商品曝光转化率 = 商品曝光数 / 直播间观看人数。这个指标反映了用户对直播中展示的商品的初步关注度。

用户点击商品进入详情页：这一阶段的指标是商品曝光 - 点击率，计算公式为：商品曝光 - 点击率 = 商品曝光数 / 商品点击数。这个指标衡量了用户对商品的兴趣程度，即他们是否愿意进一步了解商品详情。

用户下单购买商品：这一阶段的指标是商品点击 - 创建订单 - 成交订单转化率，计算公式为：商品点击 - 成交转化率 = 创建订单数 / 商品点击数，创建订单 - 成交转化率 = 支付订单数 / 创建订单数，在这个阶段又可以直接计算为：商品点击 - 成交转化率 = 支付订单数 / 商品点击数。这个指标反映了用户对商品的购买意愿，即他们是否会因为对商品的喜爱而选择购买。

综合这三个阶段的转化率，可以得到商品转化率，它是衡量直播间整体销售效果的重要指标，计算公式有两种视角：

UV 视角：商品转化率 = 直播间成交用户数 / 直播间观看 UV

PV 视角：商品转化率 = 直播间成交订单数 / 直播间观看 PV

提升直播转化漏斗的效率，可以通过两种主要方法实现：做大和做平。做大意味着增加曝光，让更多的人接触到广告，虽然这种方法见效快但成本较高；而做平则是通过提高每个层级的转换率来增加进入下一个层级的用户数，即使进入漏斗的用户数量变动不大，通过提高转换率也能实现有效数的增加，从而降低成本。

因此，直播用户购买路径包括直播间引流、流量入口、直播间互动、商品展示与点击、下单购买和售后环节六个阶段。通过分析各个阶段的关键指标，可以了解直播的吸引力和销售力，并据此进行优化，提高直播的整体效果。

四、数据复盘优化措施

与直播间商品交易总额最相关的数据是点击率、转化率、转粉率和客单价。优化这些指标，我们可以从以下几个方面着手：

（1）提高点击率：精心打造直播间封面、福利说明、直播间标题、直播间布景。

（2）提高转化率：主播提高直播逼单话术，团队深挖产品卖点，增强选品与人群匹配度，考量福利派发与互动节奏，直播实时监控流量和动态调整促销策略。

（3）提高转粉率：主播引导关注，利用直播间福利玩法引关注，给粉丝设置专属福利，对下一场直播提前进行福利预告。

（4）提高客单价：适当提高产品单价，打造产品的组合销售，在产品规划上发力。

五、打造账号基础，优化直播数据（以抖音为例）

开播数据的好坏直接取决于开播账号的基础，要想在直播中有好的表现，就必须着力去打好账号的基础，（以抖音平台为例）。

（一）打造直播账号，关注账号权重

直播账号权重及对策如表 7-5 所示。

表 7-5 直播账号权重及对策

账号	抖音账号 A	抖音账号 B	抖音账号 C
播放量	小于 100 次。	100～200 次。	1 000～3 000 次。
被判定类型	僵尸号。	最低权重号。	推荐号。
对策	基本火不起来，可考虑换号。	系统只会推荐最小的流量池，在半个月内继续增加播放量，争取成为推荐号，获得更多流量。	抓紧时间创作出更高质量的视频，或通过其他方式提高视频点赞和评论数，让系统将你推荐到更大的流量池。

如何提高权重，如何打造更好的直播开播基础，我们可以从以下四个方面着手。

1. 完善账号信息

无论运营何种类型的抖音号，运营起步都需要完善账号的基础信息，这些信息包括头像、性别、昵称、个性签名、账号属性、实名认证、简介页面等一系列个人信息。完善账号信息时，要注意通过昵称、简介来表现账号的定位人设。对账号进行实名认证更有利于增强账号的权重，获得系统推荐。账号基础信息越完整，账号定位越明确，越容易被平台识别。

2. 避免违规行为

一定要了解平台规则，不要发布违反法律法规的内容。视频内容避免出现敏感词汇，不要传播社会负能量等。如果账号违规，轻则会受到系统限流，严重的话会被封号处理。

3. 保持账号的活跃度

如果抖音账号长期不在线、不更新视频就会变成僵尸号。账号活跃度越高，表明对平台的贡献值越大，相应的账号权重就会得到提升。要保持账号的活跃度，需要每天花一定时间浏览抖音，看看热门、推荐、同城等，偶尔观看直播，与其他账号做一下互动。

4. 制作原创视频

由于新账号视频风格和账号人设并不非常准确，因此在初期更应该输出原创内容，这样才能获得较为精准的用户关注，也更容易提升账号权重。只靠抄袭搬运别人的视频，账号不仅不会获得用户的喜欢，还会受到他人的举报。平台尊重原创，也会对优质原创内容进行流量扶持。视频内容质量越高的账号，权重也会越高。

（二）清楚抖音推荐机制，不要盲目创作

1. 去中心化机制，流量池规则、智能分发系统

抖音给每一个作品都会提供一个流量池，不管是大号还是小号，作品质量如何，作品后续的传播效果就取决于这个流量池里面的数据表现。视频流量分发以附近和关注为主，再配合用户标签和内容标签智能分发，如果视频的完播率高、互动率高，那么这个视频就有机会获得更多的推荐流量。

抖音的去中心化让每一个人的作品都有展示机会，流量池规则层层递进推荐和抖音的智能分发系统造就了抖音达人能迅速爆红的机会。抖音作品在流量池的表现体现为内容的点赞量、评论数、转发量和完播率，这四个数据指标上去了，系统就会将作品推荐到更大的流量池，获得更多的播放量。

2. 叠加推荐

叠加算法就是一套评判机制，这套机制对平台的所有用户都有效。叠加推荐是以内容的综合权重来评估考量的，综合权重的核心指标有完播率、点赞量、评论数、转发量，并且每个阶梯段的权重各有差异，当达到一定的量级时，作品的推荐机制是大数据算法和人工推荐相结合，衡量内容可不可以上热门。一般一个视频发布 1 个小时内，视频播放量达到 5 000 次以上，并且点赞数高于 100 次，评论数高于 10 个，就有可能上热门。

3. 时间效应规则

有的视频发布后很久才火，主要是因为以下两个原因：

原因一，基于抖音算法中的二次推荐机制。抖音会重新挖掘数据库里的"优质老内容"，让它重新曝光。这些老作品之所以能被"引爆"，首先是它的内容够好，其次是账号已经发布了很多足够垂直的内容，标签变得更清晰，系统能够匹配给它更精准的用户。

原因二，基于爆款效应。爆款效应是指某一个作品在获得大量曝光量时会带来巨量用户进入个人主页，去翻看之前的作品。如果其中某一个作品能够获得足够多的关注，系统会把这些视频重新放入推荐池。很多垂直内容的创作者往往都是因为某一个视频的"火爆"，直接把其他几个优质视频"点燃"，形成多点开花、全盘爆炸引流的盛况。

4. 流量触顶

抖音作品经过双重审核、初始推荐、叠加推荐层层引爆之后，通常会给账号带来大量的曝光量、互动量和粉丝量。而这种高推荐曝光的时间，一般不会超过一周。之后，爆款视频乃至整个账号会迅速冷却下来，甚至后续发布的一些作品也很难有较高的推荐量。抖音每天的日活是有限的，也就是说总的推荐量是基本固定的：一方面，跟内容相关标签的人群基本完成推荐，其他非精准标签人群反馈效果差，所以停止推荐；另一方面，抖音也不希望某个账号迅速火起来，而是通过一轮轮考验，考验创作者的内容再创新能力，考验创作者持续输出优质内容的能力。

（三）抓准时间，发布抖音视频

1. 时间段

发布作品的时间段，最好选择高峰期。什么时候使用抖音的人群多就什么时候发布抖音作品。运营抖音初期，建议保持日更，最好一天发布 2 ～ 3 条。

2. 文案很关键

抖音作品文案尽量和视频内容、抖音账号相关，不要文不对题。

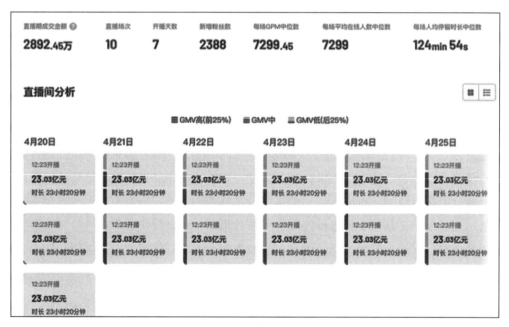

3. 视频属性

抖音作品以竖屏为主，尽量少发横屏；发布视频的时候需选择分类，并加上相符的标签；视频不能出现水印，视频画质清晰，不要有不良的画面。

一个月内播放量在一万次以上的账号，都是抖音的推荐账号。这个时候创作者应好好策划一下视频，内容就有可能上热门。

4. 加强粉丝之间的互动，善用评论区

千万不要忽视评论区的作用，可以把评论区当作一个运营的位置，通过作者回复、粉丝留言等吸引新用户。

▶ 任务实施 ▌▌

工作室老师给王新布置了新的任务：从图 7-5 中分析出该场直播中成交金额、新增粉丝数、每场 GPM 中位数，并完成该场直播数据分析表（见表 7-6）。

图 7-5　案例数据

表 7-6　分析该场直播数据

名称	数据	分析
成交金额	2 892.45 万元	在使用该数据时要充分考虑商品的实际退货率。
新增粉丝数	2 388 人	粉丝数量是衡量一个账号影响力和受欢迎程度的重要指标。
每场 GPM 中位数	7 299.45	这个指标很重要，直接影响直播间的流量。

同步训练

任务描述：请根据图 7-6 的数据，分析出该直播间的 PV 值、UV 值、点击率、转化率、GMV。

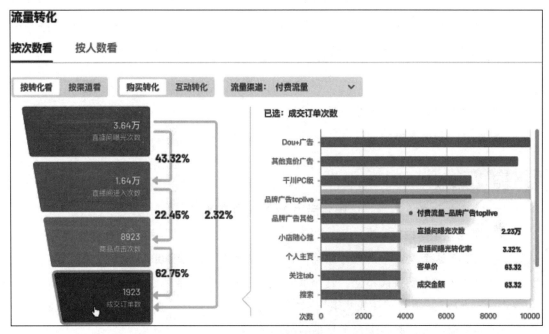

图 7-6　案例数据

任务评价表，见表 7-7。

表 7-7　任务评价见表

评价内容	分值	评价		
		自评	小组评价	教师评价
数据分析的准确度	50			
团队协作能力	50			
合计	100			

项目小结

"直播没有复盘就像在碰运气，决策没有数据就像在拍脑袋"，在直播行业中，方向不对，再努力也是徒劳。学生通过本项目的学习，应能通过复盘找出问题、分析问题、解决问题，最终找到优化方向。

考证园地

一、填空题

1. GMV 指_____。

2. 直播人气指标有_____。

3. 直播的推荐机制指_____。

二、简答题

1. 直播分为哪几个阶段？每个阶段有哪些目标？

2. 简述直播的优化措施。

素养园地

老国货活力 28 抖音电商翻红

2023 年 9 月 13 日，3 万粉丝涌进"活力 28 衣物清洁旗舰店"的抖音直播间，开启"买买买"模式，为这个差点儿消失的品牌，创造了直播带货日售 500 万元的"奇迹"。

和其他俊男美女直播间不同，这个直播间的主播是三位五六十岁的大叔，被网友们称为"活力三老头"。他们"一战成名"，频频"出圈"，8 个月来携手 800 万"云股东"，开启了一场拯救老国货品牌和老代工厂的行动。

在他们迎来直播带货 8 个月纪念日时，在抖音办了一场专场直播，上线"满 8 个月纪念大礼包"，回馈大家的陪伴。

直播间不大，三个老头创造"神话"。8 个月，他们成功盘活品牌，保住了工厂，保住了老员工们的饭碗，更是在一场场直播中找到了一条老国货品牌和老代工厂焕新的道路。

"从重症监护室直接出院了"

对活力 28 和代工厂成都意中洗涤用品有限公司来说，2023 年上半年是一段"至暗时刻"。

"2023 年年初（湖北活力集团）已经非常困难，成都意中更是大面积裁员，6 月他们（湖北活力集团）宣布解散，我们继续裁员，那段时间真的非常困难。"成都意中洗涤用品有限公司副总经理胡文忠回忆道。

活力 28 曾是家喻户晓的老国货品牌，前身是创建于 1950 年的沙市油脂化工厂。很长一段时间里，活力 28 占据全国洗涤市场 60% 以上份额，巅峰时期达到 70% 以上。外界更是为其贴上"第一家赞助央视春晚的企业""第一家全国 500 强日化企业"等标签。

时代的浪潮中，活力 28 几经起落，每况愈下，渐渐跟不上市场的脚步。2017 年获新投资重启后，活力 28 又因迅速膨胀再度陷入困境。同时期，国内外品牌发展迅猛，争相占据市场，活力 28 就此渐渐淡出大众视野。

2022 年，活力 28 关联公司湖北活力集团有限公司申请破产清算。谁曾想，这个 40

岁的老品牌要在不惑之年走向没落。而活力 28 的代工厂也纷纷受到重创，成都意中洗涤用品公司更是差点倒闭。

"如果到年底没有转变，成都意中就不存在了。"胡文忠说。他们对这个老品牌有着深厚感情，靠代工养活了几百号员工。他们不想放弃，努力寻找自救方法。2023 年 7 月，成都意中拿到活力 28 的抖音电商运营授权，开始尝试网络销售。

前两个月，虽没有太多起色，但每个月也能卖出十多万件产品。直到 9 月 13 日，他们迎来了真正的大转机。那天，账号和往常一样对着生产线直播，没想到突然涌进 2 000 多人。运营给胡文忠打电话，他意识到这或许是个转机，立刻去厂里抓"壮丁"。但生产线上的工人都在干活，于是相对"闲"一点的成都意中总经理助理万仲、产品质量总监沈军、库房管理员万杰走进了直播间。

他们也就是网友们口中的"眼镜大叔""光头大叔""帅大叔"。没想到的是，这三个零直播经验的老头儿，竟在火爆的直播江湖闯出了一片天地，当日涨粉超百万，售出 500 万元产品，清空了库存。网友惊讶于活力 28 的坚韧，纷纷感叹"小时候就用过，竟然还在""便宜好用的良心国货，一定要盘活它"……

此后，直播间里的人越来越多，销售额也节节攀升。很长一段时间里，因产能跟不上，活力 28 的抖音店铺一直处于缺货状态。工厂里，胡文忠增加了人员、生产线，开足马力全天候轮班生产。三个月后，胡文忠在抖音直播间第一次开启"云股东大会"，汇报发展情况。他说，"云股东"带领他们"从重症监护室直接出院了"。

800 万"云股东"不离不弃

"云股东"是三位大叔对网友的爱称，蕴含着一种真挚的感谢和珍惜。

面对短时间内涌入直播间的上万人，他们回忆是"赶鸭子上架"：零直播经验，不知道说什么，也不知道如何操作页面，"脑子是懵的，心里无比紧张"。

看到有人打招呼，他们就走到手机前拿起产品介绍，说完不知道说什么，尴尬地只能赶快退下来，换另一个人上去。但就是这样三个质朴的老头，用真诚打动了网友。有员工给他们发信息说，"这三个老头要火"。

"我们做生产的，啥都不懂，怎么可能火？"万仲回忆道。在他的印象中，做直播的应该是俊男美女，和他们的形象相去甚远。

其实厂里也曾紧急调动几个年轻小伙去直播，但热度反而下降。后来他们发现，粉丝就是喜欢听大叔们讲产品、聊日常。

对他们来说，最难的还是用不好这些新兴事物。因为不懂直播规则，一度把挂链接的小黄车"弄丢了"，面对焦急的网友，眼镜大叔直言"跑不掉，门口有保安"；多次因违禁词被禁言，大叔们吓得只敢在纸上写字和粉丝沟通，又因为不会开镜像，只能把纸反过来用手电筒照亮，让字透过去显示出来；有人打赏了一个价值三千元的"嘉年华"，大叔们却以为是"板砖"，大呼要把网友"叉出去"……

直播第二天，因操作不娴熟，大叔们把一款洗衣粉的价格标高了 10 元。事后胡文忠坚持退款，"不退这个事情我就不干了"，最终退回200多万元。网友没有因此生气，反而表示担忧——"还能赚到钱吗？是不是没把运费和平台费算进去？""不要了，不退也很便宜了""不用退，大叔们直播也不容易"……那之后，即使已经缺货，直播间的热度不降反增，一晚上涌入二十八九万人。

大叔们的"笨拙"让粉丝们又好笑又心急，纷纷在线教他们如何直播，包括"粉丝宝宝"的称呼，但因为羞涩，三位大叔一开始还叫不出口，"孩儿们""云股东"成了粉丝的专属称呼。

在他们看来，是网友的善良拯救了他们。"云股东"不仅在屏幕那头操碎了心，有的还直接来到成都意中工厂，手把手教他们操作直播间。大叔们介绍，这些热心的"云股东"40%是18至35岁的年轻人，更多是35岁以上人群，他们认识活力28，从这些大叔和工人身上看到父辈们的身影，看到国货品牌的不易，想要伸出援手帮助一把。

对于"云股东"的打赏，大叔们觉得受之有愧，想捐出去，网友却并不同意。于是他们组织了一场在线投票，同意改善厂里福利的网友"扣1"，同意捐出去的"扣2"。大叔们回忆："满屏扣1。"后来，这笔钱变成了员工的工资、伙食费和人手一件的新厂服，衣服背面印着那句粉丝为他们拟定的口号："如果巅峰留不住，那就重走来时路！"

现在，活力28的抖音粉丝数已经飙升至800多万。胡文忠介绍，10月13日"翻红"满月当天卖出了2 000万元的货，此后至今几乎每天都能卖出十几万单，如今抖音电商的销售体量已经占到总体的96.7%。

活下来，重回巅峰

现在来看，虽然活力28不比当年，却多了800万不离不弃的"云股东"，他们带来的"泼天富贵"救活了品牌和工厂，把流量转化成品牌继续发展的能量。

线上销售持续火热，湖北活力集团也迎来了转机。2023年11月22日，湖北活力集团首次新增破产审查类案件，法院根据申请裁定受理湖北活力集团有限公司重整一案，活力28从申请破产清算转为重整。

胡文忠表示，目前重组已完成90%，不仅留住了这个老品牌，更为品牌背后的老员工保住了工作。"绝对是真实救活。"

在接住流量之际，他们也倒逼着自己锻炼和夯实自身实力。胡文忠介绍，2023年9月以来，成都意中已经五次提升产品质量，员工的工资更是上涨了两三倍，并且随着产能增加扩招了一百多人。同时，公司成立了新的电商部门，迎来几名90后。

"员工的精神面貌好了，大家有干劲。"胡文忠说道，直播带货的火爆还带动了产业链上下游的发展，盘活了诸多配套企业。

"出圈"不易，"云股东"们依旧很担心，担心热度过了，担心他们粉丝福利发多了亏钱，看到有人盗播还忙着去打假。胡文忠提到，他们也在直播间打造了"我在抖音有个厂"的理念，邀请"云股东"一起为厂子谋未来，时时听取他们的意见。

用他们的话说就是"云股东们想要什么，我们就生产什么"，可以说是非常听劝。前不久，粉丝投票推选出的山茶花香型洗衣液就上线了，引发了一轮新的购买热潮。此外，成都意中还创立了子品牌海之柔，补足此前缺失的品类。

活力 28 和成都意中仍在前行，他们也成为国货品牌和源头工厂顺势而为的一个缩影，而这样的故事正在持续上演。过去一年，在"遇见好国货"计划的助力下，越来越多的国货品牌扎根抖音电商，既有新锐国货崭露头角，也有老牌国货焕发新机，多个品牌火爆"出圈"。

电商平台的发展无疑为品牌出圈带来了阵地，尤其是像活力 28 这样的老国货品牌，或许曾在新潮流中慢下速度，但给它一个平台和机遇，或许就能重回巅峰。

资料来源：老国货活力 28 抖音电商翻红 8 个月，吸粉 800 万日售订单超 10 万. 北京商报，2024-05-17.

素养点拨：

党的二十大报告明确指出，要坚持以推动高质量发展为主题，把实施扩大内需战略同深化供给侧结构性改革有机结合起来，增强消费对经济发展的基础性作用。近年来以新国货为代表的"新国潮"活力四射，阿里巴巴新国货计划调查数据显示，有近八成以上的新国货被 80 后、90 后买走。青年一代的消费态度、消费需求和消费习惯将进一步推动市场变革。受到多元文化熏陶的"95 后"已经大规模进入市场，成为品牌最为关注的新生力量和主力军。"95 后"乐于尝新、追求品质、开放包容、文化更加自信的特征，不仅将为国货品牌打开更多的市场空间，而且会催生更多的市场机会，更为国货品牌进一步将文化内核与时尚潮流融合创新提供新的机遇。在新国货崛起的新时代，电商平台不仅是新国货品牌培育的推动者，也将是"新国潮"时代的造风者，更是新国货发展的受益者。

项目八

直播的全方位配合

情境介绍

王新最近参与了多场直播带货，在直播实操的过程中，他感受到直播不是一个人的事情，而是一个团队的工作，需要有准备、有沟通、有配合。接下来，王新计划开始学习直播配合的相关知识。

学习目标

知识目标

1. 了解直播配合的作用和意义。

2. 了解直播与店铺设置的配合。

3. 了解直播与客服之间的配合。

4. 了解直播与中控台的配合。

技能目标

1. 学会通过店铺营销方式配合直播间预热。

2. 学会调动直播间氛围。

3. 掌握客服沟通技巧，配合完成直播活动。

4. 明确中控台与直播之间的配合设置。

素养目标

1. 培养学生的团队意识，提升合作能力。

2. 提升学生对直播活动的正确认识，明确直播全方位配合的重要性，培养工匠精神。

3. 培养学生策划活动的能力，提升人际交往能力。

任务一 ▶ 店铺设置配合

任务导入

工作室进行了一场直播，但是效果不佳，经分析是前期的预热出现了问题，即宣传不够到位。老师让王新分析一下，该如何设置店铺海报，为直播进行宣传。王新为自己制定了学习单，用以梳理海报与直通车配合直播的相关知识（见表 8-1）。

表 8-1 学习单

主要学习内容	关键词
海报配合	促销海报
直通车配合	设置直通车

知识探究

直播预热是直播引流的重要手段，一方面可以让店铺的老顾客获得直播活动信息，另一方面可以吸引新顾客进入店铺了解你的商品，然后转化为直播间的流量。所以在直播的前期要做好店铺的推广设置，以配合直播，引进流量。

一、海报配合

直播促销海报会在一定程度上影响最终的流量转化，应将海报放在店铺的首页位置，为进店的消费者提供直观的图片信息，明确告知消费者店铺正在举办什么促销活动。

（一）明确主题

直播活动的主题是直播促销海报宣传的核心，因此在制作海报之前，要明确直播的主题内容和主打商品，统一所有的预热文案和预热信息。

首先，海报设计要把促销信息放在中间位置，达到加深第一印象的效果，突出重点内容，让观众能直观地看出本次直播的核心内容是什么，判断是否值得期待，这样才能达到有效的传达效果。

其次，海报的主题设计与海报的整体色调要呼应，颜色的传达力要大于文字，所以颜色的使用一定要紧扣主题。海报所使用的颜色不能过于鲜艳，主要颜色不超过三种。例如，开学季主题，在选择色彩时可以选择绿色、蓝色、白色等纯净、干净的颜色进行搭配，体现学生青春活力的特点；如果是奢侈品主题，则可以选用暗红色、紫色、黑色等颜色，凸显高贵、沉稳的气质，展现低调又不失华丽的美。

直播间海报，如图 8-1 所示。

图 8-1 直播间海报

（二）突出人物

人物比任何物品都更具吸引力。在直播营销活动中，主播具有一定的个人魅力，会影响整个直播间的流量，所以在制作海报时要把本次活动的主播添加进去，让海报能在主页中脱颖而出。在直播促销海报中添加人物元素时，需要注意以下两点。

1. 注意人的视线停留习惯

设计海报时应注意人的视线停留习惯，一般的消费者都习惯从上到下或者从左到右看图片。设计海报时也要考虑人体结构，一般的人物照片都是站立拍摄的，在海报中放置的位置不适合上下结构，这时就要考虑左右结构。人物照片比较适合摆放在海报的左侧位置。

2. 不要让人物喧宾夺主

海报的宣传主题是商品，所以在添加人物元素时，要考虑促销商品和促销信息的位置。在选择人物图片时尽量不要选择大头照，可以采用"人物＋商品"的形式突出产品信息，让人物和商品结合在一起。

当然，也存在一些特殊情况，比如许多直播间会邀请明星等作为嘉宾，为产品背书，这时就要扩大明星在海报中所占的区域，一般占海报的2/3比较合适。

（三）促销直播时间

在促销海报中要注意设置直播时间，其作用是可以为客户营造一种"紧迫感"，从而提高转化率。但在设置"促销直播时间"时要讲究一定的技巧（见表8-2）。

表8-2　促销直播时间设置技巧

促销直播时间	设置技巧
倒计时	可以针对消费者的心理特点，采用倒计时的形式，让消费者产生紧迫感，感觉到直播活动即将开始，从而高度重视卖家的营销活动，产生机不可失的感觉。
节假日	节假日一般是休息日，也是产生高流量的时候。在设置时间的时候可以利用人们关注节假日的心理特点来重点强调直播时间。
整点、整数	一般来说，人们比较容易记住整点、整数，所以直播时间尽量选择在整点时间，直播日期最好选择比较容易记的整数日期，例如，10月10日晚21:00开启直播。在宣传海报上也一定要突出整点、整数的时间信息，不要设置为几点几分等不易记忆的时间。
新品推广	新品上市时间在海报中可以重点强调，同时可以结合预售时间配合销售。预售期间可以设置抢购礼品券等活动，从而分层宣传所主打的新品，加深消费者对活动时间的印象。

（四）装饰元素

在确定海报的总体布局后，还可以添加一些与活动主题相关或者与直播间风格相关的装饰，让海报与直播活动的联系更加紧密。例如，在"潮品日"直播主题的预告海报中，可以加入流体金属、细线网格等潮流元素，还可以使用一些流行音乐和街头时尚等视觉符号，让设计更符合"潮"的特点，从而更好地吸引观众。也可以利用节日特色，例如，春节的灯笼、端午节的龙舟等为海报的设计增添一定的感情色彩，但是要注意添加的内容不能过多，否则会使海报的设计风格变得混乱，弱化主体商品信息的传播效果。

（五）文字设计

文字是海报设计中非常重要的表现元素，文本的字体、编排、大小都会直接影响版面的视觉效果。直播促销海报文字一般安排在版面的上下两侧，主题位置的字体可以选择视觉表现力更强的字体，如粗体、立体字、轮廓字等，选择契合主题风格的艺术字体能更好地提升促销效果。

副标题的文字信息比较多，包括直播时间、产品信息等，对于这部分文字的组织要注意主次分明和编排形式统一，例如，可以选择相同的字体或者对齐，通过符号或者颜色来区分重要信息（见图8-2）。

图8-2　文字海报

二、直通车配合

直通车是传统电商运营中最大的推广渠道。商家以前使用直通车作推广时，都是根据单品设定的，所以店铺的推广策略以单品爆款推广为主。用户点击主图图片时会直接跳转到详情页。直通车增加了直播推广后，图片上会显示"直播中"标识，标识旁边会显示直播的观看人数，突出人气流量（见图 8 - 3），此时用户点击主图图片就会跳转到直播间。

点击主图进入的页面是可以进行设置的，可以选择正在直播的直播间，也可以选择与主图呼应的直播片段（见图 8 - 4）。进入直播间后还可以设置弹出界面，如可以设置让进入直播间的消费者先抢券再看直播。直播结束后，还可以继续推广，左上角的文字会从"直播中"转变成"直播讲解"。

图 8 - 3 "直播中"

图 8 - 4 "直播讲解"

需要注意的是，只有直通车智能推广计划中的商品才能添加到直播推广中，如果商家想要推广的商品还没有上架，就需要先将商品上架，放置一段时间后，获得相应的数据累计，才能为直播间更好地引流。即历史数据能帮助商家直播推广，进一步加速引流。以淘宝为例，若商家在直通车后台的直播推广中不能添加相应的商品，可能是因为没有在淘宝直播后台添加该商品。商家需要在淘宝直播后台做相应的设置，再到直通车中设置推广。具体设置步骤如下：

第一步：从天猫直通车后台进入"推广"，找到"直播推广"，点击"新建直播推广"按钮（见图 8 - 5）。

第二步：选择直播间进行投放设置。点击"选择直播间"按钮（见图 8 - 6），选择店铺内的直播间。可以选择已经结束的直播间，也可以选择即将开播的直播间，一次只能选择推广一个直播间，同时只能推广一种商品。如果需要推广其他商品，就需要重新建立一个推广计划。

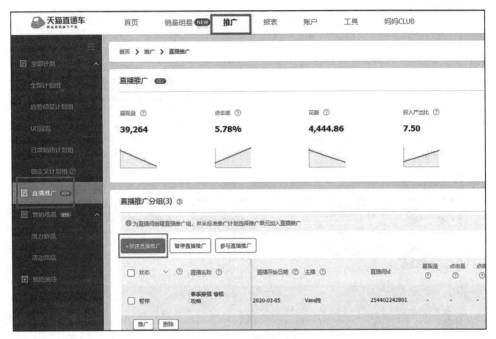

图 8 - 5　添加直播推广

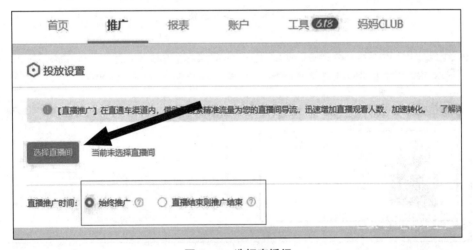

图 8 - 6　选择直播间

　　商家在"直播推广时间"中如选择"始终推广",不仅直播前可以进行预告宣传,直播结束后也可以通过链接进行回放,即不论是否在直播时段都可以进行推广。商家在"直播推广时间"中如选择"直播结束则推广结束",即只在直播时间段进行推广。"始终推广"和"直播结束则推广结束"两者只能选择其一。

　　第三步:单元设置,指从推广计划中选择推广单元加入直播推广,点击"添加推广单元"按钮(见图 8 - 7)添加宝贝。

　　第四步:创意预览。在新建的直播推广流程中,目前默认使用创意主图叠加直播推广浮层,在新建完成后可以在创意板块更换创意图(见图 8 - 8)。

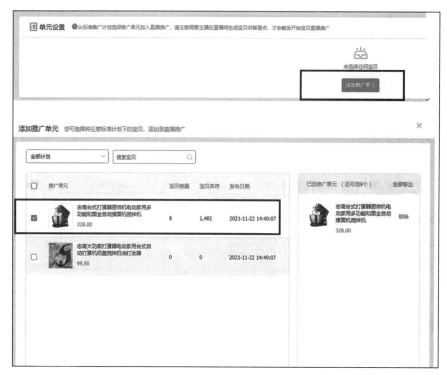

图 8 - 7　单元设置

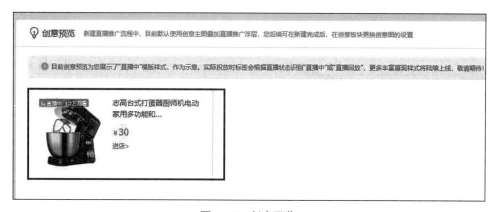

图 8 - 8　创意预览

第五步：设置推广方案，在推广方案中可以设置以下三个内容：

（1）设置"直播溢价"，指商家在直播时段设置的单独溢价，仅作用于直播推广投放生效的时间段，对推广单元内的所有关键词均有效。

（2）设置"直播引流词包"，指为直播推广提供的智能化动态引流词包，商家在直播推广时段内为推广的产品购买流量包，可以加速提高直播观看人数。

（3）设置"直播推广人群"，指系统自动根据所推广的宝贝，选择相应的推广人群，帮助商家在直播推广时段内进行推广，这种形式可以提高直播间的引流效率，提升观看人数（见图 8 - 9）。

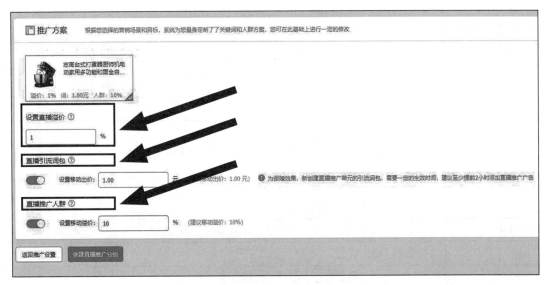

图 8-9 设置推广方案

> ▶ 任务实施 ‖

通过对店铺设置配合的学习，王新已经基本了解了直播开播需要与店铺的各种设置及推广进行配合才能取得好的直播效果。他准备从色彩、构图等方面分析图 8-10 所示的直播营销海报。

图 8-10 直播营销海报

第一步：从设计方面进行分析，即从海报色彩、排版、构图等方面进行分析（见表 8-3）。

表 8-3　分析表（1）

分析内容	要点
色彩	色调统一，舒适感比较强，色彩鲜艳，字体颜色为黄色，干净明亮。
排版	文字上下设计，人物居中，突出人物，人物设置为左右结构，与竖版海报匹配。
构图	上下结构，适合手机观看。

第二步：从文案方面进行分析，即从海报的主题、时间、产品方面进行分析（见表 8-4）。

表 8-4　分析表（2）

分析内容	要点
主题	乡村振兴、助农暖心。
时间	直播时间放在了重要位置，明确了时间设置。
产品	农产品销售搭配清新自然的风格，突出了乡村振兴元素，与主推农产品——水果呼应。

📺 同步训练 ‖

任务描述：请你根据前面所学的内容，总结直通车配合直播进行推广的步骤，说明每一步的作用和注意要点，并完成表 8-5 的填制。

表 8-5　直通车配合直播进行推广的步骤分析

步骤	具体内容	作用	注意要点
第一步			
第二步			
第三步			
第四步			
第五步			

任务评价表，见表 8-6。

表 8-6　任务评价表

评价内容	分值	评价		
		自评	小组评价	教师评价
步骤的完整性	20			
内容的具体性	40			
归纳的要点	30			
任务完成的整体情况	10			
合计	100			

任务二 ▶ 客服配合

任务导入

王新了解到直播间内工作人员的配合很重要。客服是直播幕后工作的重要人员，他们直接接触顾客，解答顾客疑问，传递产品的发货、退换货等重要信息，可见，客服需要具备很强的专业知识。工作室老师让王新去体验客服工作，学习客服人员是如何配合直播间的销售工作的。王新为自己制定了学习单（见表8-7），用以梳理客服岗位职责等相关知识。

表 8-7　学习单

主要学习内容	关键词
客服岗位职责	熟悉产品、及时沟通
客服工作内容	接待客户、处理订单
客服沟通技巧	问候语、沟通技巧

知识探究

客服的工作对整场直播起着重要的作用，直播客户服务主要包括解答直播间内观众对产品的咨询、处理订单等服务，还包括物流及售后追踪、售后退换货处理等服务。

一、客服岗位职责

无论是传统网络销售还是直播销售，客服都是销售的强大后盾，也是与顾客沟通的重要桥梁，尤其是在直播销售环境中，其作用更是不可或缺。具体而言，其工作职责如下：

（1）熟悉直播商品的信息，能够洞悉买家需求，掌握一定的沟通策略，能够向买家准确描述商品的卖点与优势，注意口径要与主播一致，配合主播的讲解。

（2）能够热情、耐心、高效、准确地回答买家提出的与产品有关的问题，具有良好的心理素质，语气要热情，要换位思考，不能拒绝回答买家提出的问题，树立服务周到、值

得信赖、专业贴心的客服形象。

（3）如果不能解决买家提出的问题，应及时与同事沟通寻求帮助，并向上级反馈。

（4）商品备注要及时、准确，主动与买家核对购买信息，确保购买信息的准确性，如有问题要及时与同事沟通，承上启下，做好配合工作。

（5）在买家需要推荐商品时，要根据买家需求耐心地为其推荐商品，并附上链接以方便买家点击查看。如果买家咨询优惠活动，也要为买家热情地推荐所有的优惠政策，以供买家选择。

（6）要注意语言表达尽量使用专业话术，语言具有亲和力，让买家觉得贴心、舒适。

二、客服的工作内容

客服是一个发挥着承上启下作用的岗位，既需要与主播配合、与运营沟通，也需要与物流对接，所以客服涉及的工作内容比较多，这需要客服人员具有较强的业务能力与综合素质。

（一）熟悉产品

客服需要全面了解直播所销售产品和店铺内的其他产品，掌握其特性、材质、型号、功能、使用方法、注意事项等。

（二）接待客户

配合主播完成每场直播活动，处理售后问题，对客户提出的问题要及时反馈。

（三）了解库存

店铺中显示的库存可能与实际库存存在差异，客服必须及时了解实际库存情况，并将相关情况及时反馈给主播和中控，防止出现客户下单后无法正常发货的情况。

（四）向买家核对订单

大部分情况下买家下单的信息都是正确的，最容易出现的错误就是地址的错误，所以客服要及时与买家确认购买信息，如需修改应及时帮助更改，这样可以大大减少物流压力。与买家核对订单时，可以告知买家商家使用的快递公司，如果客户需要加急或者对所使用的快递公司存在意见，可协商更换。

(五) 修改订单备注

有时因为买家临时改变想法或是有什么特殊要求，可能会导致订单信息发生变化，特别是定制类商品，要与买家沟通确认备注信息，并录入订单中，以减少顾客的退货率。

(六) 发货通知

订单发货后，可以向买家发送信息告知已发货，提醒买家可以随时查看物流进度并且注意收货，这些细节可以提高买家对商家的好感。有的顾客下单后没有及时付款，客服可以在适当的时间提醒买家及时付款。

(七) 引导买家评价

交易完成后，客服可以通过赠送代金券或者是积分及返现的方式让买家关注店铺，分享购物体验，对商品给予积极评价。

(八) 售后处理

当买家反馈商品问题时，要仔细询问问题细节，取证拍照，然后给出解决方案。如遇到买家给出差评，要注意沟通语气，不要一味地要求删除差评，而是应该真诚地向买家表示歉意，并提出满意的解决方案，最后要将问题整理存档，反馈给厂家，避免此类问题再次发生。

(九) 学习使用工具

利用软件可以提高工作效率，特别是在直播过程中流量比较大的情况下，客服压力也会增加，此时使用智能系统就可以提高信息的回复率。

三、客服的基本话术

(一) 开头语及问候语

客服应勤用礼貌用语，多对客户使用"您好""请""对不起""谢谢""再见"等礼貌用语，在沟通过程中让客户感受到自己的礼貌。

（二）沟通内容

客户成功下单后需要及时与客户核对订单信息，确认收货地点、姓名、电话等，还可以向客户进行开箱验货、产品的使用方法等温馨提醒，让客户感受到客服的体贴。

客服需要全面地了解产品，当客户咨询产品的专业问题时，能准确、清晰地解答。如果产生退换货情况，客服需要耐心地向客户提出解决方案，不能长时间不回信息，要尽量满足客户的需求，从客户的角度出发解决问题。

（三）抱怨与投诉

客户的抱怨或者是投诉都意味着他们对产品不满意，此时，客服不应着急撇清关系、推脱责任，应先安抚客户的情绪，承诺会好好地了解事情的经过，让客户不要生气，倾听客户的抱怨，然后抓紧时间解决问题。

（四）建议与表扬

客服需要积极接受客户提出的批评与建议，提升自己的服务质量，谦虚回应客户的表扬。

⊚ 任务实施 ▐▌

通过学习客服工作方面的知识，王新已基本掌握了客服的工作方法。他决定实际运用客服销售话术，提高实战能力。客服销售话术表，如表 8-8 所示。

表 8-8　客服销售话术表

设定情景	回答方式
顾客纠结不定，有购买意愿。	"请问您是想选择红色款？还是黑色款？"还可以问，"请问您想选择套餐一还是套餐二呢？这两个选择的性价比都很高"。
顾客决定买商品，但还有很多细节问题。	"亲，还有什么需要帮您解答的？"了解顾客需求，从顾客角度解决问题。
顾客对产品质量存在顾虑。	"您可以先买一单试用一下，如果觉得还可以就再来下单。"诚恳的态度很重要。
顾客犹豫不决，衡量利弊得失。	"您可以再考虑一下，不着急下单。"给顾客更多思考空间。
顾客想购买的产品没有了。	"非常抱歉，这款杯子现在有粉色、白色、紫色三种颜色，您想选择哪种颜色呢？"不要直接说没有。
时间较长还没有下单。	"您好，如果您对这件宝贝还比较满意的话，就速速购买吧！"帮助顾客尽量确定下单。
顾客已经决定不购买了。	"您既然来到了我们店铺，说明您对我们的产品是感兴趣的，您可以说一下因为什么原因没有购买吗？您的宝贵建议是我们提升的机会。"诚恳地向顾客询问自己的不足之处。

🖳 **同步训练** ▐▐

任务描述：请根据所给情境列出你学到的沟通话术（见表 8 - 9）。

表 8 - 9 任务指南

岗位	沟通情境	沟通话术
售前客服	打招呼	
	回答问题	
	推荐产品	
	议价	
	结束语	
售后客服	跟进顾客	
	订单信息确认	
	发货通知	
	跟踪回访	
	好评回复	
	差评处理	
	质量退货	

任务评价表，见表 8 - 10。

表 8 - 10 任务评价表

评价内容	分值	评价		
		自评	小组评价	教师评价
客服沟通	30			
话术技巧	30			
客服配合	40			
合计	100			

任务三 ▶ 中控台配合

任务导入 ▎▎

工作室老师为了让王新更深入地了解直播配合的重要性，又给王新布置了新的任务。他让王新了解在直播过程中应如何与中控台配合、中控台具体应如何设置等。王新为自己制定了学习单（见表 8-11），用以梳理中控台配合相关知识。

表 8-11 学习单

主要学习内容	关键词
中控台的基本配合	录制、发布公告
中控台的基本操作	后台操作、工具操作
场控运营的基本作用	调节气氛、维持秩序

知识探究 ▎▎

直播过程中，幕后工作十分重要，一个好的幕后团队要能与主播紧密配合，做好产品整理、中控台配合、基本场控运营等工作。其中特别需要注意的是中控台配合，该项工作需要具备极高的反应力，操作要熟练，能随时配合主播进行现场调整。

一、中控台配合的主要内容

（1）协助录制商品讲解视频。中控人员需要对每一个产品讲解的看点进行标记，方便对产品有兴趣的顾客或者直播之外进来的客户在观看回放时，能随时看到标记。

（2）抽奖统计。如果设置了主播抽奖环节，中控人员要记录中奖者名单，及时做好统计并反馈给客服人员。

（3）添加优惠券。主播会不定时地为大家派送优惠券，中控人员要提前做好准备，将店铺中设置好的优惠券链接复制过来，发送给"粉丝"，同时也要注意根据主播的要求随时进行调整。

（4）关注卡片。每场直播都需要设置卡片功能：弹出卡片并让客户关注，以提高主播和直播间的关注度。

（5）公告发布。公告是商家根据买家需求设置的，如有需要，中控人员要设置并发布公告。

（6）自动回复。中控人员可以设置一些常用的回复语，当买家咨询时，系统可以自动回复。

（7）关禁闭室。如有"粉丝"在直播间内发表负面或者不当言论，可以将其账号添加到禁闭室（拉黑），这样用户就不能发言了。

总之，中控人员需要充分关注直播进程，尤其是要配合主播的相关工作，他们是主播的重要搭档。

二、 中控台配合的基本操作

以淘宝直播中控台为例，进入中控台一般需先登录千牛卖家工作台，然后找到左侧的"营销中心"（见图 8 - 11）。

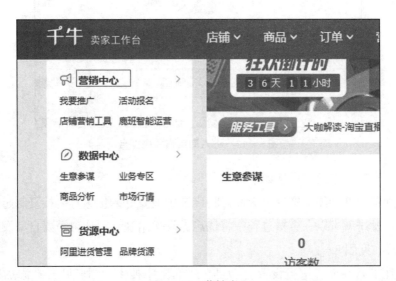

图 8 - 11 营销中心

点击"店铺营销工具"（见图 8 – 12）。

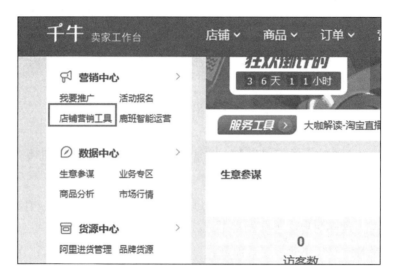

图 8 – 12　店铺营销工具

进入营销工作台，下拉页面，然后点击"查看全部工具"，在其中找到"淘宝直播"，点击即可进入中控台（见图 8 – 13）。

图 8 – 13　进入淘宝直播中控台

中控台在直播中涉及的设置如下：

（1）添加优惠券功能。在这个界面可将店铺中设置好的优惠券链接复制过来，在适当的时候，点击发送就可以在直播过程中将优惠券发送给观众。如果需要自动发送，设置好发送时间即可（见图 8 – 14）。

（2）关注卡片功能。进行设置时需要在对话框中搜索主播旺旺号，添加后就可以提醒观看直播的人关注店铺，在这个环节需要经常刷新。需要注意的是，对于已经关注的用户，不会再次弹出对话框（见图 8 – 15）。

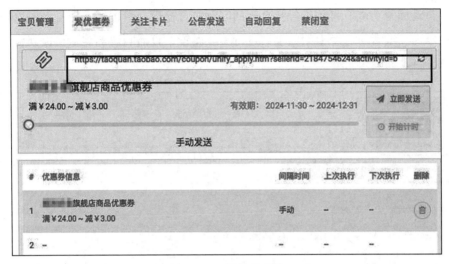

图 8 - 14　添加优惠券

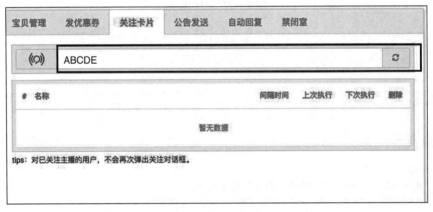

图 8 - 15　关注卡片

（3）公告发送功能。直接在对话框中输入内容即可，例如，上架倒计时、红包雨的发送时间、关注后有什么样的优惠等都可以进行公告发送（见图 8 - 16）。可进行定时设置，如在需要调动直播间气氛的时候或者配合主播的活动推出时间进行设置。

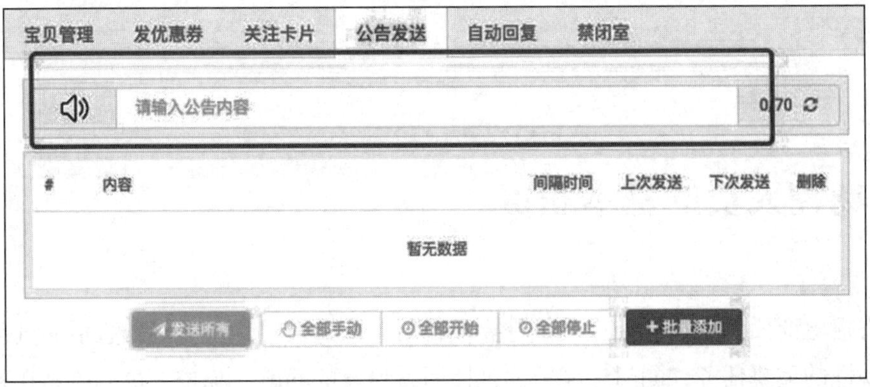

图 8 - 16　公告发送

（4）自动回复功能。将用户经常会问的问题进行梳理，设置统一回复，可以减少主播和客服的压力，或者对已经上架的宝贝进行关联设置，直播间内的观众在提到相关产品时也可以收到自动回复（见图 8 - 17）。

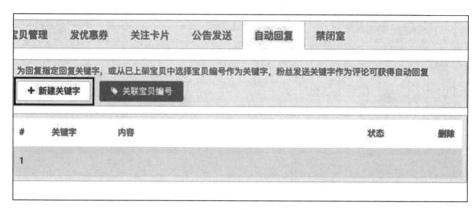

图 8 - 17　自动回复

（5）禁闭室。禁闭室开启后可以选择启用和停用，在中控台右侧"大家说"面板中可以直接点击"禁言"或"取消禁言"按钮（见图 8 - 18）。

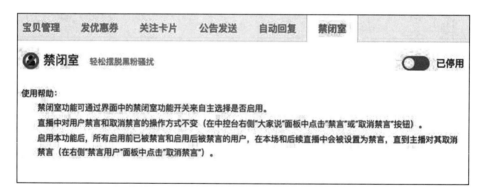

图 8 - 18　禁闭室

随着中控台技术的不断更新，将会推出更多新的功能，为后台工作人员提供更多的便利。

三、场控人员的基本职责

在直播电商团队中，场控人员是重要的幕后工作人员，承担着活跃直播间气氛、加强粉丝互动性的重要任务，同时还能帮助主播回答粉丝的问题。场控人员如能站在粉丝的角度去分析产品将更加具有说服力，在出现不好的言论的时候也可以及时地调整站位，发表正面言论，做好引导工作。场控人员的基本职责如表8-12所示。

表8-12 场控人员的基本职责

场控人员的职责	重要内容
调节气氛	场控人员要根据主播的节奏来调节气氛，要避免因为存在感太强影响主播，或者让直播间的观众有不舒适的感觉。场控人员可以通过发送弹幕正面引导观众进行话题讨论，语言表达需和善，不要与观众发生冲突。
陪伴观众	在直播过程中，主播有的时候会忽略观众的一些问题，长时间不回应观众的问题，会让观众感觉受到了冷落，从而影响直播的效果。场控人员需要帮助主播回答观众提出的具有代表性的问题。对于核心的观众，场控人员要做到进场欢迎、离场欢送、及时提醒主播互动，让观众感觉自己受到重视。
维持秩序	进入直播间的观众无论是谁都可以发言，有可能出现冲突的情况，这个时候场控人员需要及时化身为"和事佬"平息矛盾，或者引开话题，不影响整体直播。在出现"黑粉"或者是"水军"干扰直播时，场控人员需要及时找出是谁在"捣乱"，并通过中控台做关禁闭处理。
反馈信息	场控人员会参与整场直播活动，关注主播的全程表现，复盘的时候可以反馈直播过程中存在的问题，从观众的角度反馈问题是很直接和客观的。

◉ 任务实施

通过学习，王新体会到了中控台配合对直播的重要性。中控台可以控制直播过程中出现的问题，配合主播操作。王新准备实际操作一下中控台。

第一步：进入中控台，打开互动面板。

第二步：对互动面板中的内容进行设置（见表8-13）。

表8-13 设置中控台相关项目

项目	操作
红包	设置直播红包，面额2元，发放量100个；设置领取时间为当前时间；设置使用期间为当天。
优惠券	设置优惠券，"优惠券10元，满100元可用"；设置领取条件为"粉丝用户"。
设置公告	设置公告内容为"欢迎各位仙女们，点点关注不迷路。"
粉丝推送	每天8:00至23:00会推送一条信息给每位用户。

📡 **同步训练** ▮▮

任务描述：请你扮演后勤运营团队成员，分析中控台应如何配合主播进行直播并填写分析表（见表8-14）。

表8-14 直播工作分析表

操作内容	分析
开播与关播	
直播间排品	
直播后台操作	
新建"小号"互动	
团队复盘	

任务评价表，见表8-15。

表8-15 任务评价表

评价内容	分值	评价		
		自评	小组评价	教师评价
直播前的运营准备	20			
中控台的操作	50			
场控的互动	30			
合计	100			

🎬 **项目小结** ▮▮

本项目从直播间的店铺设置、客服、中控台几个方面进行讲解，让学生了解了直播间配合的重要性。配合是非常具有团队意识的表现，学生在学习过程中应尽量以团队模式进行学习。直播团队的搭建是为了更好地完成直播，每个人在直播环节中都肩负着重要的任务，只有做好承上启下的工作和幕前幕后的配合，才能完成每一场直播。直播不是一个人的事情，是从直播前到直播中再到直播结束的全程配合。直播配合是运营团队需注意的细节，注意细节才能让店铺有好的口碑。

📝 **考证园地** ▮▮

一、填空题

1.直播促销海报设计需要注意＿＿＿＿＿＿＿＿＿＿＿＿＿＿＿＿＿＿＿＿＿＿等元素。

2.客服的岗位职责：要保持对直播商品信息的熟悉度，能够洞悉买家需求，掌握一定的_____，能够向买家准确地描述商品_____，口径需要与主播一致，配合主播完善讲解。

3.客服的工作包括_____、引导买家评价、售后处理、学习使用工具等重要内容。

二、简答题

1.直播客服的岗位职责有哪些？

2.中控台的基本设置有哪些？

三、案例分析

案例1

本次进行的是小家电直播，产品为蒸蛋器、保温饭盒、热奶器等，请各位同学认真了解产品，观察图片中的直播间搭建（见图8-19）。

图8-19 虚拟背景直播间

思考：虚拟背景直播间的优点有哪些？

案例2

直播间的搭建也是需要技巧的，请观察图8-20所示的直播间的布局、背景选择、直播的产品、直播间的风格设计（见图8-20）。

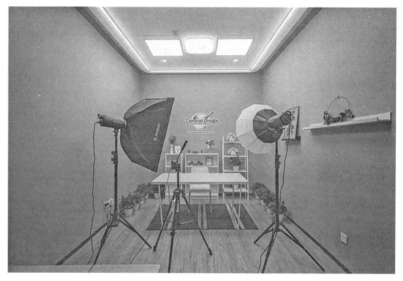

图 8 - 20　实景直播间

思考：在直播间的搭建过程中需要注意哪些环节？直播过程中，需要做哪些配合工作？

案例 3

直播间海报的设计是直播宣传的重要手段，从人物照片的拍摄选择，到文字的搭配，再到海报的色彩设计，都要符合本次宣传的主要目的，展现出重要的信息，请你仔细观察所给海报（见图 8 - 21）。

图 8 - 21　案例海报

思考：案例中海报设计的优点有哪些？缺点有哪些？

电商助力 跑出兴农"加速度"——打通最后 1 千米

农产品销售难、增产不增收的问题，一直困扰着广大农民。酒香也怕巷子深。精耕细作生产出来的特色农产品怎样才能卖出去？卖个好价钱？一边是农民在寻找农产品的出路，而另一边消费者也很希望能够买到优质农产品。好在现在有了电商平台，网络在四面八方的特色农产品和天南地北的消费者之间打通了"最后一千米"的销售通道。新疆阿克苏的苹果、黑龙江五常的大米、陕西柞水的木耳，无论离得有多远，我们一键下单，各地的优质农产品就送货上门了，感觉生活品质大大提高。我们先去新疆阿克苏看一看，那里的冰糖心苹果已经开始剪枝了。

早春三月，万物复苏。像往年一样，为保证苹果品质，吐逊·买买提开始给家里的果树剪枝，他的老朋友李小波也来帮忙了。自从有了电商平台，阿克苏冰糖心苹果开始享誉国内外。

吐逊·买买提是阿克苏市果农的一个代表，而他经历的一切也是众多果农的一个缩影。种植了 30 多年苹果，这几年他迎来了好时光。之前，吐逊·买买提家里的苹果都是以低廉价格打包销售，自打上了电商平台，收入的事他就再也没操心过。

从 2008 年，李小波就开始接触电商，到 2016 年专职从事电商，8 年时间，他虽然勤奋，但成绩一般。按李小波的说法，那时他并没有真正迈入电商的门槛，真正的改变是从 2017 年开始的。

阿克苏是新疆重要的林果业基地，但是由于地处边疆，一直都面临着离国内主要市场远、物流费用高、销售渠道窄的障碍制约。为了打通销售的"最后一千米"，让当地农民增收致富，浙江援疆干部们发挥浙江平台经济和市场渠道优势，杭州市援疆指挥部策划了电商实训班。浙江的援疆干部们，把这称为"蒲公英计划"。时任浙江援疆干部黄江平说："据不完全统计，在阿克苏活跃的电商商家小伙伴里，有 90% 以上都是'蒲公英计划'培训的学员。"

正是因为有了"蒲公英计划"这样的电商培训，电商人才才能够"播撒"到天山南北。2019 年，李小波第二次参加"蒲公英计划"电商实训班。这一年，他将新疆的马牙瓜子做到了淘宝全网销量第一。

多年来，杭州在阿克苏梯次开展"天山计划""蒲公英计划""追梦计划""领航员计划"等电商培训计划，为当地搭建创业孵化基地、对接重要电商平台、培育骨干人才企业。不仅带动一批批年轻人创业、就业，而且电商已成为当地农民增收致富的重要渠道。

近十年间，阿克苏市电子商务产业经历从无到有的跨越，电商零售额从 2014 年的 4 亿元增加到 2022 年的 30 亿元，增长了 6.5 倍；农产品销售额从 2014 年的 1 亿元增加到 2022 年的 11 亿元，增长了 10 倍；网商从 2014 年的 500 余人发展到现在的 8 700 余人，增长了 17 倍；直接或间接带动就业从 2014 年的 2 000 余人增加到现在的 2.9 万余人，增长了 14 倍。

和传统的线下卖货方式相比，农产品电商销售卖货的方式变了，销售的市场也变了。电商平台改变了销售的空间概念，让偏远山区的农产品得以面向全国市场，只要东西好、有口碑，不愁卖不出去。发展乡村特色产业，拓宽农民增收致富渠道，既需要有优质农产品的生产，也需要有电商销售的加持。2021 年，《"十四五"电子商务发展规划》印发，提出要创新农产品电商销售机制和模式，提高农产品电商销售比例。随着电子商务的发展，随着越来越多的人习惯于线上购物，"电商兴农"也将助力乡村振兴步入高质量发展的新阶段。

资料来源：焦点访谈：打通"最后 1 公里"电商助力 跑出兴农加速度．央视网，2023-04-02.

素养点拨：

开展东西部协作和定点帮扶，是党中央着眼推动区域协调发展、促进共同富裕作出的重大决策。要适应形势任务变化，聚焦巩固拓展脱贫攻坚成果、全面推进乡村振兴，深化东西部协作和定点帮扶工作。直播电商让偏远山区的农产品得以面向全国市场，发展乡村特色产业，拓宽农民增收致富渠道，既需要有优质农产品的生产，也需要有电商销售的加持。作为新一代的直播电商从业人员，要具备脱贫攻坚精神，乘势而上，接续奋斗，加快推进农业农村现代化，全面推进乡村振兴。

◼ reference 参考文献

［1］刘东明．直播电商全攻略．北京：人民邮电出版社，2020.

［2］富爱直播，陈楠华，李格华．直播运营一本通．北京：化学工业出版社，2021.

［3］勾俊伟，张向南，刘勇．直播营销．北京：人民邮电出版社，2017.

［4］丁仁秀．直播运营与操作实务．北京：北京大学出版社，2021.

［5］余以胜，林喜德，邓顺国．直播电商：理论、案例与实训（微课版）．北京：人民邮电出版社，2021.

图书在版编目（CIP）数据

直播策划与运营实务 / 陈芳，朱京京，饶秀丽主编
. -- 2 版. -- 北京：中国人民大学出版社，2024.12
教育部中等职业教育专业技能课立项教材
ISBN 978-7-300-32435-7

Ⅰ. ①直… Ⅱ. ①陈… ②朱… ③饶… Ⅲ. ①网络营
销－中等专业学校－教材 Ⅳ. ① F713.365.2

中国国家版本馆 CIP 数据核字（2024）第 016343 号

新编 21 世纪职业教育精品教材·电子商务类
教育部中等职业教育专业技能课立项教材

直播策划与运营实务（第二版）
主　编　陈　芳　朱京京　饶秀丽
副主编　高　颖　蒙媛玲　邱美玲　曾春平
参　编　黄珊丹　牛宏光　付　友　银丁山　陈　倩　唐　瑜　刘颖斌
Zhibo Cehua yu Yunying Shiwu

出版发行　中国人民大学出版社
社　　址　北京中关村大街 31 号　　　　　　　邮政编码　100080
电　　话　010 - 62511242（总编室）　　　　　010 - 62511770（质管部）
　　　　　010 - 82501766（邮购部）　　　　　010 - 62514148（门市部）
　　　　　010 - 62515195（发行公司）　　　　010 - 62515275（盗版举报）
网　　址　http://www.crup.com.cn
经　　销　新华书店
印　　刷　北京七色印务有限公司　　　　　　　版　　次　2022 年 5 月第 1 版
开　　本　787 mm × 1092 mm　1/16　　　　　　　　　　2024 年 12 月第 2 版
印　　张　17.25　　　　　　　　　　　　　　　印　　次　2024 年 12 月第 1 次印刷
字　　数　368 000　　　　　　　　　　　　　　定　　价　45.00 元